dtv

Eugen Drewermann lädt mit diesem Buch ein, die Botschaft der Bibel vorwiegend auch als eine Botschaft der Frauen zu verstehen. Er zeigt, wie sehr das Alte Testament trotz des patriarchalen Grundgedankens auf der Seite der Frauen steht. Am Beispiel der Geschichten von Rachel und der Frauen aus dem Stammbaum Jesu – Thamar, Rachab, Ruth und Bathscheba – macht er seine Überzeugung deutlich, daß «der Archetyp der Frau Gott verwandter ist als das Prinzip des Männlichen». Daß vor allem auch Jesus die Frauen in der Nähe des Göttlichen sieht, diese Erkenntnis exemplifiziert Drewermann an den Frauengestalten des Neuen Testaments, die wie die Schwiegermutter des Petrus, die Tochter des Jairus oder die syrophönizische Frau ein Beispiel geben für den unbeirrbaren Glauben, durch den sie geheilt werden, oder für Opferbereitschaft und absichtslose Güte, wie die arme Witwe und die Frau, die Jesus beim Gastmahl salbt. Vor allem aber sind es die Frauen unterm Kreuz, allen voran Maria von Magdala, die trotz ihrer Angst bei Jesu Kreuzestod an ihrem Glauben festhalten und darum als erste von seiner Auferstehung erfahren. In all seinen Darlegungen vertritt der Autor die Position, daß «das entscheidende Wort des Christentums an die Welt spezifisch eine Botschaft von Frauen ist».

Eugen Drewermann, geboren 1940 in Bergkamen bei Dortmund, studierte Philosophie, Theologie und Psychologie und habilitierte sich in katholischer Theologie. 1991 Predigtverbot und Suspenison vom Priesteramt. Er ist heute als Privatdozent, Schriftsteller und Therapeut tätig. Zahlreiche Veröffentlichungen, darunter ‹Tiefenpsychologie und Exegese› (1984), ‹Das Markusevangelium› (1987), ‹Kleriker› (1989), ‹Ich steige hinab in die Barke der Sonne› (1989), ‹Das Matthäusevangelium› (1992), ‹Glauben in Freiheit› (1993), ‹Worum es eigentlich geht› (Neuausgabe 1994), ‹Das Königreich Gottes in unserer Seele› (1996) und Grimmsche Märcheninterpretationen.

Eugen Drewermann

DIE BOTSCHAFT DER FRAUEN

Das Wissen der Liebe

Deutscher Taschenbuch Verlag

Von Eugen Drewermann
sind im Deutschen Taschenbuch Verlag erschienen:

Kleriker (30010)
Tiefenpsychologie und Exegese I (30376)
Tiefenpsychologie und Exegese II (30377)
Worum es eigentlich geht (30404)
«Ich steige hinab in die Barke der Sonne» (30437)
Giordano Bruno oder Der Spiegel des Unendlichen (30465)
Was uns Zukunft gibt (30502)
Lieb Schwesterlein, laß mich herein (35050)
Rapunzel, Rapunzel, laß dein Haar herunter (35056)

Ungekürzte Ausgabe
April 1997
Deutscher Taschenbuch Verlag GmbH & Co. KG, München

ISBN 3-530-16904-8
Umschlagkonzept: Balk & Brumshagen
Umschlagabbildung: ‹Heilige Anna selbdritt› (um 1508/10) von Leonardo da Vinci
Satz: Jung Satzcentrum GmbH, Lahnau
Druck und Bindung: C.H. Beck'sche Buchdruckerei, Nördlingen
Gedruckt auf säurefreiem, chlorfrei gebleichtem Papier
Printed in Germany · ISBN 3-423-36023-2

Inhalt

Ein Wort zuvor

Es gibt Texte im Neuen Testament, die vorzutragen eigentlich nur Frauen möglich ist. Die *Leidensgeschichte* des *Markus*-Evangeliums ist eine Geschichte von *Männern*; alles, was dort geschieht, wird von Männern geplant und ausgeführt. Erst ganz am Ende, unter dem Kreuz, wird die Gruppe von Frauen erwähnt, die Jesus begleiten bis zum Tod. Während alle Jünger Jesu in der entscheidenden Stunde am Ölberg Reißaus nehmen, um ihre bloße Haut zu retten (Mk 14,50.51), sind es diese drei Frauen: Maria aus Magdala, Maria, die Mutter des Jakobus und des Joses, und Salome, die Jesus die Treue halten. Einzig sie sind es, die der männlichen Welt der Zerstörung und der «Herr»-schaft durch ihr bloßes Dasein entgegentreten. Sie sind es auch, die am Ostermorgen zu den ersten Zeugen der Auferstehung Jesu werden. Wesentlich ihnen vertraut der Engel im Grab die Osterbotschaft an. Das entscheidende Wort des Christentums an die Welt ist spezifisch eine Botschaft von Frauen. Allein sie offenbar sind fähig und würdig, den Sieg des Lebens über den Tod zu *sehen* und sichtbar zu machen.

Wie sollte es auch anders sein? – Das Geheimnis der Auferstehung läßt sich nicht äußerlich «feststellen», man kann es nur glauben, und es läßt sich nur mitteilen in Bildern und Symbolen. Von dem Geschehen des *Karfreitags* kann man so sprechen, daß es sich mit Augen sehen und mit Händen greifen läßt; alles was roh genug ist, um zu töten, ist von dieser Art der Wirklichkeit. Die Wirklichkeit des *Ostermorgens* aber kann man nur mit den Augen des Herzens wahrnehmen, denn alles, was uns leben läßt, entstammt dem unsichtbaren Raum der Ewigkeit; und *Frauen* scheinen seit altersher die berufenen *Priesterinnen* dieser Geheimnisse des Unsichtbaren zu sein.

Seit Urzeittagen durchweht eine bestimmte Frage die menschliche Geschichte, leise gleich einem Lufthauch am Anfang und stark wie ein Sturmwind am Ende. Je mehr das menschliche Bewußtsein sich entfaltet, desto deutlicher wird uns der Tod zum Problem. Je mehr wir Menschen dazu reifen, uns als Einzelwesen zu entdecken, desto verlorener fühlen wir uns in der Weite des Alls, und unser menschlicher Geist formt zum erstenmal auf dieser Erde Fragen, auf die die Welt uns keine Antwort geben kann. Seit den Anfangstagen der Menschheit rufen wir daher *die Sinne* auf, unserem Bewußtsein Zeugnis zu geben von der Unzerstörbarkeit des Lebens *gegen* das Zeugnis der Sinne von der scheinbaren Allmacht des Todes, und so entstehen Symbole des ewigen Lebens, wie sie allen Religionen gemeinsam sind. Eine Vielzahl dieser Bilder hat auch die Kirche in den Riten der Osternacht aus den Jahrhunderttausenden der menschlichen Geschichte gesammelt, um mit ihrer Hilfe die engen Wände der Welt unseres irdischen Daseins aufzubrechen zum Horizont der Ewigkeit.

Ein solches Symbol ist von altersher *das Wunder der Sonne*: an jedem Abend scheint sie blutig rot am Westhimmel zu sterben und in das Grab der Nacht zu sinken, und mit ihr scheint das Leben selbst unterzugehen; doch immer wieder kehrt an jedem neuen Morgen das Licht der Welt zurück und macht den Menschen Mut zu glauben, daß auch für sie die Nacht des Lebens einem neuen Morgen weichen werde. Alle Wege, die zu Gräbern führen, enden in Traurigkeit und Dunkelheit; den Frauen aber, die am Ostermorgen unterwegs zum Grabe Jesu sind, *geht eben die Sonne auf* (Mk 16,2) – der ewige Morgen eines Lichts, das keinen Untergang mehr kennt.

Ein anderes menschheitliches Symbol der Hoffnung ist *das Geheimnis des Mondes*: allmonatlich erhebt das Lichtgestirn der Nacht sich *nach den drei Tagen* der Neumondzeit am Westhimmel aus dem Grabe der Dunkelheit zu neuem Leben und kehrt zurück zu seiner alten Schönheit; es schenkt durch seine Wiederkehr den Menschen Hoffnung, daß auch ihr Leben nicht von Tag zu Tag nur unaufhaltsam weiter welkt und unabänderlich dahinsiecht, sondern daß es sich in einem heiligen Ring der Zeit verjüngt und verschönert zu einem Leben bleibenden Glücks. Mit den Rhythmen des Kommens und Gehens des Mondes am Himmel verglich man in der Geschichte der Menschheit sehr früh schon das pulsierende Leben der Frauen; der Mond selber galt als eine weibliche Göttin, und das Geheimnis seiner *Auferstehung am dritten Tage* aus dem Reich der Finsternis verlieh auch den Frauen auf Erden die Fähigkeit, neues Leben hervorzubringen. Es ist noch heute der *Sonntag nach Frühlingsvollmond*, an dem wir das Osterfest feiern – ein Geheimnis, das seit Urzeittagen Frauen buchstäblich auf den Leib geschrieben ist.

Doch auch *der Frühling* selbst: ist er nicht nach der Kälte und der Starre des Winters wie eine Wiedergeburt des Lebens? Alles Gebären indes galt als Mysterium der Frauen – die Erde selber war wie eine Große Mutter, und alle Blumen waren ihre Töchter; das Korn auf den Feldern, der Mais, die Banane, die Agave – alle Pflanzen, die Menschen ernähren, galten den Mythen der Völker als *weibliche* Gottheiten. Die Entstehung des Lebens selbst, sein Sterben, seine Wiedergeburt im Lauf der Natur verrät ein Mysterium, dem *die Frauen* wesenhaft näherstehen als die Männer.

Nicht zuletzt *das Geheimnis des Feuers*, der wohl wichtigsten «Erfindung» der Menschheit, untersteht in der ganzen Antike der Obhut der Frauen. In jeder Osternacht greift die Kirche mit der Symbolik der *Osterkerze* zurück auf eine der ältesten und staunenswertesten Erfahrungen eiszeitlicher Menschen: es ist möglich, totes, trockenes Holz, aus dem jegliches Leben entwichen ist, so zu reiben und zu beatmen, daß Wärme und Licht daraus entstehen; es ist möglich, kalte, harte Steine so aneinanderzuschlagen, daß Funken des Lichtes daraus entspringen. Nichts scheinbar kann so tot sein, daß es sich nicht zurückverwandeln ließe in Leben; es waren aber *die Frauen*, die die heilige Flamme des Herdes behüten und bewahren mußten.

Am wichtigsten überhaupt aber ist *das Mysterium des Wassers*.

Daran erinnern die meisten Riten der Kirche in der Osternacht mit ihren Bildern vom Durchzug Israels durch das Rote Meer (Ex 13,17–14,31) und mit den Symbolen der Taufe, mit den Lesungen von den Wassern der Urflut und den Wassern der Sintflut. Alles Leben auf Erden entstammt dem Wasser, und überall auf Erden vermag das Wasser die schlummernden Kräfte des Lebens im Boden zu wecken. Das Wasser ist *das* Symbol von Geburt und Regeneration schlechthin, und es ist schon von daher ein durch und durch *weibliches* Symbol.

All diese menschheitlichen Bilder der Religion möchten aus dem Erbe urzeitlicher Erinnerungen Brücken ins Unendliche schlagen. Wenn es möglich ist, daß der Wind, der über die See weht, Leben ans Land trägt, wenn es sein kann, daß in der Dürre der Wüste und der Kälte des Winters Blumen und Getreide aus der Erde entstehen, ist es dann nicht auch möglich, daß aus den Gräbern die Seele sich erhebt und aus dem toten Körper der Geist? Es ist erschütternd zu sehen, wie in Jahrzehntausenden der menschlichen Kulturgeschichte als ein langsam reifender Hymnus sich diese Gewißheit von der Unzerstörbarkeit des Lebens formt. Eine ganz und gar *mütterliche* Zuversicht entsteht, die uns den Weltenhintergrund als wohlmeinend und gütig vor Augen stellen möchte, als eine Macht, die unser Leben *will*; und einzig diese Hoffnung ist es, die uns als Menschen *leben* läßt.

Eugen Drewermann

Rachel, die Urmutter Israels

Die Geschichte *Rachels,* der geliebten Braut Jakobs, ist zusammen mit der Person ihrer dunklen Schwester *Lea* noch gewiß nach dem Vorbild der älteren Mondmythologie gestaltet. Aber man hat in Übereinstimmung mit dem Text natürlich auch das Recht, die Gestalt der Rachel so zu nehmen, als wenn von einer «wirklichen» Person die Rede wäre, und dann kann und muß man sich fragen, wie wohl ein Mensch empfinden wird, der das *Schicksal Rachels* erdulden muß.

Thomas Mann hat in seinem großen *Joseph-Roman* geschildert, wie Jakob Rachel am Brunnen trifft, als eine Frau «schön ... von der Seele her», «daß Geist und Wille, ins Weibliche gewendete Klugheit und Tapferkeit hinter dieser Lieblichkeit wirkten und ihre Quelle waren: so voller Ausdruck war sie und schauender Lebensbereitschaft»[1]. Man kann psychologisch darüber nachdenken, wie die Intrigen des ränkereichen Laban auf lange Jahre die Ehe zwischen Rachel und Jakob hinauszögern, und man darf annehmen, daß hierin später ein Grund für die sonderbare Unfruchtbarkeit Rachels zu sehen sein wird, ja, daß die Ambivalenz der Vatergestalt auch zu dem Eindruck der merkwürdigen Eifersucht Gottes beiträgt, der es verbietet, daß Jakob seine schöne Braut über die Maßen liebt[2]; darüber hinaus muß man sich die Rivalität zwischen Rachel und Lea vorstellen, bis hin zu der verzweifelten Bitte, mit der die Lieblingsfrau Jakobs schließlich ihre dunkle, fruchtbare Schwester um den Besitz der Liebesäpfel anfleht[3]; an der Freude Rachels bei der Geburt ihres erstgeborenen Kindes, des Josef, dürfen wir teilhaben und werden um sie trauern, die endlich, nach langem Warten, am Wege nach Bethlehem niederkommt und bei der Geburt des «Sohns ihrer

Schmerzen», Ben Oni, des Benjamin, stirbt.[4] In bewegenden Worten schildert THOMAS MANN die Tragödie Rachels, «der Rechten und Liebsten», als «die Tragödie der nichtangenommenen Tapferkeit»[5]. «Man hat fast den Mut nicht», schreibt er, «mit Jakobs Seele zu fühlen an dieser Stelle, da ihm die Herzensbraut auslöschte und hinging als Opfer für seinen Zwölften». «Es ist zum Nachdenken», fährt er fort, «ob der Gefühlvolle eigentlich mit Bewußtsein Freiheit und Ruhe mißachtet, wissentlich das Verhängnis gegen sich aufruft und nicht anders als in Ängsten und unter dem Schwerte zu leben wünscht. Offenbar ist ein solcher vermessener Wille das Zubehör der Gefühlsseligkeit, denn daß diese große Leidensbereitschaft voraussetzt und es nichts Unvorsichtigeres gibt als die Liebe, sollte jedermann wissen.»[6] Liebe wie Verweigerung, Geburt und Tod sind in der Gestalt Rachels, so verstanden, Zeichen einer tieferen Fügung des menschlichen Lebens, dessen Größe sich an der Stärke des Vertrauens ebenso wie an der Leidenschaft und Leidensfähigkeit des Herzens mißt. Selber muß man die Geschichte Rachels, der Urfrau Israels, mit dem Herzen lesen, um diese ewige, menschliche Botschaft aus Urzeittagen zu verstehen. – Wenn wir sagten, die Geschichtserzählungen der Bibel müßten am Leitfaden der Angst ausgelegt werden, so kann man demnach jetzt auch umgekehrt sagen: man muß sie vor allem auslegen als das, was sie sein wollen: als Dokumente des Erbarmens Gottes und als Zeugnisse der verborgenen Güte des Daseins, mithin als verborgene Antworten Gottes an die ewige Fragwürdigkeit und Angstbesetztheit des menschlichen Daseins.

In gerade diesem Sinne hat STEFAN ZWEIG denn auch die Geschichte der Rachel in der Legende *«Rachel rechtet mit Gott»* zu interpretieren versucht. Für TH. MANN bot die Rachelerzählung, aus der Sicht Jakobs betrachtet, vor allem ein Beispiel für den Ruhm der Menschenseele, daß sie durch das Schweigen Gottes «nicht an Gott irre wird, sondern die Majestät des Unbegreiflichen zu erfassen und daran zu wachsen vermag»[7]. STEFAN ZWEIG hingegen sah in Rachel ein Urbild desjenigen Menschen, der in und wegen seiner Liebe unendlich duldet und gequält wird, dessen leidenschaftliches Gefühl ihm immer neue Leiden schafft, dessen Wärme und Menschlichkeit aber eine eigene Größe besitzen und am Ende so etwas wie einen rechtlichen Anspruch an Gottes Erbarmen begründen und fordern. In ST. ZWEIGS Legende steht Gott bereit, Israel endgültig wegen seiner Verfehlungen hinwegzuraffen; aber während Gottes Zorn tagelang wie ein Ungewitter am Himmel hängt, tritt Rachel in das grollende Schweigen Gottes und trägt Gott «mit dem Mute der Angst»[8] vor, was alles sie selber erdulden und erleiden mußte und wieviel Geduld ihr die Liebe abverlangte. In einem erschütternden Plädoyer für die Grenzenlosigkeit des Mitleids und der Gnade wendet sie sich an Gott, um gegen den Zorn und die Eifersucht des Allmächtigen gegenüber seinem Volk ihr eigenes Übermaß an menschlicher Geduld gegenüber ihrer Schwester Lea zu setzen, die in der Nacht der Erfüllung ihr zuvorkam und im Kindersegen sie übertraf. «... merke es, Gott», erklärt sie, «wir alle, die wir nur Menschen sind, arm und vergänglich, wir bezwangen das Böse des Neidens – du aber, du Allmächtiger, der alles erschaffen und alles erschöpft, du, aller Wesen Anbeginn und Übermaß, du, dem alles Meer ward, des wir nur Tropfen haben – du wolltest dich nicht erbarmen? Wohl weiß ich's, ein starrnackig Volk ist mein Kindvolk... aber doch, so du Gott bist und Herr aller Fülle, muß da nicht deine Langmut ihren Übermut übermessen und dein Erbarmen ihre Fehle? Denn dies darf nicht sein, daß vor deiner Engel Antlitz ein Mensch sich beschämte und jene redeten: es war ein Weib einst auf Erden, ein schwach, sterblich Weib, Rahel genannt, die bezähmte ihren Ingrimm. Er aber, Gott, der Herr aller ist und des Alls, er diente seinem Zorn als ein Knecht. Nein, Gott, das darf nicht sein, denn so dein Erbarmen nicht ohne Ende ist, dann bist du selber unendlich nicht – *dann – bist – du – nicht – Gott.* Dann bist du der Gott nicht, den ich schuf aus meinen Tränen und dessen Stimme mich anrief in meiner Schwester geängstetem Schrei – ein Fremdgott dann bist du, ein Zorngott, ein Strafegott, ein Rachegott, und ich Rahel, ich, die den Liebenden liebt und nur dem Barmherzigen diente, ich, Rahel – ich verwerfe dich vor dem Antlitz deiner Engel! Mögen diese hier, mögen deine Erwählten und Propheten sich beugen – siehe, ich, Rahel, die Mutter, ich beuge mich nicht – aufrecht recke ich mich auf und trete in deine eigene Mitte, ich trete zwischen dich und dein Wort. Denn ich will rechten mit dir, ehe du rechtest mit meinen Kindern, und so klage ich dich an: dein Wort, Gott, ist Widerspruch wider dein Wesen, und dein zorniger Mund verengt dein eigentlich Herz. So richte, Gott, zwischen dir und deinem Wort! Bist du wahrhaftig der Zornige, den du kündest, dann wirf auch mich in Finsternis zu meinen Kindern, denn als eines Zorngottes Antlitz will ich das deine nicht schauen, und mich widert die Wut deiner Eifersucht. So du aber der Barmherzige bist, den ich liebte von Anfang an und dessen Lehre ich lebte – dann laß dich endlich erkennen von mir, dann sieh mir ins Antlitz mit dem Leuchten deiner Milde und spare die Kinder, verschone die heilige Stadt.»[9]

In dieser Sichtweise wird die Gestalt Rachels, der Urmutter Israels, zu einem Zeichen urmenschlicher Mütterlichkeit und zu einem Aufruf zum Mitleid, dessen das menschliche Dasein zu allen Zeiten seiner Geschichte bedarf. Auch der Leser der Bibel muß die Haltung eines solchen mütterlichen Erbarmens mitbringen, wenn er derartige Geschichtserzählungen des Alten und des Neuen Testaments als Erzählungen verstehen will, die inmitten des unentwirrbaren Knäuels endloser Verstrickungen und Tragödien auf verborgene Weise von Gottes Zorn und Langmut berichten. Etwas Besseres jedenfalls wird man von der Psychoanalyse nicht lernen können als den Glauben an die Macht eines gütigen Verstehens und das Vertrauen zu der heilenden Kraft vorbehaltloser Akzeptation, wie man es dem Gott der Bibel im Hintergrund seiner unheilvollen Heilsgeschichte wohl zutrauen kann und muß – es war das humane Vermächtnis St. Zweigs, an das er einzig glauben mochte.

Die Frauen im Stammbaum Jesu: Von dem einzigen Weg, der zum Heil führt

Auf welchem Weg gelangt die menschliche Geschichte zu ihrem Frieden und zu ihrem Heil? Fragt man die großen «Führer» und Wegweiser der Geschichte, so erhält man stets die gleiche Antwort: Das Heil des Menschen ist nur zu verwirklichen, indem man durch ein Meer von Blut watet. Eineinhalb Millionen toter Gallier sind kein zu hoher Preis, um in Rom zu herrschen, dachte Caesar im ersten Jahrhundert vor Christus; 6 Millionen Tote sind kein zu hoher Preis für die Revolution, dachte Lenin 1917; 6 Millionen getöteter Juden sind kein zu hoher Preis für die Reinerhaltung der «Rasse», dachte Adolf Hitler; 50 Millionen Tote in einem Weltkrieg sind kein zu hoher Preis für die Vormachtstellung Deutschlands, dachten die Nationalsozialisten zwischen 1939 und 1945 – alle «Großen» in der Geschichte sind bis zu den Knöcheln, bis zu den Ellenbogen, bis zum Halse durch Blut gewatet. Immer war ihnen eine Idee vom Menschen wichtiger als der wirkliche Mensch; der wirkliche Mensch war für sie nur ein Material zur Hervorbringung des eigentlichen Menschen[1]; und am Ende ihrer Taten hatten sie meist alles unternommen, um ihre Ideen vom Menschen so gründlich wie möglich *ad absurdum* zu führen. Dennoch scheint in unserem Jahrhundert das einzige Dogma, an das die Menschheit glaubt, darin zu bestehen, daß zur Erreichung bestimmter idealer Zustände jedes Mittel gerechtfertigt, kein Preis zu hoch und alles, was dem jeweiligen Zweck diene, in sich schon rechtens sei. Ja, es scheint, als sei der Gedanke selbst im Jahre 1991 noch recht gegenwärtig, daß sogar ein Krieg, wenn er nur von der «richtigen» Macht erklärt werde, als ein weltgeschichtliches «Erziehungsmittel» über die Völker gehandhabt werden könnte. 100 000de von toten arabischen

Frauen und Kindern – sie scheinen kein zu hoher Preis für die amerikanischen Vorstellungen einer «neuen Weltordnung» am Golf.[2] Dabei hat man es in dieser Verlagerung der Moral vom Tun in die richtige Zielsetzung eigentlich mit der säkularisierten Form eines letztlich religiösen Problems zu tun. Sollte nicht Gott, so wird sich ein jeder schon gefragt haben, in die nicht endende Kette menschlichen Unrechts eingreifen und dort strafend und schützend wenigstens die schlimmsten Auswüchse menschlichen Unheils beseitigen?[3] Warum nur hält Gott sich so sehr zurück? Gibt es überhaupt einen Gott, wenn er zu allem menschlichen Unrecht schweigt und tatenlos zuschaut?[4] Wäre nicht Gott, wenn es ihn gibt, geradezu verpflichtet, mit einem Handstreich die rechte Welt heraufzuführen? Und wenn er es nicht tut, sollen, ja müssen dann nicht Menschen selber diese Aufgabe in die Hand nehmen? Das unerledigte Problem der «Theodizee», der Rechtfertigung Gottes angesichts seiner eigenen Welt, treibt seit dem 18. Jahrhundert immer neue Formen von Ideologie und Gewalt hervor.[5] Der Mensch, enttäuscht in seinen religiösen Erwartungen, nimmt selber die Sache Gottes in die Hand.

Die Antwort der Theologen auf die drängende Frage der menschlichen Geschichte mit all ihrem Unheil und Leid lautet zumeist, daß Gott unsere Freiheit respektiere; aber das ist in dieser Form eine offenbar nur sehr vordergründige und unzureichende Auskunft. Denn was soll eine Freiheit, die solche Früchte zeitigt und den Menschen zu derartigen Greueltaten veranlaßt, wie er sie in der Geschichte begeht? Die Wahrheit ist, daß selbst Gott nicht durch ein gewaltsames Eingreifen irgend etwas in der Welt mit Aussicht auf Erfolg und Konsequenz verbessern könnte, ohne seine gesamte Schöpfung zugrundezurichten.[6] Es gibt in der Bibel eine Stelle, an der Gott ernsthaft bereut, den Menschen überhaupt geschaffen zu haben; das Böse, das die Menschen tun, nimmt nach der Vertreibung aus dem Paradiese derart überhand, daß Gott beschließt, die Erde in einer verheerenden Flut reinzuwaschen und sie wie einen Augiasstall auszumisten vom Unrat Mensch (Gn 6,5)[7]. Mit anderen Worten: wenn

Gott in die menschliche Geschichte mit Gewalt reinigend und säubernd eingreifen wollte, so bliebe ihm gar keine andere Wahl: er müßte alles vernichten. Und eben das tut Gott nicht. Am Anfang der Bibel, gleich nach der Erzählung von der Sintflut, verbietet Gott es sich, ein zweites Mal die Erde derart zu verwüsten um des Menschen willen (Gn 8,20–22)[8]. Was aber hat Gott dann für Möglichkeiten, um die menschliche Geschichte zum Heil zu führen? Im Grunde nur eine einzige: durch die Jahrtausende immer erneut Erbarmen und Geduld zu üben und, ohne gewaltsam einzugreifen, den Menschen auf seinem Weg durch die Geschichte zu begleiten, ihn nicht zu verschrecken und zu verängstigen, sondern durch Güte zu beruhigen. Einen anderen Weg gibt es auch für Gott nicht. Es ist jedenfalls der einzige, von dem die Bibel meint, daß Gott ihn gehen will und seit Urzeiten schon gegangen ist.

Man sollte meinen, wenn es um den Menschheitsweg zum Heil geht, wenn es um die Hervorbringung der einen, bedeutenden Gestalt des Erlösers zu tun ist, so müßte zu diesem Zweck das Beste und Edelste im Menschen versammelt werden, damit es wie ein Turm sich Stein für Stein zur Größe des Göttlichen erhebe. Aber statt dessen überliefert die Bibel im Buche Ruth (4,18–22) und am Anfang des Matthäusevangeliums einen Stammbaum des Messias[9], der selbst für den Bibelkundigen auf weite Strecken einer Versammlung von absolut unbedeutenden Charakteren gleichkommt. Die meisten Namen sind auch in der Bibel völlig unbekannt. Keinerlei Tat oder Begebenheit im Leben der genannten Personen wird erwähnt, so als genüge es, daß sie biologisch anwesend waren, und als beschränke sich die Bedeutung ihres Lebens auf ihre faktische Präsenz zu einer bestimmten Zeit. Wer große Persönlichkeiten in der Hervorbringung des einmalig Großen in der Bibel erwartet, der muß angesichts solcher Namen schier verzweifeln, es sei denn, er lernte hier bereits die Perspektive seiner Wahrnehmung vollkommen zu verändern – weg von dem vermeintlich «Großen» und «Bedeutenden» in Richtung auf das eher Unscheinbare und Geringe. Wer jedenfalls fragt, wie auf dieser blutgetränkten Erde je etwas «Heilsames» geschehen könne, der muß sich wohl auf die Suche machen nach dem «sanften Gesetz», das vor 140 Jahren ADALBERT STIFTER in der Vorrede zu seinen Betrachtungen über *«Bunte Steine»* pries: «Es ist», schrieb er, «gegen mich bemerkt worden, daß ich nur das Kleine bilde, und daß meine Menschen stets gewöhnliche Menschen seien... so will ich meine Ansichten darlegen, die wahrscheinlich von denen anderer Menschen abweichen. Das Wehen der Luft, das Rieseln des Wassers, das Wachsen des Getreides, das Wogen des Meeres, das Grünen der Erde, das Glänzen des Himmels, das Schimmern der Gestirne halte ich für groß: das prächtig einherziehende Gewitter, den Blitz, welcher Häuser spaltet, den Sturm, der die Brandung treibt, den feuerspeienden Berg, das Erdbeben, welches Länder verschüttet, halte ich nicht für größer als obige Erscheinungen, ja ich halte sie für kleiner, weil sie nur Wirkungen viel höherer Gesetze sind. Sie kommen auf einzelnen Stellen vor und sind die Ergebnisse einseitiger Ursachen. Die Kraft, welche die Milch im Töpfchen der armen Frau emporschwellen und übergehen macht, ist es auch, die die Lava in dem feuerspeienden Berge emportreibt und auf den Flächen der Berge hinabgleiten läßt. Nur augenfälliger sind diese Erscheinungen und reißen den Blick des Unkundigen und Unaufmerksamen mehr an sich...»[10] Wer hingegen genauer, das heißt aufmerksamer, kundiger und liebevoller die Dinge und die Menschen betrachtet, der wird dem «Großen» gerade im scheinbar Verborgenen und Unbedeutenden begegnen. «Groß» gemacht hat der Dichter HOMER seine Helden vor Troja, und immer wieder scheint es, als seien nur die leidenschaftlichen Ausbrüche seelischer Affekte und körperlicher Kräfte eines großen Rühmens wert. Der «Groll» des Achill, seine Rache an Hektor, die unversöhnbare Zwietracht der Götter, der Untergang ganzer Städte und Reiche – das, schenkt man einer gewissen Art von Geschichtsschreibung Glauben, ist die bedeutsame, die bemerkenswerte Geschichte. Tatsächlich könnte sich nichts in dieser Geschichte vollziehen ohne die mühsame Geduld, mit welcher das

Korn auf den Äckern reift, ohne den unermüdlichen Fleiß der Insekten in den Blüten der Blumen und Bäume, ohne den steten Atem des Windes, ohne die Kunstfertigkeit des Töpfers und Schmieds, ohne die Neugier lernender Kinder, ohne die Anmut lachender Mädchen und ohne die stille Tapferkeit weise gewordener Alter. Nur: Wer besingt all diese «Schlachten» des Alltags: diese Stunden und Tage des Wartens von Liebenden auf den Augenblick des Sich-Wiedersehens, die zerbrochene Hoffnung am Grab eines zu früh Verstorbenen, die Freude der Geburt eines neu erwachenden Lebens, den unmerklichen Kampf gegen Krankheit und Einsamkeit, die sehnsüchtigen Träume einer nie erfüllten und doch stets geahnten Verheißung oder den späten Stolz über so viel an unverdientem Leid in einem Leben voller Entbehrungen? Jedes Menschenleben, betrachtet man es genauer, ist wert einer eigenen «Geschichtsschreibung», und alles, was «groß» sein mag an der «großen» Geschichte, findet man wieder als ein immer wiederkehrendes «fraktales» Muster des Großen im «Kleinen».[11] Offenbar aber muß man sehr tief hinabsteigen, um dem Gott zu begegnen, der sich nicht offenbart in Sturm, Erdbeben und Feuer, sondern am ehesten in der «Stimme eines verschwebenden Schweigens» (1 Kön 19,12)[12]. Ihn dort zu vernehmen, wo er am liebsten sich birgt, im Verborgenen, bestimmt die Kunst der Dichter und Propheten; «sie sind», meinte STIFTER, «die hohen Priester, sie sind die Wohltäter des menschlichen Geschlechts»[13]. Gott zu entdecken und am Werke zu sehen im Durchblättern eines Fotoalbums, das auch nur die Gestalten von drei Generationen der eigenen Familie umfaßt, den Geschichten von Menschen zu lauschen, die womöglich noch niemals Gelegenheit fanden, den verlorenen Tagen ihrer Jugend und Kindheit Aufmerksamkeit zu schenken, die Gebäude einer Stadt zu betrachten, die in ihren Stadttoren, Speicherhäusern, Bürgergäßchen und Marktplätzen noch ein Bild vermittelt von einer Zeit vor mehr als «vierzehn Generationen», und dann sich rückwärts zu träumen entlang den Namen von Menschen, die den unermeßlichen Strom der Zeit überbrücken bis hin zum Ort des eigenen Daseins jetzt, das doch auch wieder nur ein weiterer Punkt ist im Übergang all des Kommens und Gehens, des Schiebens und Drängens, des Lebens und Sterbens im Auf und Ab der Geschlechter – es gibt ohne eine solche menschliche Meditation der Dankbarkeit für den Segen der verborgenen Größe des Kleinen, des Außerordentlichen im Gewöhnlichen, des höchst Persönlichen im scheinbar Nebensächlichen keinen Zugang zu der Ur-Kunde der Herkunft des Göttlichen in unserem Leben, der Ankunft Jesu als des wahren «Königs» dieser Welt (Mt 1,1). Die wirkliche Geschichtsschreibung ist eine dichterische Poesie des stets nur scheinbar «kleinen» Menschenlebens; sie ist stets die Offenlegung der ewigen geheimen Wünsche und Hoffnungen der Menschen[14], ihres Suchens und Irrens, ihrer so wenigen Stunden vollkommenen Glücks und der wenigen Augenblicke, da sie mit zerbrechenden Kräften ihrem Schicksal die Stirn zu bieten suchten. Man muß die Menschen oder doch wenigstens ein, zwei Menschen sehr lieben, um ihr Leben zu sehen als eine große göttliche Dichtung, als einen Teil im «Stammbaum» des Messias, als einen jener Orte, da Gottes Ankunft gegenwärtig wird.

Thamar: Wieviel Berechtigung hat das Glück einzelner?

Gleichwohl gibt es im Stammbaum Jesu bei Matthäus neben der Aufzählung von Patriarchen und Königen auch vier Frauen, die namentlich in der Liste der Generationen erwähnt werden: Thamar, Rachab, Ruth und Bathscheba. Ihrem Leben, das oft nur in wenigen Sätzen von der «heiligen» Geschichte der Bibel gestreift wird, mit den Mitteln der Dichtung nachzuträumen, ist wie eine Pflicht für jeden, der die eigentümlichen Wege Gottes mit den Menschen oder, besser, das ständige Ringen des Menschen um Erwählung und Berechtigung unter den Augen Gottes innerlich mitvollziehen will.[1] Denn nicht einmal hier, bei der Wiedergabe menschlicher Geschichte, geht es den Erzählungen der Bibel um historische Informationen über Menschen, die einmal gelebt haben; hier wie auch sonst sind vielmehr die alten Stammessagen Israels in sich selbst verdichtete Schilderungen menschlicher Schicksale, zusammengetragen aus den Mythen und Märchen der Völker aller Zeiten und Zonen und daher geeignet zur Deutung des Lebens von Menschen zu jedem Zeitpunkt menschlicher Geschichte.[2]

«Wenn man Gott näherkommen will», so lautet ein Grundgedanke aller Moraltheologie, «so gilt es, den geraden Weg einzuschlagen, nicht nach links und nicht nach rechts zu schauen, sich der Verführungen der Welt zu enthalten und so rein und makellos zu bleiben, wie es dem Willen Gottes entspricht.» Auch das Alte Israel kannte solche vor allem in Priesterkreisen entwickelte Vorstellungen: Wenn es möglich sei, auch nur einen Sabbat lang vollkommen heilig zu leben, so werde alsbald der Messias kommen. Man dürfe sich nicht mit den fremden Völkern, den «Heiden», «vermischen», besagt ein strenges Gesetz, das man dem

Volk nach der Zerstörung des ersten Tempels nicht weniger streng einzuprägen suchte als zur Zeit der Entstehung der neutestamentlichen Evangelien nach der Zerstörung des zweiten Tempels. Gottwohlgefällig im Sinne des strikten Verbots jeder Völkervermischung handelte demnach zum Beispiel Pinechas, der Enkel Aarons (Ex 6,25)[3]: «Als Israel sich in Sittim niederließ», berichtet die Schrift, «fing das Volk an, Hurerei mit den Töchtern der Moabiter zu treiben... Und Israel hängte sich an den Baal Peor. Da entbrannte der Zorn des Herrn über Israel... Und siehe, es kam einer von den Israeliten und brachte eine Midianitin zu seinen Brüdern, vor den Augen Moses und vor den Augen der ganzen Gemeinde Israels... Als Pinechas, der Sohn Eleasars, des Sohnes Aarons, des Priesters, das sah, erhob er sich aus der Gemeinde, nahm einen Spieß zur Hand und ging dem Israeliten nach ins Schlafgemach und durchstach sie beide, den Israeliten und das Weib, durch den Bauch... Und der Herr redete mit Mose und sprach: Pinechas... hat meinen Grimm von den Israeliten abgewandt, indem er an meiner Statt unter ihnen eiferte... Darum sprich: Siehe, ich schließe meinen Bund mit ihm zum Heil. Er und sein Geschlecht nach ihm sollen das Recht des Priestertums für alle Zeiten haben, weil er für seinen Gott geeifert und den Israeliten Sühne erwirkt hat. Der getötete Israelit aber, der samt der Midianitin getötet worden war, hieß Simri, Salus Sohn, ein Stammesfürst aus Simeon; und das midianitische Weib, das getötet worden war, hieß Kosbi, Tochter Zurs; der war das Haupt eines Geschlechtes, einer Familie unter den Midianitern. Und der Herr redete mit Mose und sprach: Bekämpft die Midianiter und schlagt sie» (Num 25,1–17)[4]. Folgt man einer solchen «priesterlichen» Geschichtstheologie[5], dann ist Gott ein eifersüchtiger Rächer jeder Abschweifung, und er verlangt erbarmungslos um der Reinheit des Bekenntnisses willen den rigorosen Ausschluß von allem Fremden. Statt Integration Intoleranz, statt Einheit Reinheit des Religiösen, statt Völkerversöhnung Völkerverhöhnung, und zwar in den heiligsten Anschauungen. Man kann Gott nur dankbar sein, daß er, wenn die Schilderung des «Stammbaums» des «Messias» im Matthäusevangelium zumindest das Bild Gottes, wenn schon nicht die Historie der Menschen, richtig zeichnet, offenbar alles andere ist als ein solcher «Priestergott».

Denn noch ehe wir zu Thamar, der ersten Frau in der Ur-Kunde des Matthäus, kommen, lohnt es sich, den Heiraten der Söhne Jakobs nachzugehen, die der Stammvater Israels mit seiner Nebenfrau Lea zeugte. THOMAS MANN faßt diese sonderbaren Eheabschlüsse in seinem Joseph-Roman so zusammen: Ruben hatte «eine Tochter des Landes erworben und mit ihr dem Gotte Abrahams mehrere Kinder gezeugt, den Knaben Hanoch zum Beispiel und den Knaben Pallu, die Jaakob zuweilen auf den Knien schaukelte. Schimeon hatte sich eine aus Schekem als Beute hinweggeführte Bürgerstochter namens Buna zu eigen gemacht, Levi ein jahugläubiges Mädchen geheiratet, das als eine Enkelin Ebers galt, Naphtali ein junges Weib, dessen Herkunft Jaakob etwas künstlich von Nahor, dem Bruder des Chaldäers, ableitete, und Dan einfach eine Moabiterin. Lauter religiös einwandfreie Heiraten waren nicht durchzuführen gewesen.»[6] Mit anderen Worten: Bildete das Reinheitsideal des priesterlichen Denkens den Maßstab des menschlichen Lebens vor Gott, so hätte es eine Geschichte der Kinder Israels niemals gegeben noch jemals geben dürfen, und es stünde immer noch der Anspruch steriler Exklusivität im Namen Gottes der einfachen Menschlichkeit in der Geschichte der Menschen im Wege. Was die Bibel hingegen in Wirklichkeit schildert, ist die ständige *Vermischung*, der uranfängliche *Austausch*, die *Einheit* des Menschlichen bis in die Wurzeln hinein. Nicht die grimmige Askese von Entsagung und Trennung, sondern das mutige Zugehen und Eingehen auf das «Fremde» zeichnet die Söhne Jakobs aus; es ist *das Übersteigen* der Grenzen, es ist *das Niederreißen der Zäune*, es ist *der Blick über die Demarkationslinien der Angst*, in dem der Gott Israels seinen Weg mit den Menschen vorbereitet, und nirgendwo scheint die Logik des priesterlichen Denkens der anarchischen Ordnung der Liebe auf dem Boden der Bibel so sehr zu widersprechen wie bereits schon in der Geschichte der ersten Kinder «Israels». Nicht die «reine» Religion der Priester, sondern die Menschlichkeit der Liebe ist offenbar der Weg, den Gott mit uns zu gehen bereit ist, und wer immer es wagt, die Weisungen der Priester über das Zusammenleben von Menschen zu relativieren oder zu modifizieren, holt allem Anschein nach mehr vom Himmel auf die Erde als jemand, der sie in aller Strenge einhält und geltend macht.

Denn wie steht es mit Juda selbst? THOMAS MANN, indem er die ständige Verführbarkeit «Judas» zur «Hurerei» (das heißt zum Abfall zu den Fruchtbarkeitsriten Kanaans[7]) psychologisch wörtlich nimmt, hält dafür, daß Vater Jakob schon habe froh sein müssen, als sein Sohn «überhaupt in fleischlichen Dingen durch eine Heirat zu einiger Befestigung und Beruhigung gelangt war, denn sein Geschlechtsleben hatte von jung auf ein wirres und schmerzliches Gepräge getragen. Er stand mit Astaroth auf unvergnügt-gespanntem Fuß, litt unter ihrer Geißel, die ihn jagte, und war ihr untertan, ohne sie zu lieben, was einen Riß in seiner Seele bedeutete und eine Uneinigkeit in ihm selber. Der Umgang mit Kedeschen (sc. Tempeldirnen oder «Freudennonnen», der Verfasser) und Ischtar-Huren brachte ihn der Baals-Sphäre und ihren Greueln und Narrheiten nahe, der Sphäre Kanaans, des Schamlosen, und niemanden, auch Jaakob, den Vater, nicht, konnte das schwerer grämen als Jehuda selbst.»[8] Und doch nimmt Juda *eine Hethiterin* zur Ehe! «Durch einen seiner Hirten, Hira geheißen, aus dem Örtchen Adullam, lernte er einen kanaanitischen Mann namens Schua kennen, dessen Tochter gefiel ihm, und er nahm sie mit Jaakobs Zustimmung. Die Söhne, die sie ihm brachte, zwei vorderhand, unterwies er in der Vernunft Gottes. Sie aber schlugen der Mutter nach, wie Ismael der Hagar nachgeschlagen und nicht dem Vater, so wenigstens sah es Jehuda»[9] (vergleiche Gen 38,1–10)[10]. Jedenfalls sah es offenbar *Gott* so, denn ein Verhängnis von mythischer Tragik scheint über dem Schicksal der Juda-Söhne gelegen zu haben. Alle drei: *Er, Onan* und *Schela* mit Namen, sind unauflöslich verwoben mit *Thamar*, einer kanaanäischen Frau von erschütternder Größe.

Wie soll man das Wesen dieser Frau sich vorstellen, die im Leben der Juda-Söhne bald schon beides verkörpern wird: die Liebe wie den Tod, Verheißung wie Schuld, Aufstieg wie Fall? Ein Widerspruchswesen war sie ohne Zweifel, also als erstes ein Widerspruch gegen sich selbst und ein Widerspruch auch gegen die Welt, der sie entstammte. So jedenfalls beschreibt sie, noch einmal, THOMAS MANN: «Sie war schön auf ihre Art, nämlich nicht hübsch und schön, sondern schön auf eine strenge und verbietende Art, also, daß sie über ihre eigene Schönheit erzürnt zu sein schien, und das mit Recht, denn etwas Behexendes war daran, was den Mannsbildern nicht Ruhe ließ, und gegen solche Unruhe eben hatte sie die Furchen zwischen ihre Brauen gepflanzt. Sie war groß und fast mager, von einer Magerkeit aber, die mehr Unruhe hervorrief als noch so reichliche Fleischesform, so daß die Unruhe eigentlich nicht des Fleisches war, sondern dämonisch genannt werden mußte. Sie hatte bewundernswert schöne und eindringlich sprechende braune Augen, fast kreisrunde Nasenlöcher und einen stolzen Mund.»[11] Das wahre Geheimnis der Thamar aber war ihre Unruhe nach Gott, nach dem neuen Gott der Hebräer, und ihr Wille, sich in seine Geschichte zu drängen. «Thamar war eine Sucherin. Die Falten zwischen ihren Brauen hatten nicht nur den Sinn des Zornes über ihre Schönheit, sondern auch den angestrengter Bemühtheit um Wahrheit und Heil. Wo in der Welt trifft man die Gottessorge nicht an? Sie kommt vor auf Königsthronen und in ärmlichsten Bergweilern. Thamar war eine ihrer Trägerinnen, und die Unruhe, die sie erregte, störte und erzürnte sie eben um der höheren Unruhe willen, die sie trug. Man hätte dies Landeskind vom Dorfe für religiös versorgt halten sollen. Der Wald-und-Wiesen-Naturdienst jedoch, den man ihr überlieferte, hatte ihrer Eindringlichkeit ... nicht wollen Genüge tun. Sie kam mit den Baalim und Fruchtbarkeitsgöttern nicht aus, denn ihre Seele erriet, daß anderes, Überlegenes in der Welt war, und angestrengt spürte sie ihm nach. Es gibt solche Seelen: ein Neues und Änderndes braucht nur in der Welt zu sein, daß ihre einsame Empfindlichkeit davon berührt und ergriffen wird und sie sich zu ihm auf den Weg machen müssen.»[12]

So, als eine Stolze und Unzufriedene, als eine Hochfahrende aus Ungenügen am Durchschnittlichen, scheint *Thamar* sich in die Geschichtshoffnung Israels gedrängt zu haben, sie selbst, in Erfüllung ihres Namens, wahrhaft eine «Palme» an Schönheit und Größe (vgl. Hld 7,7), und vor allem willens, *Er*, den Erstgeborenen Judas, durch die Kraft ihres Schoßes zur *Palme* am Bache, zum Helden und Löwen aus Juda zu machen. Und Juda selbst willigte in ihren Plan, er gab ihr den Ersten der Schua-Söhne zum Mann. Zwar: die Bibel sagt nur: «Juda freite seinem Erstgeborenen *Er* ein Weib mit Namen Thamar» (Gen 38,6); doch was den Grund gibt, hinter der Wand umworbener Schicklichkeit, wie die Bibel sie darstellt, in Wahrheit eine Geschichte leidenschaftlichen Ringens und Dringens zu erraten, das ist die unerhörte Entschlossenheit, die Thamar in allem folgenden an den Tag legt. Kaum in die Ehe gegeben, stirbt nämlich *Er* – eine Gottesstrafe für seine Bosheit, erläutert der Text, doch auch hier scheinen Zweifel erlaubt. Allerorten galt ein früher Tod damals als Strafe[13]; um der Gerechtigkeit Gottes, nicht um der wirklichen Verfehlung des Menschen willen wird man von einer «Schuld» gesprochen haben, wo sie erkennbar wohl nicht größer sein mochte als auch sonst ringsum. Ein Charakter gewöhnlicher Frömmigkeit jedenfalls hätte sich geduckt und gedemütigt unter dem Härteschlag Gottes, eine Persönlichkeit geringeren Formates hätte in Trauer und Schmerz und allmählicher Stille sich in die allzu frühe und allzu jähe Witwenschaft gefügt und den stumm geduldeten, mitleidig gewährten Anschluß an das Haus der eigenen Eltern für Trost und Abfindung genommen. Doch eine *Thamar* kann sich nicht abfinden!

Sie ertrug es nicht, mit ihrem kühn ersonnenen Plan, dem Volk der Erwählung als Frau und als Mutter anzugehören und dann doch so bald schon als eine Gescheiterte dazustehen; und so scheinen es (wiederum!) *ihre* Worte zu sein, mit denen Juda nunmehr als seinen Willen auch über den Zweitältesten, *Onan*, verkündet, was in Wahrheit der Wille der Schwiegertochter gewesen sein wird: es solle der Bruder des früh Verstorbenen hingehen und seiner Schwägerin-Witwe Kinder verschaffen (Gen 38,8)[14]. Später ward es geschriebenes Recht, eine eigene Institution: Die Schwager-Ehe. Doch Thamar, die Palme, war einer der Menschen, für die nichts geschrieben steht, weil sie selber Gesetz sind und Institution – nach Generationen noch wird man als gültig aufschreiben, was einzig in ihrem Kopf geschrieben stand, wie es die Not ihnen eingab. Statt ihre Witwenschaft zu betrauern, verlangt Thamar Onan, den Schwager, zum Mann, und sie will es so stark, daß ihr eigener Wille ward wie der Wille Judas, des Schwiegervaters selbst. Und doch konnte es nicht der Wille Onans sein.

Schon damals, so scheint es, liebte insgeheim Juda die Schönheit seiner Schwiegertochter, und vielleicht gab er ihr seine Söhne nur in die Ehe, um sie, Thamar, näher bei sich zu haben, so daß die Schwäche seines Entschlusses der Stärke einer verborgenen Neigung entsprach. Wie auch immer: *Onan*, soviel steht fest, verzagte an dieser Aufgabe, im Willen seines Vaters an Stelle seines Bruders, als doppelter Ersatzgemahl also, an Thamars Seite fruchtbar zu sein und seiner Schwägerin und Gemahlin Kinder zu erwecken, die wiederum nicht seine eigenen, sondern die seines erstgeborenen Bruders und Lagererstlings rechtliches Eigentum bleiben würden. Daher, so sagt die Bibel, «ließ er es, wenn er zum Weibe seines Bruders ging, auf die Erde fallen und so verderben, um seinem Bruder nicht Nachkommen zu verschaffen» (Gen 38,9). Dennoch: Man sage nicht, Onan sei ein bloßer Versager aus Verzagtheit, ein Impotenter aus mangelndem Mannesmut gewesen. Es lag zu viel Trotz und geheimer Protest in seinem Verhalten, um nur als Schwäche gedeutet zu werden. Es war seine Weigerung, nicht seine Schwäche, die Gott «bestrafte», indem er auch ihn schon bald vom Tode hinwegraffen ließ – durch Hirnschlag mutmaßlich, wenn denn das Tun die Art des Todes bestimmte.[15] Aber wieder gefragt: War es *Gott*, der Onan tötete? Und *war* sein Tod eine Strafe?

Doch so zweideutig Gott, so klar tritt uns fortan *Thamar* entgegen. Was für eine Frau sie war, beginnt man erst jetzt aus den Zeilen der Bibel zu ahnen. Erneut muß sie ihren Schwiegervater bestürmt haben, ihr nunmehr den Dritten der Söhne, den *Schela*, zum Mann zu geben. Doch diesmal verwahrte sich Juda, und sein Wort war unwiderruflich. Nicht auch noch Schela, sein Jüngster, sollte dahingerafft werden in Thamars Armen. Ja, wehe jetzt über Thamars Arme, wehe über die Stolze und Schöne, über die Männerverderbende! So wie sie tötete Ischtar den eigenen Geliebten![16] So rächten des Nachts aus den Grüften die Leiber vampirischer Hexen sich für ihr ungelebtes Leben.[17] Auch Thamar galt jetzt als eine von ihnen. Was blieb ihr zu tun? Es ist ihre Größe, ihr wirkliches Anrecht auf Anwartschaft im Stammbaum des Heils: Sie *weigerte* sich, ihr Leben ungelebt fallenzulassen und mitten in der Blüte des Lebens nach Vampirart lebendig ins Grab zu sinken; sie *weigerte* sich, in verletztem Stolz, wie die Große Göttin, auf tödliche Rache zu sinnen.

Immer wieder in der seltsamen Erzählkunst der Bibel werden auch späterhin Frauen ersonnen, deren Liebe astartengleich tötet, und sie heißen dann *Judith*[18] und *Esther*[19] als Heldinnen der Sage, die ihr Volk retten durch Schönheit und Mord, oder es geht im fernen Ekbatana die Rede von *Sara*, der Jungfrau, die unter dem Fluch des Dämons Asmodi in sieben Brautnächten sieben Männer dahinraffte, ehe sie durch die Liebe des jungen Tobits von der Magie ihrer Vaterliebe, denn die war ihr Dämon, befreit ward[20]; oder man gibt der dämonischen Hexe den Namen *Salome*, wie sie im Tanz einen König zu Schwur und Prophetenmord hinreißt[21]. Doch *Thamar* hat nichts gemein mit all diesen ihr so gefährlich Verwandten und dennoch so Wesensverschiedenen. Nicht dem Tode, *dem Leben* hat sich *Thamar* verschrieben, und wenn es in ihr eine Besessenheit gab, so galt sie der unerhörten Entschlossenheit, sich dem doppelten Fluche niemals zu ergeben und trotz allem teilzuhaben an der Geschichte des Heils ihres Wahlvolkes, nach der Art einer Frau: indem sie selber zum Heil ward und Leben gebar. Wie sie, die zweifach Gestrafte, die vermeintliche Jünglingsverderberin, nicht aufhört, an die Kraft ihres Lebens zu glauben, und sich *einsetzt* für ihre unmöglich scheinende Hoffnung, indem sie sich *hinwegsetzt* über jedes Recht, um sich Recht zu verschaffen gegen den Gang der Geschichte als Frau, *das* umstrahlt ihr Portrait mit einer unheimlichen Größe aus Trauer und Trotz, aus Verzweiflung und Verlangen, aus Schande und Schönheit, aus Leid und aus List. Nur Menschen, die man bis zum äußersten treibt, werden wie Thamar das äußerste wagen. Doch scheint es Fluch wie Gnade gerade der großen Seelen, daß allein sie ins äußerste zu gelangen vermögen.

«So gingen viele Tage dahin», bemerkt lakonisch die Bibel (Gen 38,12), und geht damit hinweg über *Thamars* verstummende Klage und betrogene Jungfernschaft. Dann aber stirbt plötzlich *Schuas Tochter*, Judas Gemahlin, die in der Geschichte der Bibel nie einen eigenen Namen gewinnt und offenbar nie etwas anderes war als Tochter und Gattin und Mutter, als die Trägerin dreier Rollen, die sie verließ, sobald sie erfüllt waren. Mit ihrem Tode ergibt sich unverhofft eine Gelegenheit für *Thamar*. Eine Gelegenheit? Nur eine maßlos gewordene Kühnheit läßt hier eine Chance erblicken, wo sich vor den Augen anderer Menschen allein die Trauerzone des Todes nur noch weiter zu dehnen scheint. Ja, man ist erschrocken, zu sehen, mit welcher Berechnung jetzt *Thamar*, diese liebeentbehrende Witwe, sich einfühlt in die einsame Witwerschaft ihres Schwiegervaters, so als sei er schon längst ihr Seelenvertrauter. Nur ihrer Arglist gelingt es, die Stunde des scheinbaren Endes der Stammeslinie Judas doch noch in einen unerhörten Neuanfang umzukehren. Aber der Weg dahin ist fatal. Mit Schela, dem Schwächling, dem Jüngsten, ist nicht zu rechnen. Doch *Juda*, der Frauensüchtige, wie könnte er leben ohne neues Verlangen? Es ist nicht vorstellbar, ihn auf legalem Wege in die Ehe zu locken – nicht mit der Frau seiner Söhne! Doch ist er der einzige Mann, der Thamar noch bleibt, wenn sie nicht zurücksinken will in das Nichts ihrer

Herkunft. – Ahnungen, Planungen, wirre Gedanken einer verworrenen Zeit.

Da findet ein Schafschurfest statt in Thimna[22], und Juda begibt sich dorthin mit seinem Freund Hira von Adullam. Thamar erfährt es. Ein Schafschurfest: – das ist Hitze und Schweiß, das sind Männerzoten über die «Schäfchen» und Müdigkeit nach dem Scheren, das ist am Ende erschöpfte Zufriedenheit, die nach verdienter Belohnung späht.[23] Das weiß man als Mann, doch wie wußte dies Thamar? Es war des Abends am Tor von Enaim, auf dem Heimweg von Thimna, daß Juda eine Frau fand im Gewand einer Dirne, ihr Antlitz verhüllt, zu der bog er ab, um mit ihr zu schlafen, denn sie galt ihm für eine Kedesche, für eine der Freudennonnen in Kanaan. Gefragt nach dem Preis, versprach er der Fremden freimütig, wie zum Witz auf sich selbst, einen *Ziegenbock* für die Nacht.[24] Sie aber, die Unbekannte am Wege, entlieh sich von ihm ein Pfand: seinen Siegelring, eine Schnur und den Stab; die ließ er ihr, ehe sie ihn einließ. Doch das Antlitz des Tages ist ungleich dem Antlitz der Nacht. Am anderen Morgen schämte sich Juda, und was eben noch schien wie ein heiliges, wenn auch recht heidnisches Tun, wie ein Gottesdienst für die Göttin Ischtar im Taumel der Sinne, das wirkte jetzt, beim Dämmern des Morgens, wie eine Tat, die man besser verhüllt. Seinen Freund Hira von Adullam beauftragte Juda, daß er statt seiner der Dirne das Böckchen bringe und die Pfänder zurückempfange, doch nirgends fand der die Frau von Enaim. «Wo ist sie, die Dienerin der göttlichen Liebe, die ihren Standort am Stadttor hat?», fragte Hira die Leute. «Es hat hier nie eine solche gegeben», lautete die Auskunft. «So mag sie es behalten», sagte Juda, denn er fürchtete, ins Gerede zu kommen. Schon war er dabei, die ganze Angelegenheit zu vergessen, da ward ihm drei Monate später gemeldet: «Deine Schwiegertochter hat Unzucht getrieben, denn sie ist schwanger geworden.» – Es ist eigentümlich, was im Menschen, in Männern vermutlich besonders, vor sich geht, sobald sie mit dem Recht in Berührung kommen. Sie selber können es gerade noch gewesen sein, die sich heimlich «vergingen», doch besteht in der Öffentlichkeit scheinbar die Pflicht, das eigene Tun, wenn es peinlich wird, nach Möglichkeit zu verleugnen, die Gefühle im Inneren zu verschweigen und den Zusammenhang unter den Menschen zur Festschreibung vermeintlich «Schuldiger» aufzulösen. Immer noch scheint es, als bestünde das, was wir Moral und Recht nennen, in nichts anderem als in der Angst vor öffentlicher Strafe und in der Wahrung des guten Anscheins. Derselbe Juda, der sich nicht scheute, soeben noch mit einer der Dirnen Kanaans die Nacht zu verbringen, gibt sich jetzt rigoros mit seiner Schwiegertochter: «Führt Thamar hinaus, sie soll verbrannt werden.»

Man könnte meinen, dieser Text sei wie geschaffen, uns den Wahnsinn der Hexenprozesse zu erklären, der Jahrhunderte lang, gestützt auf die Bibel, unter päpstlicher Weisung das christliche Abendland schlimmer verheert hat als alle Kriege[25]: Man fürchtet die Frau, die «man» begehrt aufgrund einer Moral, die das Begehren verbietet, und so wird bald aus der verbotenen Liebe eine unheimliche Kraft: Die heimlich Geliebte hört auf, noch ein Mensch zu sein – der eigenen Seele erscheint sie als ein seelenloser Gegenstand der Lust, als ein fleischgewordener Dämon, als die Projektionsgestalt aller abgewehrten Wünsche. Juda zum Beispiel kann eine ganze Nacht bei seiner Schwiegertochter verbringen, und er erkennt in der Dumpfheit seiner Sinne nicht einmal ihre Stimme, nicht ihre Augen, nicht ihre Hände[26], für ihn ist sie eine Nacht lang keine Person, nur ein Geschlechtsding, ein abzufindendes Etwas. Doch jetzt, wo sie dasteht als Frau, als werdende Mutter, als *Mensch*, da ist sie für ihn *schuldig* des Todes, und es ist, ein echtes *jus talionis*, das *Feuer* der Leidenschaft selbst, das sich in der Strafe des Mannes über die Frau materialisiert zum *Feuer* des Todes.[27] Thamar als Vampir, Thamar die Hexe – was Thamar nie war, dafür gilt sie jetzt. Und doch muß man sagen: wenn je eine Frau mit dem Feuer gespielt hat, so ist es diese Kanaanitin. Sie tat es virtuos.

Schon scheint sie am Ende, schon wird sie hinausgeführt auf den Verbrennungsplatz, da schickt sie zu ihrem Schwiegervater

Juda und läßt ihm sagen: «Von dem Manne, dem das hier gehört, bin ich schwanger», und läßt ihn fragen: «Wem gehört doch nur dieser Siegelring und die Schnur und der Stab?» So ungeheuer war das Verbrechen, das Thamar begangen, daß man sie freiließ; und erneut formten sich Unrecht und Recht nach dem Maß ihres Willens. War sie denn wirklich eine Schuldige? Schuldig war *Juda*, doch nicht, wie man sah, wegen seines verwegenen Abweges unterwegs nach Enaim – da war er lediglich das Opfer eines Handels geworden, dessen Bedingungen er zu spät verstand; wohl aber weil er aus Angst sich nicht getraute, für seinen längst erwachsenen Jüngsten, für Schela, in die Ehe mit Thamar zu willigen. Seine Angst vor Thamar, nicht seine Begierde zu Thamar, war seine eigentliche Schuld. «Als Juda genauer zusah», erzählt die Bibel, «mußte er sprechen: Sie ist im Recht gegen mich; warum habe ich sie meinem Sohn Schela nicht gegeben!» (Gen 38,26)[28].

Da kann also ein Mensch todesschuldig werden gegenüber dem Gesetz, und er kann doch Recht haben von seiten des Lebens! Da kann ein Mensch im Widerspruch leben zu allem, was Anstand und Sitte gebieten, und er kann doch anständig und sittsam bleiben, indem er handelt im Dienst seiner Anmut und im Sinn seiner Würde![29] Da kann ein Mensch sich erniedrigen bis zur Grenze des Schamlosen und zynisch Obszönen, und er bewahrt doch gerade so seinen Stolz! Wo auf Erden gibt es eine Moral, die derartige Brechungen des Lebens verstehen würde und die nicht eine Tat als *Ver*brechen bezeichnet, die lediglich ein Dasein *zer*bricht, das, auf Dauer gestellt, einen Menschen endgültig seiner Hoffnung berauben müßte? Was hätte Thamar, im Ernst gefragt, denn anderes tun sollen? Das Recht und die Sittsamkeit, da ist kein Zweifel, wären ihr sicherer Tod gewesen. Ja, mehr noch: die Geschichte Gottes mit den Menschen selber wäre zuende gewesen, noch ehe sie richtig hätte beginnen können, ohne die Tat der mutigen Thamar. Die «Heilsgeschichte» des Menschen, so müssen wir denken, vollzieht sich, indem Menschen, spätestens mit dem Mut der Verzweiflung, das Äußerste wagen und lieber den

Tod riskieren, als sich mit einem Leben zufrieden zu geben, das kein Leben mehr ist.

Mutige Thamar! Wie viele Frauen gibt es, die ihre Schwestern sein könnten – in ihrem Elend wie in ihrem Stolz! Verwitwet mit 40, noch unverheiratet mit 45, aus einer Ordensgemeinschaft von Klosterschwestern ausgetreten mit 50, hören sie dennoch nicht auf zu hoffen. Nach Maßgabe der Moral, die sie umgibt und die sie selber seit Kindertagen in sich tragen, sind sie mit dieser ihrer Hoffnung, mit ihren Suchwanderungen auf den Wegen der Liebe, als *Ver*sucherinnen zu Sünde und Ehebruch, eine Gefahr der bestehenden Ordnung – oder sie blieben unfehlbar verurteilt zu stetem Verzicht. Doch was der Reinheitswille der Priester verurteilt, ist in Wahrheit vielleicht nur ein Krisenmoment des Glücks, und eben dieses *«vielleicht»*, diese Unbestimmtheit im Augenblick, macht das wirkliche Wagnis des menschlichen Lebens aus: *Man kann nicht wissen*, was wird, ob Untergang oder Rettung, endgültiges Scheitern oder endgültiger Eintritt ins Leben; fest steht nur dies, daß einzig die Mutigen die menschliche Hoffnung weitertragen werden und daß einzig auf ihrem Tun der Segen Gottes ruhen wird. Es scheint Forderungen des Daseins zu geben, die verbindlicher sind als alle Mahnungen der Moral, und *wirklich selber zu leben* ist offenbar die erste und vordringliche Aufgabe des Lebens. Denn dies: aus lauter Angst *nicht* wirklich zu sein, scheint die einzige Schuld, die das Leben niemals vergibt.

Wer also will Thamar für schuldig erklären? Wer sich dazu vermessen wollte, der müßte nicht nur Thamar verbrennen, sondern auch das Leben, das sie zur Welt bringen wird. Ein Zwillingspaar wird es sein, wie geschaffen, der leibhaftige Ausdruck ihrer eigenen Doppelnatur zu sein: *Perez* und *Serach* werden die Söhne heißen, die Thamar zur Welt bringt, und sie werden um ihre Erstlingsschaft kämpfen vom Mutterleib an wie Kain und Abel, die Kinder der Stammutter Eva (Gen 38,27–30)[30]. Und doch wird von Perez aus die Linie der Generationen weitergehen; denn so sagt die Bibel: «Perez zeugte den Hezron, Hezron den Aram ...» (Mt 1,3). Am Ende muß man Gott danken, daß es

Thamar gab. Was aber «Thamar» war, das wurde sie durch ihren Mut, ihre Entschiedenheit und ihren Stolz. Selbst wenn man sie verbrannt hätte und wenn es nie einen Messias gegeben hätte – *das Leben* gäbe ihr Recht. *Das Leben* stünde auf ihrer Seite. Und alles, was jemals Recht heißen will, muß sich messen lassen an dem Anspruch, den sie selber ans Leben stellte. Selbst die Hoffnung eines von Gott auserwählten Volkes gestaltet sich nur durch das Glück von einzelnen, die es gegen alle Einsprüche wagen, so intensiv zu leben, als es irgend geht.

Die Dirne Rachab: Was ist des Menschen Glaube?

Kaum ist die Geschichte der Thamar verklungen, da erwähnt Matthäus in seiner «Ur-Kunde» des Heils zwei Verse später (Mt 1,5 a) den Namen einer Frau, die noch weit wirreren Zeiten zugehörte als Thamar. Thamar wurde zur Dirne nur aus Not und Verzweiflung; Rachab *war* eine Dirne. Doch was weiß man schon über Rachab? Auch ihre Gestalt verliert sich im Strom der Geschichte, und nur die Spur ihrer Sage blieb einigermaßen klar konturiert erhalten im Treibsand der Zeit.

Alle ursprünglichen Geschichten von der «Landnahme» unter Josua (Jos 1–11)[1] spielen geographisch auf der kurzen Linie vom Jordan bei Jericho bis in die Gegend von Gibeon und haben mit «Josua» historisch offenbar nichts zu tun[2]; vielmehr handelt es sich allem Anschein nach um die erst später zusammengestellten Überlieferungen der Landnahmetradition einzig des Stammes Benjamin, der von Osten her über den unteren Jordan in die Gegend des längst schon zur Ruine verfallenen Jericho zog[3]; die Überlieferung dieses Stammes wurde später, wohl von Gilgal aus, ins Nationale ausgeweitet und damit zur Grundlage der israelitischen «Landnahme» überhaupt.[4] Die Geschichte der Rachab aber (in Jos 2,1–24; 6,17.22–25) stellt sich in diesem Kontext als eine Sage dar, die begründen will, warum in israelitischem Lande die Existenz einer kanaanäischen Sippe Rachab geduldet wurde (Jos 6,25)[5]. Die Duldung kanaanäischer Lebensformen kam in den strengen Augen der Jahwediener der «Hurerei» mit Fremdstämmigen und mit ihren fremden Gottheiten gleich[6]; und so verdichtete sich allem Anschein nach der religiöse Vorwurf der «Hurerei» zu einer historisierenden Sage von «Rachab», die immer schon eine Hure war. Es ist hier wie auch sonst: nie läßt sich, historisch gesehen, die Wirklichkeit greifen, die uns Sagen erzählen; sie schildern als individuell, was dem Geschichtsforscher allenfalls als ein kollektives Ereignis entgegentritt[7]; historisch sind die Personen einer Sage, wenn wirklich «Personen», dann höchstens «Korporative Persönlichkeiten»[8], nie Menschen im eigentlichen Sinne. Doch mißversteht man mit solchen «Rekonstruktionen» nicht eher die Botschaft, die eine Sage vermitteln möchte und könnte, als sie zu erläutern? Es bildet eine Überzeugung, welcher die Sage als Literaturform ihre Existenz verdankt, daß es keine Geschichte gibt außerhalb des Handelns großer Einzelner[9]; und statt das Leben von Menschen aus historischer Sicht auf die Geschichte von Gruppen zu reduzieren, hält das Weltbild der Sage gerade die umgekehrte Betrachtungsweise für angemessen: nur vom Erleben Einzelner her läßt sich der Gang der Menge verstehen. Alle Geschichte ist die Geschichte von Einzelnen; das heißt unter anderem: selbst wenn, wie wahrscheinlich, niemals eine Dirne Rachab in Jericho gelebt hat, so gibt es sie doch als Person, als Gestalt, als eine Grundfigur, die immer wieder im Verlauf der Geschichte das Leben Einzelner prägen wird, selber nie festlegbar in genauen Umrissen, doch stets gegenwärtig am Rande des Schicklichen und immer begabt mit der Macht, selbst Schicksal zu sein.[10]

Noch eine andere gültige Wahrheit enthält vorweg die Erzählform der Sage von Rachab, der Dirne: die Einsicht, daß der Lauf der Geschichte sich formt nach den leidenschaftlichsten Gefühlen von Menschen. An sich sind Sagen durch und durch «profane» Geschichten, die zwar gelegentlich auch, nie aber wesentlich, gewisse religiöse Motive in sich enthalten können.[11] Die Geschichte der Rachab aber treibt es dahin, die Gefühle von Menschen offen heraus so zu behandeln, als seien sie Offenbarungen Gottes. Was Menschen fühlen und was (folglich!) Gott will, bestimmt den Gang der Geschichte; alle äußeren Umstände sind, gemessen daran, wie nebensächlich.

Da schickt Josua, im Bewußtsein mal wieder, einen heiligen Krieg zu beginnen und damit der Sache eines gerechten, das heißt eben *seines* Gottes zu dienen, zwei Kundschafter aus, um die Lage in Jericho auszuspionieren. Die Frage ist nicht gerade neu: Wie bringt man am schnellsten und am sichersten Geheimnisse ans Licht, die für kriegführende Männer von Interesse sind? Seit damals scheinen die Zeiten sich nicht sehr geändert zu haben. Es gibt Augenblicke, in denen die stärksten Männer schwach zu werden pflegen und in denen sie, schon um sich in ihrer wahren Größe zu zeigen, all ihre Geheimaufträge, die sie sonst niemandem verraten würden, doch wenigstens einem einzigen Menschen, der Frau ihrer Liebe, mitteilen möchten, um für so viel verborgene Größe und unbekannte Bedeutung trotz allem geliebt zu werden. Noch in den siebziger Jahren dieses Jahrhunderts gab es für die Armee Nordvietnams zum Beispiel kein besseres Mittel, um die Handlungsspielräume und Handicaps ihrer Gegner im Süden in Erfahrung zu bringen, als die Hunderttausende von Dirnen in Saigon und Bangkok, die man benützte wie eine Reservearmee von Geheimoffizieren. Nützlicher als jede Dechiffriermaschine zur Entschlüsselung gegnerischer Nachrichtencodes sind zu allen Zeiten diese *unknown soldiers* der Liebe, die im Kreis ihrer Mitmenschen ohnehin schon weit genug draußen stehen, um eher den Zusammenbruch als den Erhalt der bestehenden Gesellschaftsordnung herbeizuwünschen; jedenfalls gibt es keine Gruppe von Menschen, die den männlichen Würden- und Geheimnisträgern mehr Informationen zu entlocken vermöchten und sie bereit–, das heißt lohnwilliger weitergeben würden als diese Spezialistinnen der käuflichen Liebe.

Ganz nach Einsicht solcher Erfahrungen verhalten sich denn auch die zwei Kundschafter Josuas: ihr erster Weg führt zum Haus einer Dirne. Schon rein räumlich erscheint Rachab als eine wahre «Außenseiterin»: ihre Wohnung hat sie in der Stadtmauer von Jericho, ja, das Dach ihres Hauses, versichert die Erzählung, liegt auf der Stadtmauer selbst. «Rachab» – das ist, sozial betrachtet, offenbar nichts als der reine Durchgang und Übergang, buchstäblich eine Lücke am Rande der Stadtmauer, eine osmotische Öffnung zwischen drinnen und draußen. Eine rote Schnur kennzeichnet ihr Haus, was wohl so viel heißen will wie die rote Laterne oder die unvermeidliche rote Gardine in den Etablissements heutiger Städte. Also auch hier: erkennbar nichts Neues. Dann aber dies: In dem grellen Putz ihrer Rolle möchte man Rachab auf Anhieb für eine Asoziale halten, doch ein solches vorschnelles Urteil ginge ganz und gar in die Irre. Es ist nicht möglich, einen Menschen beurteilen zu wollen nur nach den äußeren Umständen seines Lebens. In Wahrheit ist Rachab, die «Weite», wie ihr Name assoziieren läßt[12], gewiß weitsichtiger und weitherziger als die allermeisten in Jericho, und statt das Vorurteil einer berechnenden Egoistin zu bestätigen, zeigt sie sich ganz im Gegenteil rührend bemüht um ihren Vater, ihre Mutter, ihre Brüder, ihre Schwestern – die Verantwortung für ihre ganze Sippe scheint auf ihr zu liegen, und das wohl nicht erst seit jetzt, da dieses Volk aus der Wüste unter der Führung seines Gottes in das fruchtbare Ackerland Kanaans drängt. Man kann das scheinbar Unverantwortliche tun aus einem besonderen Maß an Verantwortung, und vielleicht wurde Rachab überhaupt erst zur Dirne, zur vermeintlich Asozialen, gerade aufgrund der besonderen sozialen Bindung an ihre Sippe. Jedenfalls beeindruckt dieser Zug in ihrem Verhalten am meisten: mit welcher Sorgsamkeit sie den Schutz ihrer Angehörigen vorbereitet.

Überhaupt: um Rachab zu verstehen, muß man sich abgewöhnen, zwischen «Egoismus» und «Altruismus» zu unterscheiden; für diese Frau sind all die scheinbaren Unvereinbarkeiten der bürgerlichen Moral ohne Schwierigkeiten vereinbar, während ihr all die scheinbaren Wohlvereinbarkeiten derselben Moral als absolut unvereinbar und unerträglich erscheinen. Entsprechend der bürgerlichen Moral ist eine Dirne zum Beispiel ein schimpflicher, schändlicher Mensch, und ein Mann, der zu ihr eingeht, entehrt sich; doch es ehrt einen Mann nach dem Maßstab derselben Moral, wenn er Krieg führt und fremdes Land raubt und mordbrennt und tötet «in tapferem Zweikampf», wie man glauben muß, tapfer natürlich, immer nur tapfer, nie hinterrücks, feig und gemein. Gewiß: Recht hat die Faust, die Gewalt ist Gesetz – so muß man glauben in Jericho, und anders glaubt es auch Josua nicht. «Gott», ja, das kennt man, ist das Alibi der Gewinnsucht der Sieger; was ihnen zum Vorwand dient, das nennen sie Gott oder Recht oder Wahrheit – ach, hol sie der Teufel, mag Rachab gedacht haben. Und sie wird das ewige Lied aller «schwachen» Frauen gesungen haben, die sich durchschlagen müssen in heroischen Zeiten, das Lied der *Mutter Courage* bei BERTOLT BRECHT: «Ihr Hauptleut, eure Leut marschieren/ Euch ohne Wurst nicht in den Tod./ Laßt die Courage sie erst kurieren/ Mit Wein von Leibs- und Geistesnot./ Kanonen auf die leeren Mägen./ Ihr Hauptleut, das ist nicht gesund./ Doch sind sie satt, habt meinen Segen/ Und führt sie in den Höllenschlund./ Das Frühjahr kommt. Wach auf, du Christ!/ Der Schnee schmilzt weg. Die Toten ruhn./ Und was noch nicht gestorben ist/ Das macht sich auf die Socken nun.»[13] Warum zum Beispiel soll es für Rachab eine Sünde sein, hundertfach die Leiber der Männer zu salben, zu streicheln, zu kneten und ihrer Lust zu dienen für wenige Stunden, aber keine Sünde soll es sein, dieselben Leiber tausendfach zu zerspießen, zu zerschneiden und zu zerschlagen und ihnen Schmerz zu bereiten oft für den ganzen Rest der Tage? Wer sich erst einmal niederläßt an den Grenzen der städtischen, ständischen Ordnung, der kann nur lachen über so viel Einbildung und Heuchelei, die den Titel Moral trägt, und der wird, was anderen als die Sittlichkeit gelten mag, erleben als Kern der Perversion aller natürlichen und normalen Gefühle.

Man muß überleben, das ist das erste aller Gesetze; und man muß lernen, um die eigene Würde zu kämpfen. Auch das klingt nach Rachabs ewigem Lied, was BERTOLT BRECHT seiner *Jenny* aus «Mahagonny» in den Mund legt: «Meine Herren, meine Mutter prägte/ Auf mich einst ein schlimmes Wort:/ Ich würde enden im Schauhaus/ Oder an einem noch schlimmeren Ort./ Ja, so ein Wort, das ist leicht gesagt./ Aber ich sage euch: Daraus wird nichts!/ Das könnt ihr nicht machen mit mir!/ Was aus mir noch wird, das werden wir sehn!/ Ein Mensch ist kein Tier!/

Denn wie man sich bettet, so liegt man/ Es deckt einen keiner da zu,/ Und wenn einer tritt, dann bin ich es,/ Und wird einer getreten, dann bist's du.»[14] Rachab, weiß Gott, hat nichts dagegen, nach unten zu treten, um oben zu schwimmen, und alles, was sie tut, ist von einer strauchdiebeähnlichen Berechnetheit, aber eben: es ist zugleich auch warmherzig und besorgt. Die beiden israelitischen Männer zum Beispiel würde man hängen, wenn man sie fände. Der Stadtkönig läßt zu ihr senden und will sie verhaften lassen, sie aber, Rachab, rettet ihnen das Leben – mit List: Man hat gesehen, wie die zwei Männer zu Rachab gekommen sind, das ist eine Tatsache, das kann sie nicht leugnen; «aber», erklärt sie den Häschern des Königs, «sie sind schon wieder fort». Wer wird auch schon lange bleiben bei einer vielbeschäftigten Dirne? Die Ausrede klingt allemal glaubhaft. Und: «Die feindlichen Spione hatten es eilig; sie wollten nicht warten, bis man die Stadttore schloß. Soeben erst sind sie verschwunden. Jagt ihnen nach – ihr könnt sie noch finden!» – Man muß sehr geübt sein im Lügen und recht ausgekocht im Umgang mit Menschen, um im Moment der Gefahr derart souverän die Männer an der Nase herumzuführen wie Rachab. Selbst auf eine mögliche Hausdurchsuchung scheint sie gut vorbereitet gewesen – wer weiß, wer alles schon auf der Flucht vor häuslichen oder königlichen Verfolgern auf Rachabs Dach unter den ausgebreiteten Flachsstengeln Zuflucht gesucht und gefunden hat! Es gehört zu der besonderen Moral der Dirne Rachab, es gehört zu ihrer Berufsehre sozusagen, für die Sicherheit ihrer Kunden zu sorgen, sie nicht zu verraten und sie diskret zu behandeln – jeder Hotelportier verhielte noch heute sich nicht anders. Doch ist das nicht alles. In Wirklichkeit ist Rachab dabei, gerade ein Geschäft zu machen, ein Geschäft auf die Zukunft. Eine Nacht lang zu schlafen *bei* ihr und *mit* ihr – das wäre nichts anderes als das Übliche sonst. – Doch Rettung aus Lebensgefahr – das trifft sich vorzüglich, das ist den entsprechenden Lohn wert, das erlaubt, zu verhandeln und selber den Preis zu diktieren. Blitzschnell gelingt es Rachab, den Augenblick der Krise – sie selbst eine Mitwisserin und Verräterin Jerichos! – in ihren Vorteil zu kehren. Hat sie soeben das Leben der Männer gerettet, so werden diese ihr Leben retten müssen!

Auch das ist Rachab! Alle anderen in Jericho lassen sich betören durch ihre förmliche Pflicht, an den Bestand ihrer Stadt, an die Überlebenschance ihres Volkes zu glauben.[15] Es ist unehrenhaft, sich verloren zu geben. Doch eine Verlorene hat keine Ehre, und ihre Augen sehen, daß zweimal zwei vier ist, sie sehen es unverstellt und klar. Sie sehen vor allem *die Angst*, die umgeht in den Gassen und Häusern von Jericho. «Schrecken vor euch ist auf uns gefallen», gesteht sie den beiden Kundschaftern, «schwankend geworden sind alle Bewohner des Landes vor euch.» Und dann zählt sie all die Sagen um Israel auf, die jetzt die Sage vom Untergang Jerichos begründen sollen: wie der Gott Israels das Schilfmeer austrocknete, als sein Volk aus Ägypten zog, und wie Israel mit den beiden Amoriterkönigen jenseits des Jordans verfahren ist, mit Sichon und Og, die geschlagen und in den «Bann» getan wurden – Bann, das heißt: keine Gefangenen, keine Beute, nur Gefallene, nur Getötete, alles ist Eigentum eines eifernden Gottes, so will es die Regel des Heiligen Krieges.[16] Was für eines Gottes?, mag Rachab gedacht haben. Eines grausamen, schrecklichen Gottes, wie immer. Denn was sonst in dieser Welt wäre «Gott», wenn nicht das, was am meisten zu fürchten, weil am meisten fürchterlich ist? Der Schrecken des einen ist der Schutz des anderen. Wenn die eigenen Männer in Jericho bereits schwankend geworden sind, dann werden, weiß Rachab, bald schon auch die Mauern Jerichos schwanken; da muß nur das Geschmetter der Kriegstrompeten erschallen, dann wird es aus sein mit Jericho. Und diese Gewißheit nennt Rachab jetzt «Gott»: «Ich», sagt sie, «weiß, daß der Herr euch das Land gegeben hat.» Es gilt, rechtzeitig überzulaufen in den Schutz dieses «Gottes». Mag er mit dem dummen Jericho machen, was er will, wenn er nur Rachab verschont.

Das heißt: Rachab *und ihre Sippe!* Niemals weiß man sicher bei dieser erstaunlichen Frau, an wen sie eigentlich denkt. An sich selbst, ohne Zweifel, aber niemals nur. Sie selbst – das erweitert sich ständig; das sind mal die beiden israelitischen Kundschafter, das sind jetzt ihre Eltern, ihre Geschwister. Niemals lebt Rachab auf anderer Leute Kosten; umgekehrt: Es ist ihr Überlebenswille, der auch den anderen zugute kommt. Besäße die Dirne Rachab auch nur ein wenig weniger Lebenshunger und Lebensmut, es wäre verhängnisvoll für alle anderen. Eine Frau, die allen anderen zum Leben verhilft, indem sie selber so selbstsüchtig lebt wie nur möglich – gibt es auf Erden eine gesündere Moral, mag man fragen. Der englische Moralphilosoph ADAM SMITH jedenfalls hätte an der Dirne Rachab nichts auszusetzen gefunden.[17] Sie rettet sich und den Boten das Leben, und sie nimmt ihren Preis: das zehnfache Leben ihrer ganzen Familie. Gewiß, das ist Wucher, doch ein wunderbar menschlicher.

Und was jetzt mit Gott? Der Gott, an den Rachab glaubt, mag viele Namen tragen, er mag Baal, Jahwe, Amun oder sonstwie heißen, für Rachab ist er immer derselbe: er heißt Leben, Überleben, Freude am Leben und Vergnügen am Dasein; Schalk und Humor, Lüge und List, Gewalt und Gesetz, all das sind nur die Spielformen, um dieser Gottheit des Lebens zu dienen – man muß lernen, damit zurechtzukommen.

Ein erstaunliches Phänomen urtümlicher Moral an den Rändern der menschlichen Gesellschaft ist die Halunkenehrlichkeit. Inmitten einer Welt, die voll ist von Hinterhältigkeiten und Tricks, von Roheit und Brutalität, gibt es plötzlich so etwas wie einen Pakt der unverbrüchlichen Treue. Zwei Ganoven prügeln sich um den Anteil ihrer Beute, einer von beiden bleibt einen Moment lang siegreich, doch das Versprechen, das der Unterlegene gibt, wird nie mehr gebrochen. Es scheint ein Relikt aus dem Tierreich: Positionskämpfe dürfen nicht endlos dauern, die Umstehenden müssen wissen, woran sie sind, der einmal Siegreiche also ist ein für allemal siegreich – das heißt bis zum nächsten Mal[18]; doch bis dahin muß er erst Anzeichen von Schwäche und mangelnder Führungskraft zeigen, die einen neuen Rivalitätskampf als lohnend erscheinen lassen. In dieser archaischen Logik des Zusammenlebens legen momentane Entscheidungen ganze Bereiche der Zukunft fest. Und darauf vertraut jetzt in Jericho Rachab. Sie, diese Virtuosin der Lüge, dieses Muster an Schläue und Hintertriebenheit, verlangt nun von den Boten Israels Ehrlichkeit. Sie müssen's ihr *schwören:* sie werden Rachab und all ihre Angehörigen retten, sie werden sie schonen, so wie sie verschont wurden bei ihr. Wie können Menschen einander «schwören» lassen bei unterschiedlichen Göttern? Auch das zählt zu den seltsamen Wundern einer urtümlichen Menschlichkeit: zu wissen, daß ein jeder Mensch etwas hat, das ihm heilig ist und das ihn bindet.[19] Die Gestalt der Dirne Rachab ist eine einzige Widerlegung, ein einziger Hohn auf jede Form gesellschaftlicher Moral; doch vieles gibt es in der Lebensart dieser Frau, das zutiefst menschlich ist und angefüllt mit Evidenzen von Güte und Wert: der Schutz der eigenen Angehörigen zum Beispiel oder das Vertrauen in menschliche Treue und das Wissen, daß es in jedem Menschen so etwas gibt wie Anstand, Respekt oder Größe: – irgendetwas ist jedem heilig. «Ein Mensch ist kein Tier.» Er kann zumindest nicht ohne weiteres davon lassen, auf intelligentem Niveau den Ordnungsimpulsen zu folgen, die schon bei den Tieren das Zusammenleben leiten und lenken.

Wie ernst die zwei Kundschafter Josuas das eidliche Versprechen nehmen, das Rachab ihnen des Nachts auf dem Dachboden ihres Hauses an der Stadtmauer Jerichos abnimmt, zeigt die lange (eingeschobene) Passage (Jos 2,17–21)[20], mit der auch sie sich nun ihrerseits gegenüber Rachab absichern: Was wäre, wenn in dem Tumult der Eroberung durch Zufall die Wohnstätte Rachabs verwüstet oder sie selber im Handgemenge erschlagen würde? Dann läge der Eid schwer auf ihnen; auch Rachab, die Dirne, die Entehrte der Fremden, hat Rechte, die es zu respektieren gilt; daher gilt es, jeder Unachtsamkeit vorzubeugen. Also: Sie hat das rote Seil ins Fenster zu hängen, mit dem sie die Männer an der Stadtmauer ins Freie läßt, und sie hat all ihre Angehörigen in ihrem Haus zu versammeln, und niemand darf es verlassen. Menschliche Vorsicht wirkt sich jetzt aus wie ein Gottesgebot.

Dann erst, so rückversichert, gehen die beiden Kundschafter fort.

Was dann folgt, ist ein Possenstück: Drei Tage werden die Verfolger des Königs von Jericho im Bergland nach den zwei Kundschaftern suchen und sie nicht finden, und ganz Israel wird sich ins Fäustchen lachen. Doch was die zwei Boten Josua melden werden, wird wichtiger sein als es alle Nachrichten über die Stärke der Stadtmauer, die Art der Verriegelung, die Bewaffnung der Mannschaft, die Vorräte an Wasser und Nahrung, die Anzahl wehrhafter Männer und ähnliches sein könnten: sie werden melden, was Rachab gesagt hat: «Wankend geworden sind die Bewohner des Landes vor euch» (Jos 2,9.24). Hier wird Angst zum Gottesurteil in der Geschichte. Denn es folgt aus der Angst: «Der Herr hat uns alles Land in unsere Hände gegeben.» Die Gefühle von Menschen sind der Ort, da Gott sich selbst offenbart – das ist der Glaube der Rachab; das ist die Überzeugung der Sage als Literaturform, wenn irgend sie einmal von «Gott» spricht.[21]

Die Frage freilich geht da an die Frommen, wie sie mit diesem Gottesbild der Rachab-Sage leben können. Soll es ein Trost der Theologen bleiben, daß es Geschichten dieser Art, Gottlob, nicht gibt im Neuen Testament? So sehr die Sage auch die «wirkliche» Geschichte zur einsamen Höhe eines individuellen Schicksals verklärt, so ist ihr Stoff doch so lebendig und lebensnah, daß eine Religions- oder Frömmigkeitsform, die ihn als «vulgär» und «geschmacklos» übergehen wollte, selbst Schaden litte an ihrer Glaubwürdigkeit und menschlichen Integrationsfähigkeit. Vor allem: Wer es im Namen eines bestimmten Gottesbildes verschmäht, von einer Frau wie Rachab zu lernen, was Gott ihm sagen könnte – welch einem Gottesbild folgt der eigentlich? Das erstaunlichste Wagestück der Bibel im Umgang mit der Rachab-Erzählung ist wohl dies, daß es das Matthäusevangelium fertigbekommt, der Geschichte der Dirne von Jericho einen entscheidenden Platz in dem Stammbaum des Messias Israels einzuräumen (Mt 1,5). Das Buch Ruth (4,18–21) führt eine kleine Genealogie auf, die von Perez, dem Sohn der Thamar, hinüberführt zu

Isai und David. In dieser Genealogie wird ein Salma erwähnt, ein Sohn des Nachson, der zum Vater des Boas wurde, des Mannes der Ruth, des Urgroßvaters Davids.[22] Matthäus identifiziert in seiner Ur-Kunde der Geburt des Erlösers der Menschheit eben diesen Salma mit einem der Kundschafter Josuas und erklärt Rachab, die Dirne von Jericho, zur Mutter des Boas.[23] Eine scheinbar nebensächliche Episode aus der Landnahme-Tradition Israels gewinnt damit plötzlich eine weltentscheidende Bedeutung, und auch die bislang namenlosen Spione des sagenhaften Eroberers des sagenhaften Jericho gewinnen jetzt einen eigenen Namen: Zumindest einer von ihnen tritt aus dem Schatten der Anonymität heraus und wächst auf zum Gemahl einer Frau vom Format – einer Rachab! Man muß es diesem Salma zutrauen, daß er als erster sich über die Gesetze, die Moses noch ein Buch vorher erließ (vgl. die Befehle zur Ausrottung der kanaanäischen Bevölkerung in Dtn 7,1–11!)[24], hinwegsetzte und diese Kanaanäerin Rachab heiratete, sich zu *ihrem* und zu *seinem* Kind bekannte und sich an die Seite dieser Dirne einer eroberten Stadt stellte. Und der Segen Gottes ruhte über dieser Verbindung!

Über Geschichten dieser Art kann man ins Träumen geraten – sie sind derart menschlich, humorig, lebendig und mutig! Und sie sind bereits in sich selber wie *Märchen*, die man in die Geschichte verlegt hat. Wie viele Völkererzählungen gibt es, in denen in einer verwunschenen Stadt eine besonders verachtete, minderrangige Frau wohnt, die doch darauf wartet, «erlöst» bzw. «gerettet» zu werden.[25] Rein traumpsychologisch betrachtet, ist Rachab auch so etwas wie ein Bild für all die Seiten unserer Seele, die wir niemals zu leben gewagt haben, eine echte Anima-Gestalt inmitten eines uns selber fremd gewordenen Terrains, gefährdet von einem Bewußtsein, das sich selber zur Wehr setzt gegen seine eigene Befreiung: der *«König»* von Jericho mag als Personifikation dieser Instanz gelten.[26] Wie viele Tricks, muß man sich dann fragen, benötigt ein Mensch, um in die eigenen «Mauern» aufzunehmen, was ihm zunächst nur erscheint als Gefahr einer vollkommenen Zerstörung all dessen, was er bisher aufgebaut und erreicht hat! Und doch gibt es immer auch diese heilige «Spionage» der Rachab und mithin die Umwandlung all der schwankenden Angst in ein fast verzweifeltes Vertrauen. Oder auch von der anderen Seite her gelesen: was bedeutet es, eine fremde *«Stadt»* zu «erobern»?[27] Ein wirklicher *«Sieg»* – das wäre, die «Seele», die *Anima,* des anderen für sich zu gewinnen.

Deutungen dieser Art sind alles andere als müßige Spielerei oder geschichtsflüchtiger Spiritualismus. Im Gegenteil. Erst wenn es uns gelingt, die Kriegsgeschichten der Vergangenheit in symbolische Szenarien eines therapeutischen Prozesses in uns selber zu übersetzen, können wir einigermaßen zuversichtlich sein, daß wir es nicht mehr nötig haben, in der äußeren Realität auszuagieren, was wir an Konflikten als erstes im eigenen Inneren durcharbeiten müßten. Die einzigen «heiligen Kriege», die wir im Namen Gottes führen sollten, sind diejenigen gegen uns selber: wir gewinnen sie erst, wenn wir merken, daß alle Mauern wie von selber zusammenfallen, sobald wir das «Zerfließen des Herzens», die ständige Angst, überwinden und Zugang gewinnen zur eigenen «Seele».

Ruth:
«Dein Gott ist mein Gott»

Wer in der Bibel nach einer Geschichte sucht, die wie ein Trost sein will in Stunden der Fremde und Verlorenheit, der wird sie finden in den wenigen Kapiteln des *Buches Ruth*[1]. Wenn ein Mensch seine Heimat verliert, so verliert er seinen Gott, dachte man in der Antike, denn die Gottheit ist nahe nur den Verwurzelten, nicht den Schwankenden und Schweifenden.[2] Immer wieder aber gibt es Augenblicke der Not, die Menschen auf lange Zeit hin aus ihrer «Heimat» vertreiben, und weil das immer wieder so ist in der Geschichte der Menschen, ist die zeitlos gültige Erzählform der *Sage* wohl am besten geeignet, Erfahrungen dieser Art als eine Geschichte quer durch alle Geschichte in verdichteter Form zu erzählen.[3]

Spielen soll die *Sage der Ruth* in den Tagen der Richter, als ein geschriebenes Recht noch nicht war zwischen den Völkern und noch kein König in Israel herrschte. Nur anfallsweise, von Fall zu Fall, überfiel der Geist Gottes Männer von Kraft und rief sie auf zu Taten des Widerstands gegen die Völker ringsum: gegen die Ammoniter, die Moabiter, die Amalekiter und gegen die eisenführenden Philister im Land Palästina[4] entlang der Küste des Westmeeres. Doch fielen auch Hunger und Dürre über das Land, weil kein Regen fiel, um die Saaten zu tränken, und dann galt es, sich Nahrung zu suchen bei eben jenen verfeindeten Fremden, die wohl die Sitte der Gastfreundschaft pflegten – doch was gilt ein Mensch in der Ferne unter Leuten mit fremder Zunge, die fremde Götter verehren und die heilig halten, was nichts ist als Greuel unter den Augen des rechtmäßigen Gottes des eigenen Volkes? In dieses bittere Los war damals ein Mann namens *Eli-Melech* gezogen, sein Name schon klang wie ein echt israelitisches, wie ein antimonarchisches Programm: «mein Gott ist (der einzige) König»[5]; er und seine Frau *Noemi,* die «Liebliche», zusammen mit ihren zwei Söhnen verließen ihren Grund und Boden in *Bethlehem,* das seinen Namen: «das Brothaus», in jenen Tagen so übel rechtfertigte, und zogen fort in das grüne Weideland der Moabiter jenseits des Jordan, rund hundert Meilen im Osten des Salzmeeres. Dort aber starb Eli-Melech, und seine zwei Söhne, *Machlon* und *Chiljon,* kaum ledig des Einflusses ihres Vaters, nahmen sich gegen den Willen des Herrn, der mit furchtbaren Worten solches verbot, zwei moabitische Frauen zur Ehe: *Orpa* und *Ruth.* Doch bald starben auch sie, und leidgeprüft, von Gott schwer geschlagen, eine Verbitterte, eine *«Mara»* weit mehr denn als das, was sie einst war: als die «Liebliche», stand Noemi da ohne Gatten noch Söhne noch Enkel, allein und mittellos, eine Überzählige, und sehnte sich heim in die Heimat der Väter, denn dort, wie sie hörte, wuchsen inzwischen wieder reich die Erträge und nährten die Hoffnung auf Mitleid bei der Vereinsamten. Doch: die *Hoffnung* auf Mitleid, ist das nicht eher der *Fluch* des Mitleids?

Eine stolze Frau war Noemi, die es demütigte, Mitleid zu heischen. Sie wollte es nicht. Ihr ward es zur Last, anderen lästig zu fallen. Und so trat sie hin vor ihre zwei Schwiegertöchter, vor Orpa und Ruth, und mahnte sie dringlich, an sich selber zu denken: Sie, eine alte Frau, kehre jetzt ihren Weg nach Hause zurück, und es klang, wie wenn sie sagen wollte: Ich gehe heim, um in Frieden zu sterben; denn so fügte sie noch hinzu: «Ich bin zu alt, um noch einmal Kinder zu gebären, und wenn schon, wie lange müßtet ihr warten, ehe sie zum Mannesalter herangewachsen wären?» Mit dem Tod ihrer Söhne erlosch auch ihr Leben als Schwiegermutter über die Frauen ihrer Kinder, und so sollte nun eine jede getrennt ihres Weges gehen, ins Unglück die eine, ins Glück die anderen, eine endgültige Grenze sollte es sein, die schied zwischen den Lebenden wie zwischen den noch Blühenden und der bereits Welkenden, wie zwischen den Bleibenden und der endgültig Scheidenden. Doch stets an solchen Grenzen des Lebens sagen sich Worte des Abschieds anders, als sie sich fühlen, und was ist gemeint zwischen Wort und Gefühl? Orpa und Ruth begannen zu weinen, als sie hörten, wie schwer es Noemi ward um ihretwillen, und schwer ward es ihnen um Noemis willen, und das Mitleid der einen ward das Mitleid der anderen, und keine wollte die andere lassen. So oft auch Noemi sprach: Geht doch fort, meine Töchter, so sprachen diese: Wir gehen mit dir zu deinem Volk. Schließlich unter Tränen und Küssen machte Orpa sich auf; Ruth aber blieb, sie «hängte sich an sie», an ihre Schwiegermutter, an Noemi. Und als diese noch einmal in sie drang: »Sieh doch deine Schwägerin, mach es wie Orpa», da fuhr sie in schroffer Anhänglichkeit die trauernde Noemi an: «Setz mir nicht zu, dich zu verlassen und mich von dir zu wenden; denn: wohin du gehst, gehe ich, wo du rastest, raste ich: dein Volk ist mein Volk, dein Gott ist mein Gott. Wo du stirbst, sterbe ich, da will ich begraben sein. So tue der Herr mir, so fahre er fort; nur der Tod wird trennen zwischen mir und zwischen dir» (Ruth 1,16–17)[6].

Es sind Worte, die mit solchem Stolz und zugleich mit solcher Demut in der ganzen Bibel kein zweites Mal erklingen, Worte, die aufrührerisch sind in der Selbstverständlichkeit, mit der sie gesagt werden und in der sie ein Gottesbild «lehren», das jeder Theologenlehre entgegensteht. Denn nach Theologenlehre ist nur *ein* Gott, der sich offenbart hat *den Vätern*, von dem man Kunde besitzt durch die *Überlieferung* der Väter und dessen Wort erklärt wird durch die Auslegung der *Ältesten* und der Schriftgelehrten. So und nicht anders redet dieser Gott zu den Menschen, und so und nicht anders müssen die Menschen reden von diesem Gott, wenn es wirklich das wahre Gotteswort sein soll, das sie im Munde führen. Wer es anders versucht, begibt sich auf schlüpfrigen Pfad und wird sehr leicht zum *Gegner* der rechten Lehre des rechten Gottes. Immer im Munde der Theologen ist der Gott des einen Glaubens der Gegner des Gottes eines anderen Glaubens, und im Namen seines jeweiligen Gottes herrscht Trennung und Krieg zwischen dem einen Volk und seinem Nachbarvolk. «Wenn der Herr, dein Gott, dich in das Land bringt, dahin du nun ziehst, es zu besetzen, und viele Völker vor dir vertreibt ... und sie der Herr, dein Gott, in deine Hand gibt ..., so sollst du an ihnen den Bann vollstrecken: du sollst keinen Vertrag mit ihnen schließen und sie nicht verschonen, und du sollst dich mit ihnen nicht verschwägern, nicht deine Töchter ihren Söhnen geben, noch ihre Töchter für deine Söhne nehmen ... Vielmehr sollt ihr so verfahren: ihre Altäre sollt ihr niederreißen, ... ihre Götzenbilder verbrennen. Denn du bist ein dem Herrn, deinem Gott, geweihtes Volk; dich hat der Herr, dein Gott, aus allen Völkern, die auf Erden sind, für sich erwählt, daß du sein eigen seiest» (Dtn 7,1–7)[7].

Wenn der Verfasser des Buches Ruth diese Bestimmung des Gottes Israel jemals gelesen hat, dann will er bewußt dieser Weisung im 5. Buch Moses entgegentreten; denn seine *Ruth*, diese moabitische Heidin, die natürlich von derlei Weisungen niemals gehört hat, findet zu dem Gott Israels auf einem ganz anderen, vielleicht weniger «göttlichen», doch ganz gewiß menschlicheren Wege. «Dein Gott ist mein Gott» – gilt dieses Wort der moabitischen Ruth, so ist die unmittelbare Begegnung unter Menschen der einzig wirkliche, der entscheidende Ort der Offenbarung Gottes, dann ist die Liebe unter den Menschen der Grund und das Maß für den Glauben an Gott, dann gibt es keinen Gott, der die Liebe unter den Menschen stören oder zerstören, begrenzen oder abgrenzen, hindern oder verhindern könnte oder dürfte. Dann ist Gott das Ende und das Ziel eines Wegs, den man nur gehen kann in der Gemeinsamkeit der Liebe. Dann ist alle «Lehre» von diesem Gott nichts weiter als das, was man mit in Kauf nimmt, um dem anderen nahe zu sein. Dann verglühen alle geschriebenen Worte im Namen des Gottes oder der Götter jedweden Volkes, jedweder Religion, jedweder Kultur in der stummen Gebärde der Liebe, die zwischen den Menschen gilt bis zum Tod und die Menschen miteinander versöhnt über die Schranken der Konfessionen hinweg.

Ein provozierender Glaube, ewig skandalös für die Gottwissenden, doch ewig tröstlich für die Gottsuchenden, für die einfach Liebenden.

Wenn das Wort gilt, das die Moabitin Ruth als das Wort einer Heidin richtet an Noemi, an die Mutter ihres verstorbenen israelitischen Mannes, dann ist die Liebe nicht länger eine «Funktion» schriftgelehrter Orthodoxie, dann ist umgekehrt Gott – oder was sich so nennt – eine Erfahrung, die man nur machen kann, wenn man liebt: so bedingungslos wie Ruth, so buchstäblich grenzüberschreitend wie sie; dann müssen die Bibelgläubigen aller Zeiten lernen von dieser Moabitin, die sich durch die Gebote des Gottes Israels nicht trennen ließ von dem Gott Israels selbst um der treuen Anhänglichkeit zu einer alternden, einsamen, sterbensmüden Frau aus Israel willen.

Ist denn nicht dies die Sprache der Liebe zu allen Zeiten: Zeige mir, was dir das Heiligste ist, und wie immer es heißt, wie immer du es nennst, es sei mir heilig und kostbar als ein Teil von dir, es sei mir so nah wie dein Leben, dein Sterben, dein Hoffen, dein Glauben ..., auch ich möchte sein, wo dein Gott ist, um ganz innig zu sein *bei dir?* Für die Liebe existiert kein anderer Gott als die Kraft, die das Herz der Menschen verbindet, und alles, was im Namen des jeweiligen Gottes die Priester und Theologen an Anweisungen, Verweisen und Hinweisen erlassen, erläutern und erklären, kommt niemals auf gegen das Wissen der Liebenden aller Zeiten: alles ist relativ vor dem einzig gültigen Anspruch der Menschlichkeit.

Das Bekenntnis der Ruth gilt einzig der Liebe; an ihm muß sich messen, wie menschlich ein Gott ist. Hier triumphiert die einfache Humanität über die Komplikationen einer autoritären Religiosität; hier überwindet die Bindung menschlicher Treue die Angst vor den Sicherungszäunen der Konfessionen; hier zum ersten Mal muß man sich fragen beim Lesen der Bibel: was soll der Dünkel der besonderen Erwählung eines besonders geheiligten Volkes, wenn man das Allerwichtigste und Allereinfachste im menschlichen Leben lernen kann *und lernen muß* aus dem Mund einer Frau in den Steppen des heidnischen Moab: nur die

Liebe lehrt uns, wer Gott ist; und trägt er auch noch so viele Namen, wie Sprachen und Völker auf Erden sind, so ist doch sein Mund nur der Mund der im Kuß Vereinten und seine Hand nur die Hand der im Leben Verbundenen und seine Wahrheit einzig die Lauterkeit, die der Segen der Liebe den Liebenden schenkt.

Ich höre, kaum daß ich dies schreibe, die Schriftgelehrten schon ihren Kommentar dazu geben: Das Buch Ruth, sagen sie, sei nachexilisch[8] entstanden, und es könne daher theologisch nicht mehr so klar sprechen wie vordem die Theologie des deuteronomistischen Geschichtswerkes[9], es sei eben ein synkretistisches Buch und sei zur Bibel doch nur zugelassen worden, weil hier immerhin eine Moabitin übertrat zum Glauben des Volkes der Erwählung[10]. Gleichgültig, aus welchem Motiv sich jemand zu dem wahren Gott der Offenbarung bekennt, wichtig nach dieser Auskunft ist es allein, *daß* er zu dem wahren Bekenntnis hinfindet! Das rechte Bekenntnis, wenn es so steht, ist gebunden und bleibt gebunden an den Inhalt der Überlieferung, und allein dessen Wahrung hat für Wahrheit zu gelten; menschliche Motive wie die Treue zu Noemi mögen demgegenüber schön und gut sein, doch ausschlaggebend sind sie einzig dann, wenn sie hinüberführen zu dem wahren Gott Israels; das allein ist entscheidend; das allein ist eine gerade und richtige Theologie. Doch gerade so dachte nicht Ruth, die moabitische Heidin. Und so dachte nicht einmal Noemi, die Israelitin, die bald schon in Bethlehem die Treue der Ruth belohnen wird mit ihrer eigentümlichen Treue zu ihrer Schwiegertochter – und mit der erklärten Untreue zu dem Gebotegott Israels. Ruth und Noemi – diese beiden Frauen werden bald schon zeigen, daß die Wege der Liebe sind wie die Wege eines Weberschiffchens: nie geht es nur in die eine Richtung, sondern in ständigem Wechsel, im Einschlag des Hin und Her seiner Fäden, webt es das Muster von Stoffen und Tuchen, die Menschen wärmen und schmücken, und nur dieses Muster der Wärme und Schönheit von Menschen spiegelt das Antlitz des Gottes, an den zu glauben Ruth in der Stunde der Not die Noemi lehrt mit dem Wort ihres gläubigen Beistands: – «Dein Gott ist mein Gott», «bis in den Tod», wenn es sein muß.

Selten wird es so klar wie an dieser Stelle, daß heilige Texte sogar den Religionsformen, die sich auf sie zu berufen pflegen, um sich vor den Gläubigen zu legitimieren, um Jahrtausende an Erkenntnis voraus sein können und sie in ihren Institutionen zersprengen müßten, wollte man ernsthaft auf sie hören. «Dein Gott ist mein Gott» und: «Wo du stirbst, da sterbe auch ich» – dieses stolze, bescheidene Wort der Menschlichkeit einer Moabitin hat vielleicht niemals in der Geschichte des christlichen Abendlandes eine ergreifendere Kommentierung erfahren als am 1. Juni des Jahres 1307, als Papst Clemens V. den ebenso streitbaren wie raffgierigen Bischof Rainerio von Vercelli anwies, den zum Ketzer erklärten aufrührerischen *Fra Dolcino* samt seiner Anhänger dem Tode zu überantworten.[11] Dolcino hatte unter dem Einfluß apokalyptischer Lehren der mächtigen, reichen und verderbten Kirche, wie er sie sah, den baldigen Untergang geweissagt, und er fand mit seinen Predigten bei der Bevölkerung auf den Vorbergen der Alpen Zustimmung und Unterstützung. Die Gefahr, die von ihm ausging, galt als so groß, daß eine der ersten Amtshandlungen des am 5. Juni 1305 gewählten Papstes Clemens V. darin bestand, mit Hilfe des Bischofs Rainerio und der Inquisitoren sowie der Unterstützung des Adels einen regelrechten Kreuzzug gegen die oberitalienische Ketzerei ins Werk zu setzen. Unter unglaublichen Strapazen gelang es *Dolcino* und seinen Anhängern, zwei Winter lang der Übermacht zu trotzen; dann aber, am 23. März 1307, am Gründonnerstag, war der Widerstand der ausgehungerten und zerlumpten Überlebenden gebrochen. Pardon ward nicht gegeben; und so «fanden diejenigen, welche Gott, den ewigen Vater, und den katholischen Glauben verspottet hatten, am Tage des hl. Abendmahles durch Hunger, Eisen, Feuer, Pestilenz und Elend aller Art Schande und schimpflichen Tod, wie sie es verdient hatten»[12]. Einzig *Dolcino* selbst und seine beiden Hauptanhänger, *Longino Cattaneo* und *Margarete von Trient*, wurden auf Befehl des Bischofs am Leben gelassen, um sie ihm unter Jubel im Schloß Biella vorzuführen. *Margarete* wird in den Quellen geschildert «als eine Frau von vornehmer Geburt, als reich und von gewinnender Schönheit ... Sie war im Kloster der hl. Katharina in Trient erzogen worden, und dort hatte Dolcino, der eine Zeitlang im Dienste dieses Klosters stand, ihre Bekanntschaft gemacht. Von ihm betört, entfloh sie mit ihm und blieb ihm bis zum Ende treu. Dolcino erklärte zwar stets, ihre beiderseitigen Beziehungen seien rein geistiger Natur gewesen; seitens der Männer der Kirche aber wurde das natürlich bezweifelt und behauptet, sie habe ihm ein Kind geschenkt, dessen Geburt den Gläubigen gegenüber als ein Werk des Hl. Geistes dargestellt worden sei.»[13] Wie dem nun auch sei, fest steht, daß *Margarete* an der Seite *Dolcinos,* wie die anderen Frauen, in Männerkleidung ging, was allein schon ausreichte, um sie als Hexe zu verbrennen, getreu dem Gottesgebot aus Dtn 22,5[14], und daß sie mit ihm Hunger und Kälte und Grausamkeiten aller Art erduldete. Nach ihrer Gefangennahme, als man wochenlang mit dem Papst um die etwaige frei werdende Pfründe verhandelte, mußte sie im Kerker der Hl. Inquisition zu Vercelli wie ihre Gefährten, «an Händen, Füßen und dem Halse mit Ketten gefesselt», ausharren. «Zwar machte man zugleich die üblichen Anstrengungen, um ein Geständnis oder eine Abschwörung zu erlangen. Aber so mutig die Gefangenen ihren Glauben bekannten, so taub waren sie andererseits gegen alle Anerbieten von Versöhnung.»[15] Dann, nach zwei Monaten, wurden die Gefangenen vorgeführt. Die Schönheit *Margaretes* rührte alle Herzen zum Mitleid. «Dieser Umstand in Verbindung mit dem Gerücht ihres Reichtums veranlaßte viele Adlige, ihr die Heirat und Begnadigung anzubieten, falls sie abschwören wolle. Sie aber zog, treu ihrem Glauben und treu dem Dolcino, den Scheiterhaufen vor. Nachdem sie langsam vor Dolcinos Augen verbrannt worden war, begann seine eigne, bedeutend länger währende Tortur. Man setzte ihn auf einen Karren, auf dem sich einige Kohlenfeuer befanden, um die Marterwerkzeuge glühend zu erhalten. Dann wurde er den ganzen langen Sommertag hindurch langsam durch die Straßen gefahren und allmählich mit rotglühenden Zangen in Stücke gerissen. Mit wunderbarer Standhaftigkeit ertrug er seine Qualen, ohne seine Peiniger auch nur mit einer einzigen Veränderung seiner Gesichtszüge zu belohnen. Nur als ihm die Nase abgerissen wurde, beobachtete man ein leises Zittern seiner Schultern, und als man noch grausamere Marter anwandte, entschlüpfte ihm kein einziger Seufzer. Während er so eines langsamen und qualvollen Todes starb, wurde Longino Cattaneo in Biella in ähnlicher Weise mißhandelt, um dem Volke als heilsame Warnung zu dienen. So büßten die Fanatiker ihre Träume von einer Wiedergeburt der Menschheit.»[16]

Margarete – die Ketzerin des Dolcinismus –, keine Kirchengeschichte der vatikanischen Orthodoxie erwähnt das Sterben dieser mutigen Frau, deren einzige Schuld darin bestand, bis zum Tod dem Gott ihrer Liebe treu geblieben zu sein. Theologisch gesehen, erscheinen die Lehren des Fra Dolcino als wirr und abstrus, in gewissem Sinne war er ein italienischer *Thomas Müntzer*, nur ohne dessen theologische Bildung; doch seine geliebte Schwester Margarete war nahe dem Vorbild der Ruth – und nahe dem Beispiel der *Mirjam aus Magdala*, die dem Ketzer Jesus folgte bis unter das Kreuz.[17]

Ein anderes weit weniger dramatisches, doch menschlich überzeugendes Beispiel für den Glauben der Ruth zeigt das Leben des englischen Schriftstellers GRAHAM GREENE. In seiner Autobiographie *«Eine Art Leben»* erzählte er, wie er zum katholischen Glauben konvertierte, um seine Freundin Vivien zu heiraten. Er hatte sie kennengelernt, als sie sich wegen eines Artikels beschwerte, in dem er von der Verehrung der Katholiken gegenüber der Jungfrau Maria geschrieben hatte. Ausführlich beschrieb er, wie er seine Generalbeichte ablegte, als er Anfang Februar 1926 in die Kirche eintrat: «Ich erinnere mich deutlich, in welcher Stimmung ich die Kathedrale verließ: ich spürte keine Freude, nur eine düstere Vorahnung. Ich hatte den ersten Schritt getan, weil ich an meine zukünftige Ehe gedacht hatte, aber nun hatte ich den festen Grund unter den Füßen verloren und bangte davor, wohin mich die Flut wohl spülen würde.» – «Erst heute, mehr als vierzig Jahre später, kann ich darüber lächeln, wie unbegründet meine Furcht war, und gleichzeitig fühle ich Sehnsucht danach ...» – «Angesichts des herannahenden Todes beschäftige ich mich weniger und weniger mit der Glaubenswahrheit. Man braucht nicht lange zu warten, bis die Erleuchtung oder das Dunkel kommt.»[18] In einem Interview, das GREENE im Jahre 1990 *John Cornwell* für die Ausgabe des katholischen Wochenblattes *Tablet* gab, schilderte sich GREENE als einen Mann, der wohl an «Verbrechen», nicht aber an «Sünden» glaube – schon des priesterlich verfeierlichten Klangs dieses Wortes wegen nicht. Seinen eigenen Worten nach lebte er in seinen letzten Jahren in Antibes an der Côte d'Azur hauptsächlich, um der verheirateten Frau nahe zu sein, die er liebte. An eine Hölle, sagte er, habe er nie geglaubt, und einen Himmel könne er sich nicht vorstellen. Dennoch ging er noch zur Beichte und empfing die Kommunion, hauptsächlich allerdings aus Gefälligkeit einem befreundeten Priester gegenüber. Ein GRAHAM GREENE wird in solchen Äußerungen sichtbar, der in vielem den Helden seiner Romane gleicht: «ungläubig, gegen jede theologische Einzelheit kämpfend, aber unfähig, den Katholizismus ganz loszuwerden»[19]. Im *«Anzeiger für die katholische Geistlichkeit»* hingegen hieß es Ende 1990, es sei dieses Interview ein «tristes Selbstportrait, nicht ungewöhnlich für zeitgenössische prominente ‹katholische› Schriftsteller, die in absurder ‹partieller Identifikation› mit dem Glauben und mit der Moral der Kirche zwar weite Bereiche einer ‹kranken Kirche› und einer wirren Theologie widerspiegeln, aber in Gefahr sind, ‹anonyme Heiden› zu werden oder zu bleiben»[20]. – Wie kann man nur so borniert selbstsicher daherreden! Wer sagt denn, was eine «wirre Theologie» ist? So lange das Buch Ruth einen Teil der Bibel bildet, gibt es auch das Recht zu der Art eines Glaubens, dessen einziger Grund darin liegt, denjenigen Menschen möglichst gut zu verstehen, der dem eigenen Herzen am nächsten steht, und ganz und gar kein Recht gibt es dann, einen solchen Glauben als oberflächlich zu erklären. «Heidentum» – ja, doch wie nahe bei Gott! Und daher: wie jüdisch, wie christlich!

Wer an dieser Stelle noch Zweifel trägt, die Entscheidung der Ruth in Fragen des Glaubens so entschieden zu nehmen, wie es hier geschieht, der wird durch das Beispiel der *Noemi* jetzt eines anderen belehrt. Es ist gerade Erntezeit, als sie mit ihrer Schwiegertochter nach Bethlehem zurückkehrt, und sie erduldet das Schicksal so vieler zu spät Heimgekehrter: entwurzelt zu sein in der eigenen Heimat. Was nutzt ein Glück, fragt ein altägytisches Sprichwort, das zu so später Abendstunde kommt, daß man es im Finstern nicht mehr sehen kann?[21] Noemi steht da wie eine von dem Allmächtigen selber ins «Murren» getriebene, wie eine «Mara», wie eine Bettlerin ohne Anspruch und Recht. Einzig ist da noch ein Landbesitz ihres verstorbenen Mannes Eli-Melech – wer den einlösen wollte, indem er die Erbschaft anträte und sie auszahlte, der wäre ein «Erlöser» Noemis, ein aus Schuldverhaftung Befreiender (Ruth 2,20)[22]. Einer aus der eigenen Sippe müßte es sein, ein Verwandter Eli-Melechs, des Gatten. Doch brauchte er ein Motiv. Die Schwiegertochter Ruth, eine «tatkräftige Frau» (Ruth 3,11), schön von Gestalt und bescheiden im Umgang – wenn es gelingen würde, *den Boas* von Bethlehem auf sie aufmerksam zu machen, ein «tatkräftiger Mann» auch er (Ruth 2,1)! Die beiden paßten so gut zusammen! Auch war er doch ein Freund Eli-Melechs, er ist sogar ein entfernter Verwandter! Doch wie sich ihm nahen? Man kann nur demütig bitten, nein, man darf noch nicht einmal bitten, man darf überhaupt keine Absicht verraten, alles muß aussehen wie ganz *ohne* Absicht, wenn es gelingen soll. Jetzt gilt es, klug zu sein, das weiß Noemi nur zu gut, und so plant sie recht sorgsam. Scheinbar ist es in der biblischen Geschichte Ruths eigener Vorschlag, aufs Feld zu gehen und bei den Erntearbeiten den Dienst einer Tagelöhnerin zu verrichten; aber man darf getrost unterstellen, daß Noemi selber ihr diesen Plan suggerierte; denn wirklich: «es begab sich die Begebenheit», «das Feld war des Boas, aus der Verwandtschaft Eli-Melechs» (Ruth 2,3). Ruth selbst darf offenbar jetzt noch nicht wissen, wer Boas ist, sie muß gegenüber dem möglichen «Löser» noch ganz unbefangen erscheinen; sie wird alles noch früh genug erfahren, wenn es gelingt. Eine andere Hoffnung hat Noemi nicht. Und so läßt sie ihre Schwiegertochter wie nichtsahnend Dienst tun bei *Boas*.

Alles, was man im folgenden liest, bildet eine merkwürdige Mischung aus Bescheidenheit und Anspruch, aus Ahnungslosigkeit und Absicht, aus demütigem Flehen und wohlkalkulierender Schläue. Selten, selbst in der Bibel, sieht man das Schicksal von Frauen so sehr in die Hände der Männer gegeben, doch nirgendwo sonst auch sieht man das Gewebe weiblicher Überlegung derart überlegen die Männer am Gängelband führen.

Gleich, als gegen Mittag Boas von Bethlehem herüberkommt, um die Erntearbeiten auf seinen Ländereien in Augenschein zu nehmen, fällt ihm da eine Frau auf, die unermüdlich, «vom Morgen bis hierher», ohne nach Schatten und Ruhe zu suchen, dasteht und die Arbeit verrichtet wie keine andere. Aufzufallen durch Fleiß, auf sich hinzulenken durch Tüchtigkeit, sich brauchbar zu machen und als nützlich angesehen zu werden – es ist die oberste Überlebensregel aller, die im Exil ihre Anwesenheit rechtfertigen müssen vor den Augen der Neider. Doch es ist auch ein Angebot, mit dem Ruth zumindest um Duldung und Aufenthalt bittet – der erste Schritt einer List, deren weiteres Ziel noch gar nicht gedacht, noch gar nicht erwähnt werden kann, und die doch hier schon Erfolg trägt: Denn schon bittet Boas die tüchtige Ruth, sie möge ja nicht auf anderer Leute Äcker arbeiten. «Meine Tochter...», sagt er zu ihr, «halte du dich an meine Mädchen!» Nur der Leser weiß, was Boas nicht weiß, daß er schon hier die gleiche Anrede verwendet, mit welcher vorhin noch Noemi die Schwiegertochter ermutigte: «Gehe nur hin, *meine Tochter*» (Ruth 2,2; vergleiche 2,22; 3,18)[23]. Er wird diese Anrede beibehalten (2.8; 3,10,11) und ahnt doch nicht, welch ein Feld von Vaterpflicht und Versorgung er damit betritt, daß er Ruth, die Wahltochter Noemis, bei sich arbeiten läßt. Ja, alles in Boas scheint gestimmt nach Mitleid und Fürsorge mit dieser

Fremden und Armen, der Moabitin, die doch aus Treue zu einer Israelitin den Weg nach Bethlehem wagte (Ruth 2,6); und so schafft er ihr eine erste Vergünstigung: die Aufseher sollen Ruth zur Arbeit nicht länger mehr antreiben – sie hat es ersichtlich nicht nötig, sie darf statt dessen mit ihnen trinken, wenn sie Durst hat (Ruth 2,9); ja, wie sie Boas zu Füßen fällt, als wäre *er*, der Besitzende, der huldvoll Gnadeübende, *ein Gott* für *sie*, die gänzlich Besitzlose, die auf Huld und Gnade vollständig Angewiesene (Ruth 2,10), da stellt ihr Boas, nun nicht als Gnade, sondern als Spruch der Gerechtigkeit fast, *die Vergütung* in Aussicht, die ihr für alles das zusteht, was sie an Noemi tat, als sie das Los dieser Einsamen auf sich nahm: «Der Herr vergelte dir dein Tun, es sollte dein Lohn vollkommen sein von seiten des Herrn, des Gottes Israels, zu dem du gekommen bist, Zuflucht zu finden unter seinen Flügeln» (Ruth 2,12).

Die Flügel Jahwes[24], der vollkommene Gotteslohn – das alles sind schöne, noch zu schöne Worte, um wirklich schon glaubhaft zu sein –, die Nähe eines einzigen wirklichen Mannes aus Israel wäre im Augenblick völlig genug. Doch was *Boas* als recht empfindet *vor Gott*, warum sollte das nicht auch recht sein *vor Menschen?* Es ist noch nicht Mittag, da heißt Boas bereits die fremde Moabitin das Mittagsmahl halten an der Seite seiner Schnitter. Das «Mahl» ist freilich recht kärglich: einzig aus Brot besteht es, das in Essig getränkt wird, um in der Hitze des Tages nicht zu viel Wasser zu trinken und dadurch ermüdenden Schweiß zu treiben[25]; aber was diese Mahlzeit zur köstlichen Speise erhebt: Boas selber legt Ruth das Brot vor an der Seite der Schnitter (Ruth 2,14)! Es ist weit mehr, als sie hoffen durfte! Nicht nur gehört sie ab sofort zu den Arbeiterinnen auf den Feldern ihres Herrn, sie ist von nun an ganz deutlich seine Privilegierte: eigens soll man ihr *übriglassen* von den Korngarben, daß sie recht viel sich ersammle – ein Epha Gerste am Abend wird's sein (Ruth 2,15–17), und: sie soll sich nicht schämen müssen für ihre Stellung, weder als Tagelöhnerin noch als die neue Favoritin des Gutsherrn, niemand soll sie beschämen für die Gunst und

Vergünstigung, die Boas ihr schenkt (Ruth 2,15). Doch wie sie am Abend Noemi mitteilt, wie glücklich der Tag sich gefügt hat und daß der Mann *Boas* hieß, der sie so freundlich empfing, da ist es ihre Schwiegermutter, die diesen Mann dem Segen Jahwes empfiehlt, «der seine Huld nicht aufgegeben hat, nicht an den Verstorbenen, nicht an den Lebenden», denn, so offenbart sie nun endlich der scheinbar immer noch Ahnungslosen: dieser Boas ist ein (entfernter) Verwandter, er könnte der *Erb*löser, der *Er*löser sein (Ruth 2,19–20.)[26]!

Der erste Schritt, so scheint es, ist damit gelungen, nun gilt es als nächstes, das gewonnene Terrain zu beruhigen und von den hochgespannten Erwartungen, den reinen *Träumen* zunächst, nur ja nichts nach außen dringen zu lassen. Die Erntetage gehen dahin in gewöhnlicher Arbeit und gewohntem Fleiß, da kommt die Zeit, daß Boas die Arbeit des Worfelns bevorsteht – eine fröhliche Arbeit, die Glück und Zufriedenheit schenkt, wenn sie getan ist –, ein rechter Augenblick, denkt sich Noemi, der sich nutzen läßt ohne Umschweife und geradeaus. Nur: welche Kühnheit erfordert ein solcher Plan! Nicht nur, daß jetzt alles in einem Nu gelingen oder mißlingen kann, es ist vor allem, daß Noemi selbst ihre eigene Schwiegertochter, die Moabitin, *gegen ausdrückliches Gotteswort* zur Ehe empfehlen muß einem Israeliten aus Bethlehem, einem Mann aus der Sippe des eigenen Mannes.

Es scheint in der Tat, daß an dieser Stelle das kleine *Buch Ruth* entsprechend dem Ratschlag der Noemi Partei ergreift für das Los all derer, die, aus dem Exil kommend, an der Seite von Fremdstämmigen, verloren unter den «Heiden», sich wiederansiedeln mochten in Israel[27], dem Land ihrer Väter, und konnten's doch nur, wenn sie's hielten wie ihre Väter selbst, die auch nicht ganz streng die Grenze zogen zwischen dem Jahwe-Volk und den Völkern. Aber es kommt in dieser erstaunlichen Erzählung noch weit kühner, noch weit verzweifelter.

Da soll in der Nacht, wenn Boas, müde von der Arbeit, nach reichlicher Mahlzeit sich schlafengelegt hat auf der Tenne von Bethlehem, Ruth, die so sittsame, die unbescholtene, die «tüchtige

Frau», den Zeitpunkt erspähen, als Lauscherin versteckt, hinter der Wand und dann am Ort, da Boas sich hinlegt, in der Dunkelheit leise sich zu ihm begeben, ihm *seine Füße* aufdecken und sich niederlegen. Die *«Füße»?* So sagt man in Israel sittsamerweise.[28] Sich *«niederlegen»* – das heißt doch wohl unverblümt: schlafen mit ihm. Der Noemi-Rat lautet einfach: begib dich zu ihm und gib dich ihm hin. Und wirklich: «erschüttert» wird der Mann, als er der Frau gewahr wird. Und doch ist Noemis verführerischer Rat auch wie ein hilfloses Gebet, das darum fleht, Gott möge dieses eine Mal Ruth segnen in all ihrer Dreistigkeit. Wie sagte doch Boas selbst, als er Ruth auf den Feldern begegnete: «Der Herr vergelte dir deine Tat . . ., Zuflucht zu finden unter seinen Flügeln» (Ruth 2,12). Jetzt, auf die Frage: «Wer bist du?», antwortet sie in der Nacht: «Ich bin Ruth, deine Magd; breite *du deinen* Flügel über deine Magd» (Ruth 3,9). Es ist ein ganz und gar demütiges, dienerhaftes, zweimal als «magdhaft» bezeichnetes Bitten; und doch gibt es keine andere Stelle der Bibel, an welcher die Liebe zwischen Mann und Frau so sehr die Stelle Gottes einnimmt[29] und wirkt in seinem Namen und an seiner Statt, was an Segen und Glück nur der Himmel den Menschen zu schenken vermag, wie jetzt in der Stunde, da Ruth sich legt zu dem Mann aus Bethlehem.

Mit den Augen der Priester betrachtet, ist das, was sie tut, eine infame Verführung zu außerehelichem Verkehr und zu widergesetzlicher Vermischung der Völker[30]; ja, es ist ganz wie das typische Treiben der Heiden, die in der Geschlechterbeziehung wähnen, sich mit der Gottheit selbst zu verpaaren, und das eine vom andern nicht trennen können. Schon in den Urzeittagen war solches Treiben verurteilt von Jahwe, noch bevor er die Sintflut rief über die Erde (Gen 6,2.5)[31]. Doch man darf hier nicht schauen mit Priesteraugen, und viel an der Frömmigkeitshaltung der Bibel ist gerade dem Priesterdenken entgegen: Was *Ruth* in dieser Nacht unternimmt nach dem Rat ihrer israelitischen Schwiegermutter, das läßt sich nur verstehen als Gang zu dem einzigen Ausweg, der offensteht. Wie oft werden Frauen nichts anderes zu tun wissen, als inmitten ihrer Ausweglosigkeit sich ganz und gar zu wagen auf Gedeih oder Verderb und bei Nacht zu kommen und sich ganz in die Hand ihres «Retters» zu geben, ihres «Auslösers», den sie lieben, weil sie ihn brauchen, und den sie brauchen, weil sie ihn lieben – das eine ist nicht unterscheidbar vom anderen –, und er ist in jener Nacht ihnen alles: ihr Gatte und Gott, ihr Vater und Mann, ihr Bruder und Erbe ... Wenn etwas *fehl* geht in dieser Liebe, dann ist es nicht das Maß dieser rückhaltlosen, dieser fast sich verlierenden Hingabe, sondern allenfalls die noch allzu demütig bittende Unterwürfigkeit, die immer wieder eine qualvolle Frage aufwerfen wird: Ist es nur Mitleid oder ist es doch Liebe, wenn der andere schließlich Ja sagt zu diesem Flehen um *Gnade* – kein anderes Wort ist hier möglich –, denn es scheint schon und stimmt wohl, daß nur durch die Bitte der Armut die Gunst eines Boas sich erringen läßt.[32]

Manche Sagen muß man lesen wie *Märchen,* die sich im Gewand der *Geschichte* selber aufführen. Es ist ein uraltes Märchenmotiv, wie ein schönes, armes und fleißiges Mädchen Erhörung findet im Flehn seiner Liebe und einen Prinzen freit und hinfindet an den Hof eines Königs.[33] *Boas,* der Grundbesitzer, ist nicht gerade ein König – die Sage, die vorgibt, in den Tagen der *Richter* zu spielen, hat nichts im Sinn mit dem Gedanken eines wiedererwachenden Königsstaats Israel, eines wiedererwachenden davidischen Großreichs[34]; nach der Zeit des Exils muß die Gnade genügen, wieder Fuß fassen zu dürfen auf der Heimaterde[35]. Doch das Schema der «Hochzeit der Niederen mit dem Höheren» wird voll gewahrt in der Sage der Ruth, bis hin zu dem wichtigen Punkt, den die Märchen meist so genau zu beschreiben versuchen: daß der «König» sich selber erlöst, indem er die Geliebte «befreit».[36] Ganz entsprechend diesem Motiv hätte Boas von sich her den Schritt auf Ruth zu gewiß nicht gewagt; er *mußte* sich offenbar bitten lassen, er *brauchte,* zumindest zu Anfang, den Status des Gebenden, des alles Schenkenden, um sich der Liebe zu einer Frau zu getrauen; und die Rolle des *«Lösers»* scheint wirklich wie eine Liebesbedingung für Boas, der nur als «Flügel Gottes» es wagt, eine Frau in die Arme zu schließen.

Allerdings wird es bei dieser Pose der Überlegenheit nicht lange bleiben: «Er (Boas) wird dir wohl sagen, was du tun sollst», erklärte soeben noch Noemi ihrer Schwiegertochter, wenn sie nur hingehe und sich «niederlege» zu Boas (Ruth 3,4); doch nun, in den Armen der liebenden Geliebten erwachend, erklärt Boas selbst seine dankbare Freude, daß Ruth nicht ging zu den anderen Männern und daß sie kam zu ihm als zu ihrem Erwählten, der längst doch schon sie erwählt hatte und sein Auge geworfen hatte auf seine Magd als auf seine zukünftige Frau. Er jetzt bittet sie selbst: «Nun, meine Tochter, fürchte dich nicht; alles, was du sagst, das will ich dir tun» (3,11). *«Meine Tochter»*, das ist immer noch das alte Verhältnis von Schutz und Gönnertum, wie es bisher bestand, eine Beziehung von oben nach unten; und *«fürchte dich nicht»* – das heißt nach wie vor: «Ich bin dir Stärke und Festigkeit»; doch: *«Alles tu ich, was du willst»* – das ist die Sprache eines Untertanen der Liebe; so spricht nur ein Mensch, der sich aller Rollen begibt und nur eines möchte: die Geliebte, die Schöne, die so leis zu ihm kam wie der Mond in der Nacht, diese Scheherezade der Märchen, so glücklich zu sehn, als es geht; fortan der Lust und der Freude des anderen mit allem eigenen Sein zu dienen, zu helfen und dafür dasein zu dürfen – es ist der ganze Inhalt des eigenen Glücks.

So sprach Boas, meint die alte Lutherübersetzung, zu Ruth, «weil du ein tugendsam Weib bist» (Ruth 3,11). Doch *«tugendsam»* – das gerade war Ruth für den Augenblick dieser entscheidenden Stunde wohl nicht. Sie war, wie die Bibel sagt, eine «kraftvolle», eine «energisch handelnde», eine mit *einem* Gang alles aufs Spiel setzende Frau; doch gerade so war sie die Frau, die Boas liebte. Zwar: Ruth war eine Verführende in jener Nacht, doch wollte wohl Boas nur allzugerne so «heidnisch» verführt sein, und auch er riskierte in dieser Stunde sich ganz ...

Dann, noch einmal, folgen für kurze Zeit Stunden des Wartens und des Verhandelns, da es gilt, noch eine mögliche andere Anwartschaft auf das Erbe des Noemi-Gatten Eli-Melech zu klären; doch als der mögliche andere «Löser» des Erbes freiwillig abtritt, da sprechen die Ältesten mit allem Volke in Bethlehem: «Es gebe Jahwe die Frau, die (nun) in dein Haus kommt, (daß sie sei) wie Rachel und Lea, die beide erbauten das Haus Israel» (Ruth 4,11). «Also nahm Boas die Ruth, und sie ward ihm zur Frau, und er ging zu ihr ein, und es gab ihr Jahwe, daß sie schwanger ward, und gebar einen Sohn» (Ruth 4,13). «Und das Kind hieß Obed (der Dienende), der ist der Vater Isais, welcher ist der Vater Davids» (4,17). «Und Noemi nahm das Kind und legte es (wie ihr eigenes Kind) an ihren Busen und ward seine Wärterin» (4,16). «Und Ruth war ihr kostbarer denn sieben Söhne» (4,15).

So endet die Sage der Ruth, die spielt in den Tagen der «Richter» und die doch nur sagen will, daß es nicht sein kann, zu «richten» zwischen «Moab» und «Israel». Die Auferbauung des Hauses Israel selbst käme niemals zustande ohne die Toleranz der Bewohner Bethlehems gegenüber der Moabitin Ruth; ja, selbst *David*, der größte König, den Israel kannte, dieser Stolz aller nationalpolitischen Ansprüche oder Anmaßungen, war selbst der Urenkel jener Frau aus den Steppen Moabs[37]; und auch der «*Sohn* Davids», wenn er denn kommt, der *Messias*, kann in diese Welt doch nur kommen durch die «Vermischung» von Boas und Ruth, durch jene nächtliche «Verführung» zur offenen Mißachtung der priesterlichen Reinheitsgebote und durch eine Weitherzigkeit des Denkens und Fühlens, für welche die Fragen der Liebe und des Mitleids wichtiger sind als die ewig zwecklosen, weil stets unmenschlichen Versuche, das Heil Gottes zur Erde zu zwingen, indem man zwischen den Menschen ausgrenzt und abgrenzt, was eins sein will in der Liebe. In jener Nacht, da Boas und Ruth miteinander verschmolzen, da war es, daß Gott selber Hochzeit hielt mit der Erde und zum Segen der Menschen ward, indem er sein eigenes Wort widerrief und Gnade den Gütigen schenkte.

Bathscheba: Macht und Gnade

Die sogenannte «Thronnachfolgegeschichte Davids»[1] ist wohl die älteste historische Geschichtsdarstellung, die uns in schriftlicher Form erhalten geblieben ist. Es ist ein zwiespältiges Buch, das einen König zeigt, der großzügig sein kann und grausam, lyrisch und verlogen, machtbesessen und milde, herrisch und hilflos, verbrecherisch und reuevoll.[2] Bei diesem König weiß man nie, ob, wenn er seine Untaten bedauert, das nur einen weiteren taktischen Trick im Umgang mit der Macht darstellt, oder ob es sich wirklich ergibt aus tieferer Einsicht.[3] Jedenfalls ist dieses Buch der Geschichte Davids – offenbar in Kreisen des Hofes selbst entstanden – nicht gerade ein Weißbuch, aber doch eine Darstellung, die David reinwaschen möchte von vielen Vorwürfen, die man gegen ihn erhob wegen seiner Macht- und Prachtentfaltung, sowie der Rücksichtslosigkeit wegen, mit der er mit seinen Gegnern abzurechnen pflegte. An der Seite Davids aber gab es eine Frau, die, obwohl gering an Geburt, ihm ebenbürtig war im Guten wie im Bösen und eben darin nicht minder zwiespältig als ihr Gemahl: *Bathscheba,* die Mutter des Salomo, den *sie* auf den Königsthron brachte als Nachfolger Davids, hinweg über die Leichen all seiner möglichen Thronkonkurrenten.[4] «David zeugte mit der Frau des Uria den Salomo», schreibt Matthäus von der Herkunft des Messias (Mt 1,6), und er berührt damit eine der unheimlichsten Erzählungen der Bibel (2 Sam 11,1–27).

Den äußeren Gang der Geschichte kann man sich wohl so rekonstruieren: In der Zeit des Ammoniterkrieges, an einem der heißen Sommertage, erhebt sich am Spätnachmittag der König von Jerusalem von seinem Lager, genießt auf dem Dachbalkon des Palastes ein wenig die Erfrischung des kühler gewordenen

Abendwindes und schaut, wie er es gern zu tun pflegt, auf die zahllosen Gassen, Höfe und Dächer der Stadt. Da bemerkt er eine Frau beim Bade, und seine Leidenschaft entbrennt. Sein ganzes Denken kreist nur noch um einen einzigen Punkt: wie kann er diese Frau besitzen. Er kommt davon nicht los. Je mehr er darüber nachdenkt, desto heftiger wird sein Verlangen, desto zwingender die Vorstellungen seiner Phantasie. Er fragt seine Diener. Ihre Antwort ist ermutigend: offenbar kennt er die Frau; sie ist die Gattin eines seiner Generäle. Boten gehen hin und her. Es wird unmöglich sein, die Sache geheim zu halten. Doch David riskiert es. Warnend sagt Bathscheba ihm, daß sie in den Tagen der Reinigung sei, die schon nach dem Wissen der Alten einen Schritt, wie der König ihn fordert, noch folgenschwerer machen kann. David aber läßt keinerlei Bedenken gelten. So jedenfalls schreibt es die Bibel. Vielleicht aber war alles ganz anders. Vielleicht hat es Bathscheba selbst darauf angelegt, den König zu verlocken? Dann wäre es möglich, daß die Berichterstattung sich «irrt» zugunsten der späteren Königsmutter und *sie* als ein Opfer des königlichen Verlangens schildert, während sie selber es war, die es mutwillig weckte, gerade als es an der Zeit war.[5] Ihr Gemahl, schreibt die Bibel, steht gerade im Kampfe vor Rabat Ammon. Langweilte sich Bathscheba einfach als Frau oder, wohl eher, verfolgte sie einen langfristigen Plan? Fest steht nur dies: Wenige Wochen später schon läßt Bathscheba dem König sagen, daß sie von ihm empfangen hat.

Und nun beginnt es sich in Davids Kopf zu überschlagen. Als erstes: Der Vorfall muß geheim gehalten werden. Nur keinen Eklat! Bathschebas Mann Uria bekommt sofort Heimaturlaub. Er, natürlich wegen seiner Verdienste im Felde, wird zum König eingeladen – der König selbst gibt ihm zu Ehren ein Bankett, man macht ihn halbtrunken –, und dann heißt es absichtsvoll: Jetzt geh zu deiner Frau, wasch deine «Füße», für hebräische Ohren eine deutliche sexuelle Anspielung[6]: Uria soll in diesen Tagen mit Bathscheba schlafen; dann wird man schon nicht merken, wem das Kind gehört. Doch Uria lehnt ab!

Wieder bleibt alles zweideutig: Hat Uria bereits von Gerüchten um seine Frau gehört, ist er womöglich durch das sonderbar großzügige Verhalten des Königs nur noch mißtrauischer geworden? Ahnt er die Berechnung und die Hinterhältigkeit in den freundlichen Allüren seines Königs? Entscheidend ist: Uria kann sich nicht wehren. Was immer er von seinem König denken mag, er kann es ihm nicht sagen. Vielleicht ahnt er wirklich das Ungeheuerliche, den ganzen skandalösen Betrug, den man mit ihm ins Werk setzt, aber was er de facto zu sehen bekommt, ist nur die lächerliche Fassade aus undurchdringbarem königlichem Wohlwollen. Vor ihm sitzt ein König mit weißen Handschuhen, und wie treusorgend ist dieser König mit seinen Leuten! Über alles wird am Tisch gesprochen: über das Wohlergehen des Oberkommandierenden, des General Joab, über das Wohlergehen der Mannschaften, über das Wohlergehen von diesem und über das Wohlergehen von jenem. Nur über das, was allein den Grund der ganzen Posse darstellt, darüber kein Sterbenswörtchen, darüber hüllt der König sich geflissentlich in Schweigen. Uria könnte sich geehrt fühlen, ist er doch plötzlich wie ein Vertrauter des Königs; allem Anschein nach wird er mitten hineingezogen in die Pläne und Absichten seines Gebieters. Er wird behandelt als des Königs Mitarbeiter; statt sich aufzulehnen, muß er sich nach außen hin dankbar verpflichtet zeigen. Aber gerade das ist das Unerträgliche: an der Tafel eines Mannes zu sitzen, dessen einschmeichelnden Worten man nicht mehr Glauben schenken kann, bei dessen gekonnter Galanterie und Höflichkeit man dennoch das Gefühl nicht los wird, daß man um alles betrogen wird, ja, bereits betrogen worden ist – um alles, was man liebt! Und nun die Unmöglichkeit, über das Wesentliche ins Gespräch zu kommen! «Das König-Davids-Gespräch» mag man diese Art des Nicht-Gesprächs in vielen Worten nennen.[7]

Nehmen wir an, daß Uria den Kern der Sache in etwa durchschaut hat, ja, daß er so gut wie sicher weiß, wieviel berechtigte Angst in der süffisanten Großmütigkeit seines Königs liegt – so kann er von sich her den Knoten doch nicht entwirren. Er kann versuchen, den Fallstricken der königlichen Hochherzigkeit auszuweichen; aber wenn er ablehnt, wenn er grob wird, wenn er den Panzer der aalglatten Zuvorkommenheiten Davids durchstoßen will, so macht er sich auf ungeheuerliche Weise schuldig; er beleidigt öffentlich den König, und er hat nichts dafür als Beweis in der Hand.

So kann Uria nur eines tun: Er kann die Zeit für sich arbeiten lassen, indem er das Possenstück seines Königs nachspielt und sich, in soldatischer Treue zu seinem so treusorgenden König, in der Zwischenzeit demonstrativ auf seinen Dienst zurückzieht. Natürlich ist die Treue seiner Pflichterfüllung dabei genauso doppelbödig und zweideutig wie die Gunst des Königs. Stets führt die Unwahrhaftigkeit der Mächtigen bei allen Abhängigen und Untergebenen zu einem unausweichlichen Zwang, gleichfalls zu lügen und ein doppeltes Spiel zu treiben. Auch Uria ist diesem furchtbaren Gesetz unterworfen.[8] Statt, wie König David ihm dringend ans Herz legt, nach Hause zu gehen und sich zu seiner Frau zu legen, schläft er am Toreingang bei den Untergebenen. Deutlicher kann er sich von seinem König nicht trennen, als indem er formal seinen Dienst tut. Eindeutiger kann er der Kumpanei Davids nicht ausweichen, als indem er sie konterkariert. Vom Tisch des Königs aufgestanden, legt er sich zu den Dienern in den Staub, um nichts weiter zu sein als der jederzeit bereite Soldat seines Befehlshabers! Und er begründet sein Verhalten genauso hinterlistig wie unaufrichtig: Ich bin ja nur ein Soldat; ich will sein wie alle deine treuen Untertanen; ich erfülle ja nur meine Pflicht, ich tue, was du willst, mein König; und dabei weiß Uria ganz genau, wie sehr sich der König *ärgern* muß über diesen scheinunterwürfigen, ungehorsamen Gehorsam. «So treu bin ich», kann Uria vor aller Öffentlichkeit sagen; «selbst während meines kurzen Aufenthaltes in der Heimat bleibe ich ganz im Dienst und gehorche strikt der Regel des Heiligen Krieges, nicht zu einer Frau einzugehen.»[9] Wenn alles rauskommen sollte, ist Uria ein Mann, der nur an seine Pflicht gedacht hat, und dann gnade Gott einem König David, der den treuesten seiner Soldaten derart hintergangen hat.

Uria kann nicht anders, als die Umgarnungsversuche des Königs mit zweischneidiger Klinge zu parieren. Aber damit fordert er den König selbst allererst zum Äußersten heraus. In die Enge getrieben, setzt David ein Schreiben an General Joab auf, in dem er den Wunsch, ja, den Befehl äußert, den Hethiter Uria verschwinden zu lassen. Denn David weiß: Jetzt arbeitet die Zeit für Uria; darum muß der Hethiter vor der Zeit verschwinden. Das vornehme Intrigenspiel hat jetzt ein Ende; Uria selbst überbringt das Schreiben, das seinen Todesbeschluß enthält.

Menschen von der Art eines Joab wissen allemal, wie man jemanden fertigmacht und zur Strecke bringt, sie wissen es noch weit besser und raffinierter als David selbst. David wollte nur Uria umkommen lassen – er sollte in vorderster Front fallen; Joab aber weiß, daß ein solches Vorgehen nur zu viele Mitwisser schafft; man kann nicht einen ganzen Zug zu Eingeweihten eines schlichten Attentatsversuches machen. Man muß die Sache geschickter anfassen. Für Joab ist es nicht wichtig, zu wissen, warum Uria fallen soll; genug das Wort des Königs, Uria solle auf ehrenvolle Weise sterben für das Vaterland – und bald *ist* kein Uria mehr! Umgehend veranlaßt Joab die Zuteilung des tapferen Hethiters an ein Himmelfahrtskommando; man macht einen Angriff auf Rabat Ammon, doch die ganze Einheit wird aufgerieben und, wie zufällig, Uria mit ihr. C'est la guerre. David, als er von der Schlappe vor Rabat erfährt, ist, wie Joab richtig vermutet, wütend über das sinnlose Verheizen seiner Männer, doch dann, als er wie beiläufig auch vom Tod des Uria erfährt, da atmet er auf, da versteht er die Klugheit des Joab. Doch sagt er es nicht. «Mach Joab Mut», tröstet er scheinheilig den Boten, als bedürfe ein General wie Joab des Trostes, wo er sich in Wahrheit gerade verdient gemacht hat um die Gunst seines Königs!

Dann aber ist der Augenblick für feinere Manieren gekommen; es bleibt gar nichts anderes übrig. Bathscheba muß an den Hof! Nur so kann ein Skandal der schwanger Gewordenen vermieden werden; außerdem: welch eine Ehre für die Witwe eines tapfer in vorderster Reihe Gefallenen! Welch eine Auszeichnung! Und welch eine Geste! So sorgt der Staat oder doch König David sich um die Hinterbliebenen! So kommt alles aufs beste in Ordnung. Ein staatliches Begräbnis, eine feierliche Totenklage und Ehrenwache für Uria, die Versorgung der trauernden Witwe am königlichen Hof – David in seiner Hochherzigkeit ist sozusagen verpflichtet, Bathscheba gerade jetzt nicht im Stich zu lassen.

Freilich: Sie wird niemals erfahren, wie ihr Gemahl ums Leben kam! Es ist eine *furchtbare* Barmherzigkeit, zu der David sich verurteilt sieht: er wird von seiner Schuld gerade gegenüber *der* Person nie sprechen dürfen, die es am meisten angeht. Er, der Mörder ihres Gatten, wird in Bathschebas Augen weiter die Rolle eines großmütigen Wohltäters spielen müssen; sie wird ihre Dankbarkeit und Unterwürfigkeit ihm zuwenden; und sie darf nicht einmal ahnen, welch einem Unwürdigen sie zuteil wird.[10] In den Augen der Menschen glänzend gerechtfertigt, ohne den Schimmer auch nur eines Verdachtes, ist David mit seiner Schuld vollkommen eingeschlossen und allein; niemand wird ihn erlösen können, denn er darf seine Schuld niemandem anvertrauen. Die Position der Macht verurteilt ihn zum Schweigen. So jedenfalls schildert die Bibel es.

Oder, erneut gefragt: War vielleicht alles ganz anders? Waren David und Bathscheba nicht vielleicht auch im Verbrechen zusammengehörig? Kann es zum Beispiel nicht sein, daß Bathscheba selber mit ihrer Schwangerschaft den König zum Gattenmord treiben wollte? Möglich, daß beide schon wortlos wußten, was hier zu tun war.[11] Jedenfalls wird Bathscheba ihres Gatten Uria ledig, und sie wird ineins damit die Gemahlin des Königs. Soll man denken, ein so wunderbarer Tausch ereigne sich ganz ohne ihr Mittun? Die Zielstrebigkeit jedenfalls, mit der diese Frau später auftritt, widerlegt diese Möglichkeit gründlich.

Gleichwohl bleibt *König David* der Schuldige; auf ihm ruht die Last der Verantwortung, auf ihn tritt der Prophet Nathan zu und klagt ihn an im Namen Gottes: des Ehebruchs und des Mordes, indem er ihm die berühmte Parabel von jenem reichen Mann vorträgt, der einem Armen sein Schäfchen raubte, das seine einzige Freude war.[12] Der König, als er die Geschichte hört, springt zornig auf, da erklärt ihm Nathan mit schneidender Stimme: «Du selbst bist der Mann!» Es mag sein, daß jemand seine Schuld noch so geschickt vor den Augen der Menschen zu verbergen weiß – Macht schafft kein Recht, und jeder weiß das, der ein Gewissen hat; er weiß es spätestens dann, wenn ihm ein Nathan ins Gewissen redet. Doch wann in der Geschichte der Menschheit geschieht das schon?[13]

In seinem Drama *Das Lamm des Armen* hat STEFAN ZWEIG die ganze Hilflosigkeit beschrieben, mit der in aller Regel der Schwache dem Starken gegenübersteht. Die historische Vorlage seines Stückes bietet die Affäre *Bellilotte*. Während des Ägyptenfeldzuges von 1798 lernt Napoleon die schöne Gattin des Leutnants François Fourès kennen, Pauline Fourès, genannt Bellilotte. Er begehrt sie vom ersten Augenblick an und schickt, um freie Hand zu haben, den Leutnant mit einem Brief nach Frankreich zurück, des einzigen Inhaltes, den Überbringer dieses Schreibens eine Weile lang in Paris zu beschäftigen. Doch die Engländer fangen den Brief ab, erraten die kitzelige Angelegenheit und schaffen Fourès wieder ins Lager der Franzosen bei Kairo zurück. Als Fourès dahinterkommt, was man mit ihm gemacht hat, ist alles zu spät. Doch nun geschieht etwas Unerhörtes. Der zum Hahnrei gewordene Leutnant begehrt auf im Namen des Rechtes der Republik gegen den Führer der Republik. Er fordert allen Ernstes eine Bestrafung Napoleons. Die Geschichte beginnt unangenehm zu werden, und so sieht der Polizeiminister Fouché eine Gelegenheit, sich bei Napoleon verdient zu machen und ihm die Sache vom Halse zu schaffen. Doch als Fouché gegenüber dem Hauptmann Fourès beginnt, von dem Schicksal der Republik zu sprechen, man stehe am Vorabend eines entscheidenden Feldzuges in Italien, der Konsul übernehme soeben das Kommando der Südarmee, ob Recht oder Unrecht, es gelte jetzt das höhere Recht des Vaterlandes, da bricht es aus Fourès heraus: «Das Vaterland, ho, ho, das Vaterland! Ich habe nur gewartet, daß Sie diese große Flagge hochziehn, hinter der ihr ja immer eure schmierigen Geschäfte versteckt. Danke für Belehrung, Bürger Minister, aber ich habe der Republik mit meiner Haut sieben Jahre gedient, ehrlich, brav und blind. Doch jetzt sind mir in Ägypten allerhand Lichter aufgegangen, und ich habe die Ehre, Ihnen zu sagen: ich furze auf ein Vaterland, das einen Freibeuter über die Freiheit stellt. Warum ich, warum immer nur wir, das Volk, die Dummen, uns rackern und opfern für das Vaterland? Beim Gewinn und beim Ruhm, da sind die Herren voran, aber wenn's an die Opfer geht, dann schleppt man uns vor. Nein, Bürger Minister, mit diesen großen Worten trommelt man mich nicht mehr nieder... Ich fordere als Bürger Recht von meinem Vaterland, Gerechtigkeit fordere ich! Und ich werde so lange schreien, bis man mich hört.[14]

Darauf entgegnet Fouché sehr ruhig: «Nein, Fourès, keine Illusionen! Es wird Sie niemand hören. Dafür ist gesorgt. *Er sieht ihn scharf an.* Sie wollen durchaus mit dem Kopf durch die Wand. Aber hinter dieser Wand steht ganz Frankreich. Deshalb – was immer Sie tun, es wird trotzdem keine Affäre Fourès geben –, einfach deshalb, weil ich sie nicht dulde... Sollten Sie dennoch weiter querulieren, so würde ich... *er spielt mit dem Bleistift* – dann würde ich höchstens annehmen, Sie seien von dem Wahn befallen, man verfolge Sie... sozusagen von einem Verfolgungswahn... und Sie wissen ja, wie man derlei Leute behandelt. Sie würden nicht vor ein Tribunal kommen, sagen Sie dieser Hoffnung Adieu, sondern nach Bicêtre... ein Haus mit sehr festen Türen und sehr dicken Wänden... ein Haus, wo die Tür nur nach innen aufgeht... Ich hoffe, Sie haben mich verstanden.

Fourès, *ganz blaß aufstehend, zitternd vor Zorn:* «Und eine solche Infamie wagen Sie offen auszusprechen!»

«Fouché *gleichfalls aufstehend, sehr stark* ‹Und ebenso rücksichtslos durchzuführen, jawohl, Bürger Fourès. Mein Gewissen und die Geschichte werden mir recht geben, wenn ich nicht dulde, daß irgendein Leutnant Fourès dem General Bonaparte in einem Schicksalsaugenblick der Nation Ungelegenheiten macht. Für die Justiz ist Ihre Person jetzt nicht wichtig genug, merken Sie sich das endlich, Bürger Fourès – nur ein Mann ist in dieser Stunde uns allen wichtig: Bonaparte. Wenn Sie gegen ihn kämpfen, werden Sie unterliegen, und nicht einmal in Ehren; kein Hahn wird nach Ihnen krähen, und es gibt nichts Dümmeres auf Erden als ein Opfer ohne Sinn. So steht die Sache, Leutnant Fourès. – Jetzt sind Sie informiert! Bitte, zweifeln Sie nicht an meiner Entschlossenheit.› »[15]

Als seinen letzten Trumpf, weil alles Zureden nichts helfen will, bietet Fouché schließlich Bellilotte selber auf; sie soll ihren seelisch zerbrochenen Mann *retten*, indem sie ihn von der Sinnlosigkeit jedes Widerstandes überzeugt; sie tut es, schon um ein wenig von ihrem eigenen Schuldgefühl abzutragen und auch aus der Resignation der eigenen Ohnmacht: «... was soll aus mir noch werden?», sagt sie. «Ich will ja auch nichts mehr. Sie sollen tun mit mir, was sie wollen... Irgendwohin weg schicken sie mich, und ich bins zufrieden. Je weiter, desto besser. Ich wehr' mich nicht mehr. Wozu auch? Unsereins soll nicht so viel hermachen. Soll fressen, wenn man ihm zu fressen gibt, und leben, wenn man einen leben läßt. Wir sind nicht gewichtig genug, wir kleinen Leute. Für uns hat Gott keine Zeit.»[16] Zwar glaubt Fourès noch, seine Sache stehe gut, und er fleht seine Frau an: «Wir gehören zusammen.»

Doch sie antwortet: «Das nie... das nie mehr... wie könnte ich denn atmen neben dir nach all dem... sie sind stärker, und in dieser Welt hat doch nur der Stärkere recht. Das kann man nicht ändern... Laß ihnen den Sieg – sie haben ja nichts als ihre Siege, nichts als ihre erbärmliche Macht. Ich weiß, daß du im Recht bist, und du weißt es, und Gott, wenn es einen gibt, Gott weiß es auch. Wozu da noch betteln vor ihren bezahlten Richtern um ein Nein oder Ja... Versuch nicht die Welt zu ändern, dort haben immer nur die Mächtigen recht. Aber laß sie ihnen, ihre erbärmliche Macht, und spei drauf – sie sind ja doch ihre Sklaven! ... Und dann, an mich denk auch, an mich! Denn es geht nicht allein um dein Leben! Glaubst du, ich könnt' es ertragen, daß sie dich hinmachen und dabei wissen, um meinetwillen geschieht's!»[17]

Was bleibt Fourès in dieser Lage, als zu kuschen wie ein geprügelter Hund beziehungsweise sich zähneknirschend in den Zynismus zu fügen: «Recht hast du, recht», schleudert er dem Bild Bonapartes entgegen – «die Menschen sind ein Dreck, den man mit den Stiefeln tritt; einzig über Leichen marschiert man in die Unsterblichkeit! Nur stehlen, und man wird reich! Nur andere erniedrigen, und man wird selber groß! ... Du Dieb, du Massenmörder!»[18]

Stefan Zweig schildert in seinem Drama eine Welt, in der man nicht mehr weiß, ob es einen Gott gibt oder nicht, in der aber einzig unzweifelhaft das Unrecht regiert. Es ist die Größe der biblischen Erzählung von David und Bathscheba, daß sie es wagt, im Namen Gottes den Mächtigen ins Gewissen zu reden und die Verbrecher auf den Thronen zur Rechenschaft zu ziehen. Allerdings wird man skeptisch, wenn man die «Thronnachfolgegeschichte Davids» liest: Immer erst, wenn es zu spät ist, das heißt, wenn seine Untaten jeweils erfolgreich waren, überkommt König David Reue und Bedauern[19]; stets dann erst will er am liebsten all seine Untaten nicht getan haben, doch erst einmal *hat* er sie getan, und die Menschen, die er hat töten lassen, stehen nicht wieder auf.

Gleichwohl gibt die Bibel den Glauben nicht auf, daß ein Mensch das Gefühl für Recht und Unrecht nicht gänzlich verliert und daß jemand so hoch gestellt sein mag, wie er will – er bleibe doch dem Recht unterstellt, er sei niemals der Herr über Gut und Böse. Und so wird auch David für seinen Frevel «von Gott» bestraft: das Kind, das ihm Bathscheba schenkt, erkrankt schwer und droht zu sterben.[20] In dieser Situation beginnt David zu beten und zu fasten, und er fleht zu Gott um das Leben des Kindes, doch vergebens. Es geschieht wie ein *jus talionis*, daß David für die Ermordung seines Generals Uria heimgesucht wird mit dem Tod seines neugeborenen Sohnes. Begangenes Unrecht zeugt kein neues Leben, es hat keine Zukunft. Die Lektion ergeht wie ein Gottesurteil.

Was aber können Menschen tun, die sich furchtbar vergangen haben, die jedoch ihre Vergangenheit wirklich nicht mehr zurückholen können, um daran vielleicht noch etwas wiedergutzumachen? Es ist eine merkwürdig archaische, doch immer noch wirksame Rechtsvorstellung, begangenes Unrecht damit zu bestrafen, daß man einen Menschen der Freiheit beraubt und ihn hinter Mauern und Kerkerwänden eine Weile lang lebendig beerdigt. David und Bathscheba denken hier anders, moderner, menschlicher, buchstäblich «fruchtbarer». Der Gegensatz ist deutlich. Die katholische Kirche zum Beispiel verbietet bis heute, daß Menschen einander heiraten dürfen, die sich den Weg zur Ehe durch Mord freigemacht haben[21]; ginge es danach, so müßten David und Bathscheba sich unverzüglich voneinander trennen und durch den Verzicht aufeinander lebenslänglich büßen für ihr Verbrechen. Doch wenn die Ungeheuerlichkeit ihres Tuns erst einmal feststeht – wem soll es dann nützen, unter der Last begangener Schuld auf ewig zu leiden? An dieser Stelle vor allem läßt sich von König David etwas menschlich Entscheidendes lernen. Es ist ein mutiger, in gewissem Sinne unerhörter Entschluß, daß David unmittelbar nach dem Tod seines Sohnes die Zeit des Fastens und Trauerns beendet, ißt und sich wäscht und zu Bathscheba zurückkehrt.[22] Nicht die mutwillige Zerstörung des Glücks, sondern das Ja zum Glück trotz aller Schuld soll die Art sein, das Verbrechen zu sühnen, meint David; nicht ein Weniger an Leben, sondern ein Mehr an Intensität soll die begangenen Untaten aufwiegen. Und so wird Bathscheba schon übers Jahr erneut einen Sohn gebären, und David wird ihn «Salomo» nennen – «seinen Frieden» (mit Gott); Bathscheba aber wird alles tun, diesen ihren «Gottfried» auf den Thron zu bringen. Es ist nicht einfach ein trotziges «Jetzt erst recht», was sich lernen läßt von Bathscheba und David, es ist vielmehr die Überzeugung, daß Menschen leben dürfen trotz aller Schuld und daß es kein besseres Mittel zu Wiedergutmachung und Sühne gibt, als so intensiv zu leben wie möglich.

Besteht dann aber, wird man vielleicht fragen, nicht doch die

Gefahr, daß die Rechnung des Verbrechens aufgeht? Gewiß, die Grenze zwischen Zynismus und Vertrauen kann so schmal sein wie die Grenze zwischen Komödie und Tragödie. Aber einem Menschen, der wirklich bereut, muß es offen stehen, «richtig» zu leben mit all seinen Kräften. Man kann das Negative nur überwinden durch das Gute, die Zerstörung nur durch die Liebe, den Tod nur durch das Leben. Und trotz allem gibt es dieses feinnervige Organ, das wir Gewissen nennen. Darauf zu bauen, scheint die einzige Hoffnung der «Schwachen» inmitten einer oft schändlichen Welt, in welcher die Schurken scheinbar wie straffrei ausgehen.

Was aber am Ende waren David und Bathscheba? Berechnende Schurken oder wahrhaft Bereuende? Niemand kann das wissen, niemand das richten. Vielleicht waren sie beides zugleich? Es ist der Stammbaum des Matthäus, der auch und gerade David und Bathscheba einreiht in den Weg des Heils.

Was aber folgt dann aus diesen vier Frauenschicksalen im «Stammbaum» des Messias Israels? Wer immer die menschliche Geschichte in dem Kommen und Gehen ihrer Geschlechter betrachtet, den mag der Eindruck einer oft völlig sinnlosen Verworrenheit befallen. Wie aber, wenn der einzige rote Faden, die einzig ordnende Perspektive gar nicht in bestimmten folgerichtigen Schritten zur Erreichung eines vernünftigen Zieles gelegen wäre? Wenn vielmehr die scheinbare Sinnwidrigkeit des Ganzen nur dazu auffordern sollte, den einzelnen Menschen in seiner Not und in seinem Schicksal sehen und achten zu lernen und den Blick gerade nicht von ihm weg auf irgendwelche erhabenen Ziele über ihn hinaus zu lenken? Wenn die Unmöglichkeit, einen Sinn im Ganzen zu finden, in Wahrheit nur dazu anleiten sollte, den Einzelnen so, wie er ist, nur um so mehr zu lieben? Stünde es so, dann wäre man der Logik Gottes offenbar sehr nahe, der mit aller menschlichen Geschichte in der Bibel allem Anschein nach kein anderes Ziel erreichen möchte, als jeweils in all den Verwicklungen des menschlichen Lebens ein bißchen mehr Verständnis, Geduld und Güte im Menschen selber zu ermöglichen. In dieser Richtung jedenfalls wird die Gestalt eines Erlösers sichtbar und verständlich, der am Ende der Geschichte Israels nicht mehr straft, richtet und zurechtweist, sondern gekommen ist, um das Verlorene zu suchen (Mt 18,12–14), und der wie ein Arzt die «Kranken» heilen möchte. Wenn Thamar, Rachab, Ruth, wenn, um den Stammbaum des Messias über David hinaus fortzusetzen, auch Bathscheba und Salomo an erster Stelle in die Abfolge von Menschen in der Heilsgeschichte Gottes gehören, sollte man dann nicht denken, es gebe letztlich gar keinen so großen Unterschied zwischen den Guten und den Bösen, zwischen den «Zugehörigen» und den «Ungehörigen», es gebe einfach nur Menschen, die allesamt, jeder auf seine Weise, der Erlösung harren und eben darin der Geduld und Güte fähig sind, deren sie selbst am nötigsten bedürfen? Die einzige Heilsgeschichte, die es wirklich gibt, setzt sich zusammen aus Schicksalen nach Art der Thamar, Rachab, Ruth und Bathscheba; daß dies so ist, rechtfertigt wohl allein die Hoffnung, daß schließlich auch Menschen wie wir vom Heile Gottes nicht ausgeschlossen sind. Gott geht mit uns nicht nach Utopia[23], er geht vielmehr mit uns, um selber bei uns anzukommen und Gestalt in unserem Leben zu gewinnen. Seine und unsere Menschlichkeit ist die einzige Art, die menschliche Geschichte zu heilen.

Frauen unter David: Von der Weisheit des Archetyps der Frau

Noch drei andere Frauen mit Namen bilden den Umkreis der Frauen Davids, und sie alle verdienen, in unserem Kontext erwähnt zu werden. Da ist als erste *Michal*, die Tochter Sauls, die David um den Preis von 200 Vorhäuten erschlagener Philister zur Braut gewann (1 Sam 18,27), eine Frau voller Angst und Treue, voller Ernst und Stolz, die von David verstoßen wird, als sie sich über die kultische Ekstase und Nacktheit des Königs entsetzt (2 Sam 6,20-23), und die, statt seiner, dem Palti zur Frau gegeben wird (2 Sam 25,44); da ist als zweite *Abigail*, die schöne und kluge Frau des rohen und bösartigen Nabal; sie zog Davids Freischärlerbande entgegen und bat ihn, nicht gegen Nabal und sein Hab und Gut in Blutschuld zu fallen; Abigail gefiel David so gut, daß sie nach dem Herztod Nabals, ihres Gatten, unmittelbar Davids Frau wurde und an seiner Seite blieb (1 Sam 25,1–42). Noch eine andere Frau Davids, *Ahinoam* aus Jesreel, wird mit Namen genannt; aber sie bleibt merkwürdig stumm und verliert sich in der Geschichte (1 Sam 25,43). – Alle drei Frauen bieten mit dem Stenogramm ihres Schicksals jedem mitfühlenden Geist reichlichen Stoff zur Wiederentdeckung ihrer Gestalt im wirklichen Leben; ist doch so manche Frau gezwungen, zu leben wie *Michal*, verletzt und verstört durch die Vitalität und Derbheit ihres Mannes – eine entehrte Königstochter auch sie, oder gerade umgekehrt wie *Abigail*, die sich in unglücklicher Ehe sehnt nach einem «richtigen» beherzten Mann, der nicht schon einen Namen trägt, der als «Nabal» an die hebräischen Worte für «Dummheit» und «Verwesung» gemahnt, oder wie *Ahinoam*, die sich erhoffen durfte, eine Königin zu sein, und an der doch das Leben vorbeigeht. Niemals kommt es darauf an, diese Frauen *historisch* zu beschreiben, wenn man die bleibende Gegenwart ihres Schicksals und ihres Charakters entdecken will; aber es ist unerläßlich, gerade so, wie die Bibel von ihnen berichtet, mit ihnen zu leiden und zu fühlen, um ihre Menschlichkeit in den Nöten und Sorgen heutiger Menschen wiederzuentdecken und kommentiert zu finden.

In der *Thronnachfolgegeschichte Davids* gibt es noch drei weitere Frauengestalten, auf die MARTIN BUBER in seiner kleinen Abhandlung *«Weisheit und Tat der Frauen»*[1] hingewiesen hat. Die Darstellung BUBERS gilt so sehr der inneren Bewegung des Textes und dem Typischen an dem einmalig Historischen dieser Erzählungen, daß sie dem Anliegen der von uns vertretenen Auslegungsmethode historischer Texte an dieser Stelle geradezu als Vorbild dienen kann; wir brauchen die Darlegungen BUBERS daher nur zu referieren, um ein geeignetes Beispiel für die Art von Hermeneutik zu gewinnen, die hier vorgeschlagen wird.

Die *erste* dieser Frauengestalten tritt auf, als Absalom nach der Ermordung seines Bruders Amnon (2 Sam 13,1–37) bereits drei Jahre bei Thalmai, dem Prinzen von Gesur, auf der Flucht vor der Strafe Davids außer Landes ist (2 Sam 13,37). Davids General Joab merkt, daß der Wille nach Rache bei David allmählich nachläßt, und er möchte den König dahin bringen, der Rückkehr Absaloms zuzustimmen; doch David mißtraut dem harten Sohn der Zeruja (2 Sam 3,28). Daher holt Joab eine *weise Frau* aus Tekoa, um den König durch eine Art Fremdbeispiel zu überzeugen. Auftragsgemäß erzählt die Frau, was Joab ihr vorgesagt hat: Ihr Sohn habe seinen Bruder getötet, und wenn nun die Blutrache an ihm vollzogen werde, stehe sie vollends kinderlos und vereinsamt da. Der springende Punkt dieser Erzählung liegt in dem Konflikt zwischen dem Recht der Institution und dem Recht der Situation, und zwischen beiden soll der König entscheiden. David urteilt, wie zu erwarten war: Dem Sohne dürfe nichts geschehen; aber er merkt nicht, daß er sich damit selbst das Urteil bezüglich seines eigenen Sohnes Absalom spricht. In dieser Szene ist nun vor allem die Art des Auftritts der Frau interessant. Die Unbekannte aus Tekoa beginnt ihre Rolle in volkstümlicher Sprache, und man muß sich ihren Auftritt in der Dramatik orientalischer Bittgebärde vorstellen: händeringend, jammernd, sich am Boden wälzend. Aber in dem Augenblick, wo sie zu der entscheidenden Stelle gelangt ist und die Parabel auf David selbst übertragen werden muß, verläßt diese Frau die Schranken ihrer Rolle: «sie reckt sich aus der gebückten Haltung zu ihrer Höhe auf, schüttelt vorschreitend all das Plärren und Händewerfen ab, tritt dicht vor den König und spricht nun, streng und gelassen, Menschenantlitz zu Menschenantlitz, ihre, nicht mehr Joabs, unmittelbaren Worte (2 Sam 14,13):

> Warum also planst du dergleichen wider Gottes Volk?!
> Ist ja der König, seit er diese Rede geredet hat, einem Schuldigen gleich geworden,
> weil der König selbst seinen Verstoßnen ohne Wiederkehr läßt!»[2]

Wir haben früher wiederholt gesagt, man müsse die handelnden Personen in den Erzählungen der Bibel so verstehen, als sei in einer einzelnen geschilderten Szene ihr ganzes Wesen enthalten.[3] So wie man ein Menschenleben nur nach seinen intensivsten und größten Augenblicken beurteilen kann, so scheint es nicht selten, als sei es für den Verlauf der menschlichen Geschichte entscheidend, daß jemand es riskiert, in einem bestimmten wesentlichen Moment sein ganzes Wesen in die Waagschale zu werfen. Gerade das jedenfalls tut diese Frau aus Tekoa. An sich könnte sie starr der Vorschrift ihrer Rolle folgen und den Text rezitieren, den Joab ihr vorgegeben hat; dann wäre und bliebe sie eine bloße Schauspielerin, die anonyme Trägerin eines zufälligen Auftrags. Aber sie handelt anders und gibt sich damit selber zu erkennen. In dem Augenblick, da sie in ihrer Schilderung den Kern ihrer Botschaft berührt, hat sie den Mut, in eigener Person zu reden, und zeigt damit im Grunde, daß sie in der Rolle der Frau, die händeringend um Gnade anstelle des Rechts fleht, *die* Rolle *ihres* Lebens spielt; in diesem Moment verschmelzen äußerer Auftrag und innere Bestimmung in ihr miteinander, und die Aufführung vor dem König gerät zur Darstellung ihres eigenen Wesens. Doch nicht nur, was sie persönlich ist, vor allem was sie wesenhaft *als Frau und Mutter* ist, drückt sich in ihren Worten und in ihrem Verhalten aus. Es geht ja nicht allein um das Recht des Volkes auf einen Thronnachfolger; es geht um das Recht von «Gottes Volk», und das verkündigt die Frau, indem sie alles Persönliche von sich abtut und Worte spricht, die nicht mehr ihr allein gehören. In M. BUBERS Diktion: «Gefäß der Botschaft wie eine Künderin, und doch in dieser Abgelöstheit mütterlicher als zuvor, urmütterlich, nicht mehr mit eigenen, aber erst recht nicht mit eingeblasenen Worten, – in uraltem, durch die Geschlechter der Frauen hin überliefertem Spruch, in einem Urfrauenspruch, Urmutterspruch, sagt sie ihre wahre Begründung, ihr ‹Denn›:

> Denn:
> Sterben Sterbliche wir,
> ists wie Wasser, zur Erde verronnen,
> das nicht aufzusammeln ist,
> aber trug Gott eine Seele nicht hinweg,
> plant er Planungen noch,
> auch den Verstoßnen unverstoßen zu lassen vor ihm.[4]

Bei diesem Wort taucht die Frau, tiefenpsychologisch gesehen, mit ihrer Person in den *Archetyp der Frau* zurück; aus diesem heraus redet sie, und nun zeigt sich das Entscheidende: das Wesenswort des Weiblichen ist zugleich das Gotteswort – als eine Rede des Erbarmens über den Verstoßenen. Religionspsychologisch erlangt die kleine Szene damit eine überraschende Bedeutung. Denn für gewöhnlich sieht man in dem Gott des Alten Testaments eine extrem patriarchalische Herrschergestalt, einen Gott, der mit erhobenem Arm und mit der Kraft seines Wortes dreinschlägt, daß die Berge rauchen (wie z. B. nach der Vorlage alter Baalsliturgie Ps 29); an dieser Stelle aber ist Gott eins mit dem Urempfinden einer Frau, und dieses Empfinden ist der Denkweise des Königs, der sich in männlicher Macht und Herrschaft rühmt, Gott auf Erden zu vertreten, durch und durch entgegengesetzt. Nicht durch die Strenge des Zorns und der gesetzlich verankerten Rache, sondern einzig durch Gnade und Erbarmen erfüllt sich in dieser bemerkenswerten Perikope die Ebenbildlichkeit Gottes. Verwandter als das Prinzip des Mannes scheint an dieser Stelle der Archetyp der Frau dem Wesen Gottes zu sein, und die Wirkung der Verschmelzung von Archetypischem und Individuellem im Auftritt dieser Frau aus Tekoa kann dementsprechend nur ein Werk der *Versöhnung*, nicht des Rechtsanspruches, sein. Eine einzelne erfundene Geschichte, die dem König als moralische Parabel dienen sollte, weitet sich in der Gestalt dieser unbekannten Frau mithin zu einer Weisheit, die im Archetyp der Frau verkörpert ist und von ihr selbst Besitz ergreift; und so vermag das Unversöhnte und Verstoßene sich wieder zusammenzuschließen zum Unverstoßenen, zum Volk Gottes. Hernach geht wieder alles seinen Gang. «Die Frau hat ihren Anruf an die Königsseele und ihren Spruch der Begründung gesprochen, um deren willen sie aus ihrer Rolle – nicht gefallen, sondern herrlich gestiegen war. Nun wirft sie sich in Haltung und Rede in die Rolle, in die Fabel, in die volkstümliche Aufgeregtheit, das Plärren und Händewerfen zurück.»[5]

Eine *andere* Begebenheit, in der eine Frau über sich hinaus in den Archetyp des Weiblichen eintritt und eben dadurch Frieden wirkt, überliefert die Erzählung vom Aufstand des Benjaminiten Seba, ben Bikhri (2 Sam 20). Obwohl es Seba gelungen ist, alle Männer Israels um sich gegen David zu versammeln, hält doch Juda zu seinem König. Joab und sein Bruder Abisai jagen Seba nach und stoßen auf ihn in Abel-Beth-Maakha, in der die Bikhriter sich versammelt haben. Schon wächst der Belagerungsdamm gegen die Stadt, und der Untergang scheint unabwendbar, da tritt *«eine weise Frau»* auf die Stadtmauer und sagt zu Joab sinngemäß, daß die Stadt, die er zu vernichten bereitstehe, seit alters her befragt wurde, um die Ordnung in Israel durch Wort und Beispiel zu erfahren und zu bestätigen. Während die Frau redet, verschmilzt mit einem Mal ihre eigene Person mit der Person der Stadt, und erneut kann man sehen, wie wenig zum Verständnis dieses Vorgangs mit dem Begriff der «Korporativperson» auszukommen ist. Denn nicht, daß das Ich der Frau sich ausdehnt zu dem kollektiven Ich der Stadtbewohner, ist das Entscheidende; auch nicht, daß die Frau ihr eigenes Überlebensinteresse mit dem Interesse der Bewohner von Abel-Beth-Maakha identisch setzt – der Vorgang ist tiefer. Indem die Frau in den Archetyp des Mütterlichen, Bewahrenden, Schützenden, Lebenerhaltenden eintritt, entdeckt sie auch die Stadt in ihrer Weisheit und Ordnung von alters her als durch und durch mütterlich; und erst in der Gemeinsamkeit des Archetypischen kommt die Verschmelzung von Individual-Ich und Kollektiv-Ich zustande. *«Ich»*, sagt diese Frau, «das sind Friedenserfahrene, Treuebewahrende von Israel» (2 Sam 20,19); und demgegenüber Joab:

> «Du», erklärt sie von Davids General,
> «du trachtest zu töten
> eine Stadt:
> Eine Mutter in Israel –
> warum willst du Jahwes Eigentum verschlingen?!»

Die *Mütterlichkeit* der Stadt also ist es, die sie zu Gottes Eigentum macht, und sie ist es auch, die eine *weise*, d. h. aus dem Wesen des Weiblichen lebende, mütterliche Frau auf den Plan ruft, um Friedenserfahrung gegen Mord und Krieg und Treuebewahrung gegen Bürgerkrieg und Aufruhr zu setzen. Ein Mann wie Joab hingegen darf und kann mit seinen Mannen nicht in Abel-Beth-Maakha eindringen, denn das Wesen der Stadt ist dem Wesen eines Joab entgegengesetzt; «das hier bin ich», sagt die Frau, «das sind wir, das ist das stille Kernwachstum des Gottesvolkes – und das dort bist du, du Verschlinger»[6]. Indessen ist es auch gar nicht nötig, daß Joab die Stadt erobert, denn ihr Wesen der Treuebewahrung unterscheidet sie nicht nur von Joab, sondern auch von den Leuten des Bürgerkriegs und Aufruhrs Sebas; auf den Rat der Frau hin wird ihm der Kopf abgeschlagen und dem Joab zugeworfen, und es herrscht Friede im Lande.

Eine *dritte* Episode, in der eine Frau kraft ihres Wesens wortlos und wie selbstverständlich Heil wirkt, enthält das 21. Kap. des 2. Buches Samuel, mit dem ein Nachtrag zum Samuelbuch beginnt. Zur Zeit einer Dürre und Hungersnot, die bereits drei Jahre dauert, läßt David das Orakel befragen und erfährt, daß auf dem Hause Sauls eine ungesühnte Blutschuld lastet, weil Saul die amoritischen Gibeoniter gegen den Schwur hatte ausrotten wollen. Die Gibeoniter verlangen zur Wiedergutmachung nicht Silber noch Gold, sondern sie verlangen sieben von den Söhnen Sauls, um sie zu Gibeon auf dem Berge des Herrn an den Pfahl zu spießen. David, für den dies ein willkommener, womöglich sogar selbst arrangierter Anlaß gewesen sein dürfte, das Haus der Sauliden weiter zu dezimieren, wählt die beiden Söhne aus, die Rizpa, die Tochter Ajas, dem Saul geboren hatte: Armoni und Meribaal, dazu die fünf Söhne, die Merab, die Tochter Sauls, geboren hatte. Die Gibeoniter pfählen die Sauliden zu Anfang der Gerstenernte und lassen die Leichen auf dem Berge liegen. Aber die Dürre hört nicht auf. Da geht *Rizpa,* die Nebenfrau Sauls, hin und breitet eine Sackleinwand als Zelt für sich über dem Felsen aus, vom Erntebeginn an, bis daß Wasser vom Himmel auf die Toten niederflösse, und sie gab nicht zu, daß der Vogel des Himmels auf ihnen ruhte bei Tag noch das Wild des Feldes bei Nacht (2 Sam 21,10). Als David hört, was Rizpa tut, läßt er nicht nur die Leichname beisetzen, sondern er läßt auch die Gebeine Sauls und Jonathans in die Sippengruft zu Zela im Grab von Sauls Vater, Kisch, überführen. «Und nun erst heißt es: Als sie alles getan hatten, was der König gebot, danach ließ Gott sich dem Lande erflehn.

Nun erst hört die Dürre auf. Nicht durch die Blutrache der Gibeoniter, sondern durch die Tat Rizpas, die bei den Leichen auf dem Felsen saß, und durch die von ihr bewirkte posthume Versöhnung zwischen dem Haus Sauls und dem Haus Davids läßt Gott sich versöhnen.» «Auch die Juden», schreibt BUBER, «wissen um die ewige Antigone. Auf ihre, jüdische Art.»[7] Und es stimmt: Erst das Mitleid einer Mutter in Israel öffnet den Himmel, und erst die Tränen ihrer Klage über die Toten erwecken den Regen, der das Land fruchtbar macht. Nicht von der Grausamkeit des Vergeltungsrechts, sondern von einer Liebe über den Tod hinaus erwächst der Erde ihre Frucht.

Die Schwiegermutter des Petrus: Die Heilung der Geister

[29] Und gleich, als sie aus der Synagoge hinausgegangen, sind sie in das Haus des Simon und Andreas gegangen, zusammen mit Jakobus und Johannes. [30] Simons Schwiegermutter aber lag darnieder im Fieber, und gleich reden sie mit ihm ihretwegen. [31] Und er ist hingegangen, er hat sie aufgerichtet, indem er sie an die Hand nahm; und verlassen hat sie das Fieber. Und sie *bediente sie* (Mk 1,13).
[32] Abend war es geworden, die Sonne gesunken, da brachten sie zu ihm all die Kranken und die von Abergeistern Besessenen. [33] Und es war die ganze Stadt versammelt am Tor. [34] Und er hat geheilt, viele, an vielerlei Krankheiten Leidende, und Abergeister trieb er viele aus. Doch nicht ließ er zu Wort kommen die Abergeister, weil sie ihn kannten.
[35] Und früh, noch in der Nacht, stand er auf und ging hinaus, ging dort in die Einsamkeit. Dort hielt er Gebet. [36] Und nachspürte ihm Simon und seine Gefährten, [37] und als sie ihn fanden, sagen sie ihm: Alle suchen dich. [38] Da sagt er ihnen: Ziehen wir anderswohin, in die umliegenden Ortschaften, daß ich auch dort verkünde. Dazu ja bin ich hinausgegangen.
[39] Und so ist er gekommen, als Verkünder, in ihre Synagogen, in ganz Galiläa, und als Dämonenaustreiber.

(Mk 1,29–39)

Manchmal möchte man die Szene eines Evangeliums nachzeichnen, wie manche Maler Begebenheiten aus dem Leben Jesu darstellten, um dadurch ihre Bedeutung tiefer zu erfassen. Das Markus-Evangelium selbst, indem es in der vorliegenden Erzählung einen Tag und eine Nacht aus dem Leben Jesu zusammenstellt, zeichnet ein Bild, das beispielhaft erläutern will, wie Jesus lehrte, betete und Wunder wirkte. Gleichwohl lohnt es sich an dieser Stelle einmal, das Augenmerk von der Gestalt Jesu weg auf die Menschen zu richten, die ihm begegnen, hier also besonders auf die Schwiegermutter des Simon[1].

Was ist das nur für eine merkwürdige Fieberkrankheit, die bei dieser Frau ausbricht, bevor Jesus kommt, und die sogleich verschwindet, kaum daß er ihr die Hand auflegt![2] Man sollte denken, eine Szene wie diese müsse ein Vorspiel haben, ein heftiges und sehr dramatisches sogar, denn der Augenblick, da Jesus am Ufer des Sees von Galiläa Simon und Andreas zu seinen Jüngern bestimmte und diese *«sogleich»* ihre Netze und ihr Boot zurückließen, um dem Mann aus Nazareth zu folgen, kann so spurlos an ihren Familienangehörigen nicht vorbeigegangen sein. Es gehört nicht viel Phantasie dazu, sich vorzustellen, wie vornehmlich auf die Schwiegermutter des Simon dieser unerhörte Vorgang gewirkt haben mag. Vielleicht wird man dann, ohne zu vergröbern, die Gedanken und wahrscheinlich auch die Worte dieser Frau sinngemäß so wiedergeben müssen[3]:

Was ihm, dem «Petrus», wie er sich neuerdings nenne, wohl einfalle, seine Frau, seine Kinder, seine Familie, mir nichts, dir nichts, im Stich zu lassen? Ob der Mann aus Nazareth ihm wenigstens ersatzweise einen ordentlichen Arbeitsplatz verschaffen könne oder mindestens für ein geregeltes Einkommen zu sorgen verspreche?

Und Petrus wird gesagt haben, dem sei leider nicht so; weder verfüge Jesus selber über ein geregeltes Einkommen noch könne er ein solches in Aussicht stellen.[4]

– «Und dann, wovon sollen wir leben? Von der Luft und dem Wasser aus dem See von Galiläa höchstwahrscheinlich?»

– «Aber ihr könnt doch leben von dem Ertrag, den die anderen einbringen; der See von Galiläa hat Fische genug.»

Daß es jetzt genug geredet sei, wird sie gesagt haben, die Schwiegermutter des Simon, denn parasitärer und unverschämter könne man nicht sprechen. Alle Arbeit also und alle Aufgaben blieben den anderen überlassen, während man selber unverantwortlich dem nachgehe, was man jetzt offenbar als seine Freiheit begriffen habe.

– Aber der Mann aus Nazareth *bringe* Freiheit, mag Petrus gesagt haben.

– Eine schöne Freiheit, wird er zur Antwort bekommen haben, die darin bestehe, seine Frau stehen- und sitzenzulassen und sich davonzumachen! Wenn dieser Jesus ein Mann Gottes wäre, müsse er als erstes wissen, daß Gott Pflichtbewußtsein, Ordnung, Anstand, Würde, Treue und ganz bestimmt nicht Anarchie, Durcheinander und Willkür wolle.

Sie hätte mit solchen Worten so recht, die Schwiegermutter des Simon, wie wir sie uns denken, und sie wird in der Tat Grund genug gehabt haben, am Fieber zu erkranken, als sie hörte, Jesus komme in ihr Haus; denn die Welt, in der Jesus lebt, stellt alles in Frage, wovon und wofür man gewöhnlich in bürgerlichem Sinne leben zu müssen glaubt. Mag sein, daß Simon die Idee hatte, Jesus absichtlich in das Haus seiner Schwiegermutter einzuladen, damit der Herr selber sich ihr gegenüber in seinen wahren Absichten deutlicher erkläre und den Familienzwist beende; vielleicht, daß er sogar hoffte, Jesus werde auch ihm selber einmal zusammenhängend all das darlegen, was er doch nur erst wie von ferne ahnen konnte; und doch scheint gerade diese Idee die Schwiegermutter des Simon endgültig in Harnisch gebracht zu haben. Jedenfalls wird sie, wenn diese Leute kommen, nicht den Finger krumm machen; sie wird im Bett liegen und krank sein; sie wird sich weigern, diese Mannschaft pflichtvergessener Bizocchi[5] zu empfangen; sie wird einfach passiv streiken, willentlich oder unwillentlich. Irgendwo muß Schluß sein, wird sie gedacht haben.

Und mit all dem hätte sie nichts anderes vorgebracht, als was wir alle in Wahrheit wie selbstverständlich, wenn wir uns nicht neu besinnen, zur Grundlage unserer Weltanschauung machen. Ganz entsprechend den Maßstäben des Protestes dieser Frau richten wir normalerweise von früh bis spät unser Leben ein, erziehen wir unsere Kinder, halten wir es für geradezu beispielhaft und richtig. Selbst wenn wir als Christen davon hören, daß Jesus offensichtlich anders lebte und dachte, werden wir versuchen, irgendwie die Dinge doch nicht so wörtlich zu nehmen und in jedem Falle «die Kirche im Dorf zu lassen», wie man so sagt.

Allem Anschein nach ist dieses Wunder einer Fieberheilung in der Tat kaum hoch genug zu rühmen. Der Text erzählt nicht, wie es war, als Jesus die Kammer der Schwiegermutter des Petrus betrat und ihr die Hand auflegte; er «richtete sie auf», heißt es lapidar im Evangelium, so daß das Fieber von ihr wich. Aber könnte es nicht sein, daß das, was wir «normal» nennen, in Wahrheit eine einzige große Krankheit ist, ein völlig wahnsinniges «Fieber», das wir lediglich erst dann bemerken, wenn wir Menschen begegnen, die wirklich leben? Wäre es nicht denkbar, daß wir erst dann gesunden können, wenn sich eine Hand auf unsere Stirn legt, unter deren Schutz unsere Gedanken zur Ruhe kommen können, und wir merken, daß wir für gewöhnlich ständig auf der Flucht sind, am meisten vor uns selbst? Wir fürchten uns insgeheim, in unserem bloßen Dasein zu wenig zu sein; also streben wir voller Ehrgeiz nach Anerkennung und Einfluß. Wir erleben uns so oft als ungesichert und bedroht, also füllen wir die Hände mit Krimskrams aller Art und glauben, erst dadurch so etwas wie Halt zu gewinnen. Wir fürchten, angesichts der möglichen Kritik anderer, wie ausgeliefert und ohnmächtig dazustehen, also hüllen wir uns in Rechtschaffenheit und Ordnung und legen uns eine Moral zu, die uns ständig «richtig» handeln läßt, zum Terror für uns und andere. Wäre es nicht möglich, wir könnten in der Nähe Jesu die Überzeugung gewinnen, gerade unser «kleines» Leben sei in Wahrheit das Schönste, was Gott sich ausgedacht hat, und es brauche all den Spuk rings um uns her gar nicht zu geben – das wenige, was wir wirklich zum Glück brauchten, lebe bereits wie von selbst in unserem Herzen und in jeder Regung der Liebe, und es sei einzig vonnöten, diese tieferen Empfindungen unserer Seele unter den Händen Jesu zum Leben zuzulassen?

So vieles steht zwischen uns Menschen, was trennend, ängstigend, zwingend und quälend ist; und doch lebt im Herzen eines jeden zugleich eine wunderbare Ahnung von dem, wozu er berufen ist. Kaum daß Simon selbst damals am See die Worte Jesu hörte, fiel von ihm wie ein schlechter Traum alles das ab, was bis dahin sein scheinbar ganz alltägliches, normales, bürgerliches Leben war. Also ist dieses Wunderbare doch möglich: daß unser Leben noch einmal von vorn beginnt, tiefer, erfüllter und reicher als jemals zuvor, und daß unsere Seele wird wie ein blühender Garten, so weit, so schön, so voller Farben – ein verlorenes Paradies, das dennoch als Ziel und Berufung ständig auf uns wartet.

Irgendetwas von dieser Erfahrung muß auf die Schwiegermutter des Simon übergegangen sein; denn Markus erzählt, daß sie die Jünger des Herrn bewirtet habe, ganz so, als ob die Barrieren plötzlich hinfällig geworden wären – die Angst, die Opposition, der Zorn und das Sich-wehren-Müssen. Anstelle all der Sorgen, die wir sonst für allmächtig halten, muß das Gefühl gewachsen sein, daß Menschen ausruhen dürfen in den Händen Gottes. Es war gerade dieses Vertrauen, das von Jesus ausging, das in seiner Nähe lebte und das durch seine Hände allen anderen vermittelt wurde. So kam es, daß am gleichen Abend noch, als eben die Gluthitze des Tages sich gelegt hatte, die Leute des ganzen Dorfes ihre kranken Angehörigen, ihre «Besessenen», zu Jesus brachten, und es gibt bei diesem Hilfesuchen menschlicher Not offenbar niemals eine Grenze. Wer von uns bedürfte nicht einer Heilung von der Krankheit seiner Angst, und wer von uns brauchte nicht eine Neuordnung all seiner Gedanken? Und wo sollte er sie anders finden, als in der Nähe dessen, der da sagte: «Kommt zu mir, all ihr Mühseligen und Beladenen» (Mt 11,28)? Der deutsche Wortschatz, den F. STIER in seiner Übersetzung aufgreift, kennt ein altertümliches, aber zutreffendes Wort, das von «Dämonen» redet als von *Abergeistern.* Es ist ein Wort, auf derselben Ebene wie das Wort vom «Aber»-Glauben, das vollkommen wiedergibt, was mit dem Ausdruck «Dämonen» gemeint ist: Stimmen der Opposition und der Verneinung in uns, die auf dem Weg zum Glück, zu uns selbst, zu unserer Wahrheit, immer wieder mit mechanischen Gegenreden und Einwänden sich zu Wort melden. Kaum meinen wir, mit Händen greifen zu können, wozu wir berufen sind, da beginnen diese «Geister» in uns zu reden: «*Aber* man darf nicht.» Kaum spüren wir, welch ein Traum in unserer Seele wach werden könnte, da gibt es Stimmen in uns, die sagen: «*Aber* so geht es nicht.» Kaum glauben wir zu wissen, wie wir leben sollten, da beginnt es über uns mit Vorwürfen hereinzuregnen: «*Aber* bilde Dir nur nichts ein!» – Den «Geistern» dieses ständigen «Aber» hat Jesus buchstäblich den Mund verboten. Er, der sonst den Stummen den Mund öffnet, verbietet diesen «Abergeistern», weiterzureden.

Denn sie drohen sein eigentliches Anliegen Zug um Zug durch ihr lärmendes «Bekenntnis» zu unterlaufen.[6] Immer wieder im Markus-Evangelium muß Jesus sich dagegen verwahren, so etwas zu werden wie eine Berühmtheit am Ort, und gerade die «Abergeister» scheinen das wahre Wesen Jesu nur herauszuschreien, um es im Beifall der Menge und im Getöse einer *Bekanntschaft von außen* zu ersticken. Von einem bestimmten Punkt an muß man wählen zwischen Ruhm und Freiheit. So entzieht Jesus sich der Menge, wo immer er kann; aber in der Morgenfrühe, beim Anfang des neuen Tages, im Aufgang der Sonne, richtet er sein Herz auf Gott als seinen und unseren Vater (Joh 20,17), an einem einsamen Ort, um zu beten.

Auch dies also wird man aus der Lebensführung Jesu lernen müssen: daß er es versteht, dem Sog der Menge nicht nachzugeben und statt dessen zu tun, was er als seine Berufung spürt. Ganz Galiläa braucht ihn; und also darf und kann er nicht an einem einzigen Ort bleiben. Gewiß: Es wird in Kapharnaum auch weiterhin Menschen geben, die krank sind und sein Wort, den Beistand seiner Hilfe, brauchen. Und doch ist Jesus frei genug, fort in die anderen Orte zu gehen. Es wird auch weiterhin in Kapharnaum Menschen geben, die Jesus suchen. Und doch wird er ihnen nicht zur Verfügung stehen. Ein Mensch hat Grenzen, und er darf und muß sie eindeutig markieren. Er darf sagen «ja», wenn er sich auf etwas einlassen kann und will, und er darf sagen «nein», wenn er es nicht kann noch will. Er darf sagen: «Dies ist meine Berufung», und: «Dies ist gültig», und: «Das bin ich selber.» Und er kann und muß sich wehren gegen jede Verformung durch fremde Erwartungen. Denn gerade darin offenbart sich die Macht Jesu: in den Synagogen Galiläas so zu predigen, daß Gott Platz findet im Herzen der Menschen und die Besessenheit der Angst, die Tyrannei der Unfreiheit, die Furchtsamkeit gegenüber dem Publikum, die ganze Dämonie der Unmenschlichkeit darunter verschwindet, immer mehr und immer weiter, je tiefer Jesu Worte uns erreichen.

Die blutflüssige Frau: Das Vertrauen[1]

[25] Und eine Frau – die hatte Blutfluß (schon) zwölf Jahre; [26] viel hatte sie gelitten von vielen Ärzten, und aufgebraucht hatte sie ihren ganzen Besitz, doch nichts hatte es ihr genützt, sondern eher noch schlimmer war es mit ihr gekommen. [27] Wie sie von Jesus hörte, kam sie in der Volksmenge und berührte von hinten sein Gewand. [28] Denn sie hatte sich gesagt: wenn ich auch nur seine Gewänder berühre, werde ich gerettet sein. [29] Und gleich ward getrocknet der Quell ihres Blutes, und sie spürte es körperlich, daß sie von der Geißel geheilt war. [30] Und gleich spürt Jesus innerlich, daß aus ihm die Kraft herausgegangen ist; er wandte sich in der Volksmenge um und sagte: Wer hat meine Gewänder berührt? [31] Da sagten ihm die Jünger: Du siehst, wie die Volksmenge dich umdrängt, und da sagst du: Wer hat mich berührt? [32] Doch er blickte um sich her, um die zu sehen, die das getan hatte. [33] Die Frau aber, erschrocken, zitternd, da sie wußte, was ihr geschehen, kam und fiel vor ihm nieder und sagte ihm die ganze Wahrheit. [34] Er aber sagte ihr: Tochter, dein Vertrauen hat dich gerettet. Geh hin in Frieden und sei gesund, ohne deine Geißel. (Mk 5,25–34)

Wie zur eigenen Rechtfertigung hat R. M. RILKE einmal einem seiner Gedichtzyklen ein «Titelblatt» vorangestellt, auf dem er erklärt, warum die folgenden neun Blätter nur Bilder der Not malen und den Stimmen des Elends eine Sprache geben wollen: den Bettlern, Trinkern, Witwen, Blinden, Aussätzigen, Zwergen – die ganze Litanei eines wie nur am Rande noch geduldeten mimosenhaften Lebens, das irgendwo nach Hilfe sucht und doch nie weiß, wo es sie finden kann. In dieser «Erklärung» spricht RILKE von dem Zwang, der auf den Armen lastet, sich zu offenbaren; er schreibt:

> «Die Reichen und Glücklichen haben gut schweigen,
> niemand will wissen was sie sind.
> Aber die Dürftigen müssen sich zeigen,
> müssen sagen: ich bin blind
> oder: ich bin im Begriff es zu werden
> oder: es geht mir nicht gut auf Erden
> oder: ich habe ein krankes Kind
> oder: da bin ich zusammengefügt...
> Und vielleicht, daß das gar nicht genügt.
> Und weil alle sonst, wie an Dingen,
> an ihnen vorbeigehn, müssen sie singen.
> Und da hört man noch guten Gesang.
> Freilich die Menschen sind seltsam; sie hören
> lieber Kastraten in Knabenchören.
> Aber Gott selber kommt und bleibt lang
> wenn ihn diese Beschnittenen stören.»[2]

Es geht durch diese Welt der unhörbare, lautlose Gesang der Armut, gefügt aus den ängstlich und schamvoll verborgenen Gebärden der Bitte, aus den vorsichtig verkleideten und versteckten Äußerungen der Not und den verstohlenen Blicken auf das unerreichbar erscheinende Glück der anderen. Gerade die Menschen, denen es am ärmsten geht, schämen sich oft am meisten, weil jedes Bittgesuch um Hilfe wie eine Schande, wie ein Sich-bloß-Stellen, wie ein schamloser Offenbarungseid empfunden wird. Sie finden immer, daß sie sich verstecken und verstellen müssen, und deshalb sagen sie, was sie litten, sei nicht so schlimm; immer fürchten sie, mit ihrem kranken Sein die anderen nur zu belasten. Wie gerne suchten sie nach einem Ort, an dem sie sich mitteilen dürften, doch sie wagen es fast nie, und um so mehr sind sie schließlich *gezwungen,* sich den anderen als krank zu offenbaren, sie um Rücksicht zu bitten und ihnen den eigenen beschämenden Zustand zu erklären. Solange es geht, werden sie mit aller Kraft versuchen, nach außen den guten Eindruck, diese mit allem Fleiß erstellte Schutzwand der Schamhaftigkeit, aufrechtzuerhalten und den anderen gewissermaßen die Ansteckungsgefahr des eigenen Ichs zu ersparen – was wäre, wenn sie wüßten! Schon die bloße Bitte um Hilfe scheint daher immer wieder die Kunst der Verstellung zu benötigen.

So ähnlich wird man sich die Frau vorstellen müssen, die in der Erzählung des Markus-Evangeliums zu Jesus kommt, scheu und verschämt, nach zwölf Jahren einer Krankheit, die sie von allen anderen als kultisch unrein absondert und trennt. Das Leid an diesem Widerspruch ist furchtbar: einerseits einem jeden in Worten oder im Verhalten sagen zu müssen: «Komm mir nicht zu nahe, rühr mich nicht an, laß dich von mir nicht infizieren!», und somit vor der Nähe der anderen gewissermaßen schon aus Rücksicht immer wieder ausweichen zu müssen, und auf der anderen Seite das unaufhörliche Verlangen, einfach dazuzugehören und so zu sein wie die anderen. Und dann die endlose Kette von Hoffnungen und Enttäuschungen: vielleicht wird dieser Arzt es schaffen, nicht heute, aber beim nächsten Mal, in Wochen oder wenigstens in Monaten; vielleicht gibt es auch einen noch besseren Arzt, der zwar teurer, aber auch gebildeter und tüchtiger ist

– als wenn das ganze Dasein überhaupt erst wieder menschenwürdig werden könnte, wenn es diese Krankheit, diesen skandalösen Makel, nicht mehr gäbe. Die Frau, sagt Markus lakonisch, hat «alles darangesetzt», gesund zu werden. Sie hat sich niemals abgefunden. Eher daß sie gänzlich resigniert hat. Denn nichts ist besser geworden, eher alles schlechter.

Und wie sollte es auch? Für gewöhnlich sind derartige Krankheiten kein rein körperliches Geschehen, sie sind vielmehr der Ausdruck einer seelischen Haltung, ja, oft unmittelbar davon verursacht. Und *dieses* Krankheitsbild drückt offensichtlich besonders deutlich aus, was die Frau innerlich empfindet. Psychosomatisch betrachtet handelt es sich bei ihrer Erkrankung wohl um eine Art Dysmenorrhöe, bedingt durch eine stark depressive Einstellung allen Dingen der Sexualität und der Liebe, ja der Rolle als Frau überhaupt gegenüber. Alles, was «damit» zu tun hat, wird sie nur als schmutzig oder als Schuld, auf jeden Fall aber als Schädigung und Beschämung erlebt haben, wirklich als ein «Verbluten», so als bedeutete Frausein soviel wie auszufließen und sich zu verströmen, sich zu verausgaben und ständig an Substanz opfern zu müssen, ohne jemals etwas dafür wiederzubekommen. Es muß das Grundgefühl, die Grundeinstellung dieser blutflüssigen Frau gewesen sein, das Leben als einen immer weiter und unaufhaltsam fortschreitenden Verlust zu empfinden, als ein Sichverschleißen ohne den geringsten Sinn und Nutzen. Ihre Krankheit wird dementsprechend genau das ausgedrückt haben, was sie von seiten der Ärzte erleben mußte: daß sie zu geben und zu geben hatte, bis daß alle anderen an ihr immer reicher wurden, sie aber immer ärmer, immer leerer, immer einsamer.

Dieser Teufelskreis war von ihr selber nicht zu beenden. Sie mußte immer mehr opfern, weil sie nur auf diese Weise hoffen konnte, einmal gesund zu werden; aber sie konnte so niemals gesund werden, denn ihre ganze Krankheit bestand ja eben darin, daß sie meinte, alles, ihr ganzes Inneres, an andere verströmen zu müssen. Und zusätzlich noch diese Verschämtheit und Scheu, irgendetwas anzunehmen oder selber aktiv zu erbitten, ja, womöglich zu fordern! Derartige Widersprüchlichkeiten gehörten zwar mit zu ihrem Krankheitsbild, werden aber von der Krankheit selbst her auch wieder verstärkt worden sein; denn obwohl diese Frau sich gewiß immer schon schwertat, im Leben sich etwas «herauszunehmen», wird sie es nun in diesem Zustand, der sie unrein machte, bestimmt für völlig ausgeschlossen gehalten haben, irgendetwas sich schenken zu lassen, jedenfalls nicht umsonst, jedenfalls nicht als Almosen. *Passiv* freilich wird sie gerade darauf mit besonderer Sehnsucht gewartet haben, daß jemand in ihr Leben träte, dem sie sich vorbehaltlos anvertrauen und hingeben könnte, ohne neuerlich Angst haben zu müssen; daß ihr einmal etwas gegeben würde *ohne* diese totalen Vorausleistungen ihrerseits; und daß sie jemanden berühren dürfte, der die Unreinheit von ihrem Körper und aus ihrem Dasein nähme. Es ist eine ganz und gar banale Weisheit: Das einzige Mittel, das Menschen zu heilen vermag, ist die Liebe – ein Verhältnis, vollkommen unabhängig und losgelöst von den Fragen nach Würdigkeit und Unwürdigkeit, nach Leistung und Verdienst, unabhängig sogar auch von der Frage nach Rein und Unrein, nur einfach eine Hand, die man ausstrecken darf, ohne zurückgewiesen zu werden, nur einfach eine Berührung, die nichts in Beschlag nimmt und nichts für sich beansprucht und die dennoch im Inneren zwei Menschen miteinander verbindet, als wenn ein Stromkreis sich schlösse, durch den die Energie der Heilung strömt; aber auch umgekehrt: da in dem anderen, in Jesus, etwas entsteht wie ein Gegenstrom, der das füllt, was diese Frau in sich so sehr als Leere fühlt, eine Kraft, die von ihm ausfließt und den «Ausfluß» der Frau versiegen läßt.

Aus dem Leben eines Menschen braucht man oft nur eine einzige Szene zu kennen, und schon kennt man diesen Menschen ganz. Im Grunde besteht unser Leben nur aus einigen wenigen Weichenstellungen, der Zwischenraum ist ausgefüllt durch die gebahnten Geleise der Routine und Gewohnheit; doch diese wenigen Entscheidungsaugenblicke gestalten unser Leben, in ihnen sind wir selber ganz. Solch ein Augenblick einer wesentlichen

Entscheidung scheint diese an sich flüchtige Begegnung der Frau mit Jesus gewesen zu sein. Wir kennen von ihr weder den Namen noch ihre Geschichte, und doch dürfen wir annehmen, daß sie sich so wie hier wohl stets verhalten haben wird: ängstlich, scheu, unfähig, von sich her Jesus auch nur anzusprechen, äußerst bedrückt unter den vielen Leuten, und dennoch von dem Wunsch getrieben, ihn wenigstens von hinten zu berühren, d. h. nicht ihn, den Saum seines Gewandes – ein Zipfelchen von ihm, es würde alles sein. Und so wagt sie wie verstohlen diese Kontaktaufnahme, die wie ein Zufall aussieht und die man äußerlich gar nicht von einer absichtslosen Berührung unterscheiden kann; und doch liegt in dieser einen Bewegung die Hoffnung, das Vertrauen und die Zuwendung eines gesamten Lebens. Nur deshalb kommt dieser Kraftstrom zwischen ihr und Jesus zustande, daß in den Glauben, der die Hände dieser Frau bewegt, und in das Zutrauen, das ihre Finger die Berührung wagen läßt, die Kraft der Liebe dringt, die heilt.

Es ist das erste Mal, daß diese Frau sich nicht mehr wie verletzt fühlt, eine Frau zu sein. Um so wichtiger ist es, daß ihr Tun nicht einfach wie etwas Verstohlen-Gestohlenes stehenbleibt. Schon vor 150 Jahren sah S. KIERKEGAARD an dieser Stelle richtig: «Was Christi Verhalten betrifft, so muß man es vielleicht... auf eine etwas andere Art auffassen, als es gewöhnlich geschieht. Er will diese heimliche Verbindung mit sich nicht zulassen. Deshalb zieht er das Weib ans Licht. Dies ist dann als etwas Richtendes zu verstehen. Aber vielleicht geschieht es gerade aus Mitleid, göttlichem Mitleid, um ihr zu zeigen, er habe keine Angst davor, daß ein blutflüssiges Weib ihn anrühre und unrein mache. Ein bloßer Mensch an Christi statt wäre, selbst wenn er das Wunder tun könnte und es getan hätte, mit dem Weibe darauf bedacht gewesen, daß sie verborgen bliebe; es wäre zu viel, von ihm zu verlangen, daß er sich obendrein dem Urteil der Leute aussetzen solle.»[3] In der Tat hat Jesus den Mut, die verzweifelte Kühnheit dieser Frau vor aller Leute Augen aufzudecken. Er selber schämt sich ihrer nicht, und er will auch nicht, daß sie sich weiter ihrer

Krankheit schäme. Es soll nicht länger der mutigste Schritt ihres Lebens zur Heilung den Ausdruck eines hinterhältigen Diebstahls behalten. «Was du getan hast», scheint Jesus ihr sagen zu wollen, «war nicht Schuld; es ist ein Zeichen deines Zutrauens, daß du, ohne zu fragen und um Erlaubnis zu bitten, getan und in Anspruch genommen hast, was du zum Leben brauchst. Denn gerade das möchte Gott, und das versteht er unter ‹Glauben›: die Angst und die Scheu zu überwinden, die bis zur Krankheit das Leben verunstalten und zerstören kann, und als gewiß zu setzen, daß Gott unser Leben will, selbst wenn der Wortlaut des Gesetzes diesem Willen oft zu widersprechen scheint. – Geh also hin, dein Glaube hat dich geheilt.»

Die Tochter des Jaïrus[1]

[21] Und als Jesus – im Boot – wieder zur Jenseite hinübergefahren war, versammelte sich viel Volk zu ihm, und er war (gerade) am «Meer». [22] Da kommt einer der Synagogenvorsteher, mit Namen Jaïrus, und als er ihn sieht, fällt er ihm zu Füßen [23] und bittet ihn inständig, sprechend: Mein Töchterlein ist am Ende! Komm doch, leg ihr die Hände auf, damit sie gerettet wird und am Leben bleibt. [24] Da ist er mit ihm fortgegangen. Und es folgte ihm viel Volk, und sie umdrängten ihn.
[35] Während er noch redet, kommen sie vom Synagogenvorsteher und sagen: Deine Tochter ist gestorben. Was behelligst du noch den Meister? [36] Jesus aber, der das Gespräch mitangehört hatte, das da geführt wurde, sagt dem Synagogenvorsteher: Fürchte dich nicht. Hab nur Vertrauen! [37] Und er ließ niemanden als Begleiter mit sich kommen, außer Petrus, Jakobus und Johannes, den Bruder des Jakobus. [38] So kommen sie zum Haus des Synagogenvorstehers. Da vernimmt er Lärm und wie sie weinen und heftig wehklagen, [39] und er geht hinein und sagt ihnen: Was lärmt und weint ihr? Das Kind ist nicht gestorben, es schläft nur. [40] Da verlachten sie ihn. Er aber warf sie alle hinaus, nimmt den Vater des Kindes und die Mutter und seine Begleiter und geht hinein, wo das Kind war. [41] Und er faßt die Hand des Kindes und sagt ihr: Talitha kum, das heißt übersetzt: Mädchen, ich sage dir: steh auf! [42] Und gleich stand das Mädchen auf und ging umher; es war nämlich (schon) zwölf Jahre alt. Und gleich gerieten sie außer sich, ein großes Außersichsein. [43] Und er gebot ihnen streng, niemand dürfe das erfahren, und er sagte, man solle ihr zu essen geben. (Mk 5,21–24.35–43)

Kann es sein, daß ein Menschenleben zu Ende ist, kaum daß es begonnen hat? Die Erzählung von der Tochter des Jaïrus berichtet von dieser Möglichkeit, aber auch von dem Weg, sie zu überwinden.

Es ist schlimm, daß der Tod die Macht hat, sehr früh schon, scheinbar willkürlich und wann es ihm beliebt, das Leben von Menschen, die uns nahestehen, hinwegzuraffen, und die Traurigkeit und der Schmerz, die das Kommen des Todes begleiten, sind schrecklich. Schlimmer aber ist es, daß die Angst vor dem Tod ein Menschenleben zu ersticken vermag, noch ehe es überhaupt die Möglichkeit besitzt, frei und selbständig zu einem eigenen Dasein aufzublühen, und nicht selten ist es die vermeintliche Fürsorge der eigenen Eltern, die das bewirkt. Es ist möglich, aus Angst und Sorge einen solchen Glassturz von Behütung und Obhut über ein Kind zu stülpen, daß es darunter erstickt, und gerade das scheint zwischen dem Synagogenvorsteher Jaïrus und seiner Tochter geschehen zu sein. Das sogenannte «Mädchen» ist zwölf Jahre alt, wie man am Ende der Geschichte erfährt; es ist also gerade in dem Alter, in dem man in Israel zu einer erwachsenen, heiratsfähigen Frau wurde. In eben diesem Moment geschieht es, daß des Jaïrus «Töchterlein», wie wir es immer wieder angeredet hören, nicht mehr zu leben weiß, sondern in seiner Kammer liegt wie tot. – Der Eindruck ist unvermeidbar, daß beides miteinander zusammenhängt: die Verzärtelung und Verkleinerung ihrer Person *und* ihre tödliche Erkrankung bei Eintritt in das Erwachsenenalter. Was wird aus einem Menschen, wenn von ihm stets nur die Rede ist als von der «Tochter» (oder dem «Sohn») des Vaters? Es ist erdrückend, wenn sich das Leben eines Menschen nur definieren soll als Schattenbild und Nachgestalt dessen, was Erziehung, Umgebung und der Einfluß der prägenden Vorschriften und Vorstellungen der Eltern aus seinem Leben haben machen wollen.

Vermutlich war das Dasein der Tochter eines Synagogenvorstehers so ähnlich beschaffen wie das Leben der Kinder eines Dorfschullehrers oder eines protestantischen Pfarrers noch vor ein paar Jahrzehnten: Sie hatten der Stolz, das Aushängeschild, das Muster elterlicher Erziehungskunst zu sein. Andere Kinder mochten draußen tollen und spielen oder allerlei Unfug treiben, eines «Synagogenvorstehers» Tochter aber mußte auf sich halten, denn: Man sieht auf sie. Wenn sie sich blamiert, blamiert sie damit ihren Vater. Eine ganze Weile lang, über Jahre hin, mag dieses Erziehungskonzept scheinbar ohne Schaden funktionieren; ja, es mag schließlich in der Tat zum Stolz der Tochter werden, zum Stolz ihres Vaters zu gereichen. Erst an der Grenze zum Erwachsenwerden muß dieses Arrangement sich unfehlbar erweisen als das, was es ist: als eine unabsehbare Kette von Angst und Schuldgefühlen. Auf der einen Seite wird eines Jaïrus «Töchterlein» nie gelernt haben, für sich selbst Entscheidungen zu treffen – die Wahrscheinlichkeit, etwas falsch zu machen, ist zu groß, die Abhängigkeit, ja sogar die Verpflichtung, sich von dem so treusorgenden Vater beschützen zu lassen, noch übermächtig; auf der anderen Seite aber wird es, wie jedes Kind in seinem Alter, den Drang verspürt haben, ein eigenes Leben zu entfalten. Auch in ihm wird sich die Sehnsucht nach Liebe, die träumende Erwartung jugendlicher Phantasie, der Wille zu Protest und Auflehnung gegen ein Zuviel an Gängelung und Bevormundung zu Wort gemeldet haben. Gefühle dieser Art lassen sich nicht zurückdrängen, doch eben deshalb erzeugen sie eine ständige Furcht vor Vorwurf und Strafe.

Auf diese Weise kann ein Leben, das nur im Dämmerlicht einer solchen «verantwortlichen» Fürsorge der Eltern aufwächst, sich zu einer tödlichen Erkrankung auswachsen, und tragischerweise ist es offensichtlich für Vater Jaïrus unbegreifbar, wie sehr er selber womöglich die eigentliche Ursache für den lebensgefährlichen Zustand seiner Tochter darstellt. Von daher *muß* es wohl geschehen, daß des Jaïrus «Töchterlein» zunächst *sterben* muß, um zum Leben zu kommen, und auch Jesus bleibt nichts anderes übrig, als Vater Jaïrus auf dem Weg nach Hause diese Grenze eines äußersten Verlustes gerade unter den Augen und unter den Händen Gottes in aller Härte zuzumuten: Nur wenn sie ihrem Vater stirbt, wird des Jaïrus' Tochter leben.

Gerade an dieser Stelle jedoch erfährt man von der Haltung und dem Leben des Jaïrus etwas außerordentlich Trauriges, letztlich Verzweifeltes. Sabbat um Sabbat wird dieser Synagogenvorsteher den Namen Gottes im Munde geführt haben; nun aber, wo die Leute ihm sagen: «Deine Tochter ist tot», hört man, daß alle seine Hausgenossen in Wahrheit an Gott gar nicht glauben, sondern ihnen einzig die Allmacht des Todes als etwas Letztes und Endgültiges vorkommt. Allein der Tod besitzt für sie Realität. Es ist der Punkt, an dem ganz deutlich wird, mit welcher Angst latent Jaïrus für das Leben seiner Tochter sich «gesorgt» hat, als wäre es die Pflicht eines Vaters, sein Kind mit aller Macht gegen den Tod zu beschirmen. In Wahrheit verformt sich bei dieser Einstellung die gesamte Beziehung zwischen Vater und Tochter ins Tödliche.

Verstehen wir «Liebe» als einen Versuch, einander das irdische Leben zu sichern und womöglich mit absoluter Energie gegen die scheinbar unbesiegbare Macht des Todes anzukämpfen, so mißrät unser Miteinanderleben unausweichlich zu einer terroristischen Todespraxis aus Fürsorge, Zwang, Dirigismus und erstickender Einengung. Diese Erkenntnis ist ganz entscheidend: Es ist nicht möglich, daß die Liebe atmen kann, wenn es nur das irdische Leben gibt; denn die Liebe lebt von der Freiheit, von der Eröffnung eines unendlichen Horizonts, von dem Wissen um die Unableitbarkeit, die Ewigkeit, die unendliche Größe des anderen, den man liebt. Die Liebe ist die stärkste Versicherung, daß es ein *ewiges* Leben gibt, und die Geschichte von der Tochter des Jaïrus zeigt dies zunächst am allermeisten: daß zur Menschlichkeit der

Liebe, zum Wagnis der Freiheit, zur Fähigkeit, den anderen im Lichte Gottes wachsen zu lassen, das Vertrauen in die Unsterblichkeit, in die Ewigkeit des Lebens unbedingt gehört. Jesus hebt diesen Zusammenhang besonders hervor, und er stellt es aufs Wort einander so gegenüber: «Das Mädchen», sagt er, «ist nicht tot, es schläft nur.» Unter den Augen Gottes gibt es keinen Tod, es gibt, betrachtet mit den Augen Gottes, nur einen Übergang aus dieser Welt der Zeit und der Vergänglichkeit hinüber in die Ewigkeit.

Aber: «Da lachen sie ihn aus.» – Auf keiner Bibelseite findet man ein so zynisches und grauenhaftes Gelächter der selbstgewissen Verzweiflung wie hier. Nur: leben wir im Durchschnitt nicht alle so? Welche Interessen zählen für uns wirklich? Wir geben uns ganz sicher, daß man unbedingt zum Leben wissen muß, wie man ein Auto richtig parkt, wie man die Steuererklärung am Jahresende ausfüllt, wie man sein Geld abholt, welche Nahrung man braucht, um die ärztlich verordnete Diät einzuhalten, welche Medikamente man nehmen muß, um das Alter zu erleichtern, und wie man ein Testament aufsetzt. Das alles muß man unbedingt wissen und noch ein paar kleine Tricks zusätzlich. Doch ob es Gott gibt, das muß man schon nicht mehr so unbedingt wissen, ja, eigentlich kann man es auch gar nicht wirklich wissen, und es ist daher geradezu unvornehm geworden zu sagen, das ganze Leben hinge davon ab, eben dies zu wissen, ob es Gott gebe oder nicht. Inmitten unseres Kulturbetriebes erschiene es als etwas Peinliches, wenn jemand sagte, die einzig wichtige Frage in unserem Leben bestehe darin, wie wir zu Gott stünden. Fragen dieser Art gelten allzumal als etwas Relatives; die bürgerliche Existenz hingegen scheint selbstgewiß und in sich selbst beruhigt. Muß man es eigens betonen, daß dieser Anschein trügt? In Wirklichkeit erkauft sich die bürgerliche Existenz ihre Selbstberuhigung durch den zynischen Spott gegenüber jeder Hoffnung, durch das Totschreiben des Lebens mitten im Leben, durch die Verwandlung dieser Welt in einen allseits geschlossenen Sarkophag.

Was also soll Jesus anderes tun, als diese ganze «Trauergesellschaft» – «hinauszuschicken» bzw. «hinauszutreiben» ist zu schön übersetzt – wörtlich steht im Griechischen: «er wirft sie hinaus»; es ist das Ende aller Verständigung; es ist eine endgültige, klare Zäsur. Einzig die Eltern nimmt Jesus mit und drei seiner Jünger, so als schlösse er selbst sich, gesammelt in der Einheit seiner Person, gegen die tödliche Krankheit zusammen.[2] Und da begibt sich das Wunder: Während sonst die Hände von Menschen auf dem Haupt eines anderen liegen können, schwer und lastend wie Zwang und wie Druck, berühren die Hände Jesu die Hand dieses Mädchens, das jetzt eine Frau ist, so, daß es sich «aufrichtet». Eine wunderbare Mischung liegt in dieser Anrede Jesu: «Mädchen, ich sage dir: steh' auf!» «Mädchen», das heißt: «Ich verstehe all deine Angst, mit der man dich überhäuft hat; ich verstehe all deine Furcht, dich auf die eigenen Beine zu stellen; ich begreife sehr wohl, wieviel man dich an Abhängigkeit, an Fügsamkeit, an falschem Gehorsam und Sicherheitsstreben gelehrt hat.» Und doch fügt er hinzu: «Steh auf» – was soviel heißt wie: «Unternimm den Weg, den du selber gehen kannst; steh auf und bestimme selber die Richtung deines Lebens.» Und wirklich: Dieses «Mädchen» geht, buchstäblich und selbständig. Scheinbar nur geht es in diesem Moment räumlich auf und ab; in Wahrheit unternimmt es die ersten Schritte in ein eigenes Leben.

Dann aber gilt es zu verhindern, daß aus diesem wunderbaren Erwachen eines Menschen zu seiner Freiheit ein Gerede für die Menschen wird. Wunder wie diese bestehen gerade darin, daß ein Mensch unabhängig wird von der Meinung der Leute. Ausdrücklich muß Jesus es deshalb verbieten, aus der Heilung dieser jungen Frau ein Schaustück für die Öffentlichkeit zu machen. Die wahren Wunder Gottes ereignen sich *im Herzen* der Menschen, und dort müssen sie bleiben. Nur in diesem quasi privaten Raum des Wunders ist es möglich, die Unendlichkeit des Göttlichen zu ahnen und eben darin dieses kleine Leben liebzugewinnen, bis daß es die Gegensätze nicht mehr gibt, die sonst das Diesseits und das Jenseits voneinander trennen. Belehrt zur eigenen Freiheit, vermag diese Frau, die fortan aufhört, des Jaïrus «Töchterlein» zu sein, wieder Nahrung zu sich zu nehmen. Auch und gerade dieses irdische Leben ist nicht etwas Verächtliches; es ist in seinen wenigen Jahrzehnten ein unendlich kostbares und ewiges Gut aus den Händen Gottes, berufen zur Liebe, berufen zur Freiheit, berufen zum Glück.[3]

Die syrophönizische Frau

[24] Von dort brach er auf und ging fort in das Gebiet von Tyrus. Und als er in ein Haus gegangen war, wollte er es niemanden erfahren lassen, doch er konnte nicht verborgen bleiben, [25] nein, gleich hörte eine Frau von ihm, deren Töchterlein hatte einen unreinen Geist. Sie kam und fiel ihm zu Füßen. [26] Die Frau aber war eine Griechin, eine gebürtige Syrophönizierin, und doch fragte sie ihn, daß er den Abergeist austreibe aus ihrer Tochter. [27] Doch er sagte ihr: Laß als erstes die Kinder satt werden! Es ist ja nicht recht, das Brot der Kinder wegzunehmen und den Hündlein vorzuwerfen. [28] Sie aber antwortete und sagte ihm: (Ja), Herr, doch auch die Hündlein unter dem Tisch essen von den Bröckchen der Kinder. [29] Da hat er ihr gesagt: Wegen dieses Wortes geh hin, ausgefahren aus deiner Tochter ist (hiermit) der Abergeist. [30] Und wie sie wegging, zurück nach Hause, fand sie das Kind hingestreckt auf das Lager, und den Abergeist ausgefahren. (Mk 7,24–30)

a) Die Fürbitte

Von EXUPÉRY stammt der großartige und stolze Satz: «Nichts, was einem selbst geschieht, ist unerträglich.»[1] Für sich selbst kann man einstehen; was einem selbst im Leben an Leid zugemutet wird, kann man ertragen – es geht ja nur uns selber an. Ein solches Leid mag uns zu Boden drücken, aber es hängt davon nichts ab. «Nichts, was einem selbst geschieht, ist unerträglich.» Schier ausweglos aber kann das Leiden sein, in das man Menschen fallen sieht, die einem nahestehen, für die man selbst verantwortlich ist und denen man doch nicht helfen kann. Mitansehen zu müssen, wie Menschen, die man liebt, sich ins Unglück stürzen oder in den Abgrund gestoßen werden – das ist unerträglich; eine größere Tortur gibt es nicht. Solange wir nur in den Wänden unseres eigenen Hauses Ordnung zu schaffen haben, mag uns vieles belasten, vieles mag sich überhaupt nicht ausräumen lassen, aber man hat es nur mit sich selbst zu tun, und also kann man dafür geradestehen und irgendwie auch damit fertig werden. Aber eine wirkliche Zerreißprobe bis zum Äußersten ist das Leid, das andere betrifft und dem wir, ohne irgendetwas tun zu können, gegenüberstehen. Dieser entsetzliche Eindruck der Unabwendbarkeit, diese ständige Sorge, die Kräfte des anderen möchten nicht ausreichen, diese fortwährende Unruhe und Spannung einer ohnmächtigen Anteilnahme in dem passiven Warten auf eine Katastrophe, die sich gerade noch ein bißchen verspätet – all das ist wirklich unerträglich. Es ist die Not einer Mutter, deren Tochter sich in einen haltlosen Trinker verliebt hat; es ist die Not eines Vaters um das Schicksal seines Jungen, der aus der

Fürsorge entlassen wurde und sich gleich in den ersten Tagen einer Clique von Verwahrlosten angeschlossen hat; es ist die Not eines Kindes, dessen Hund nicht mehr fressen will.

In all diesen Fällen steht die Frau in dieser Wundererzählung des Markus-Evangeliums stellvertretend für alle, die die Sorge um fremde Not bedrückt und quält, die allein das Unglück eines Menschen begleiten, der ihnen anvertraut ist, und die dennoch ganz und gar nichts tun können, um es zu beseitigen. Auf tragische Weise verkörpert diese Frau all das Leid, das aus der Sorge um ein fremdes Leben, das vernichtet wird, entsteht.[2]

In lakonischer Kürze nennt Markus den Grund für die Not dieser Frau: die dämonische Besessenheit ihrer Tochter. «Dämonisch» – das ist eine für uns fast unverständliche, sperrige Diagnose; und doch ist die Richtung dieses Wortes völlig klar[3].

Das Unglück eines Menschen, der uns nahesteht, kann darin bestehen, daß er vom Leid heimgesucht wird wie von einem Unfall, äußerlich und zufällig. So leidet eine Mutter für ihr Kind, das im Alter von acht Jahren von einem Auto angefahren wurde und das wohl immer etwas von dem schweren Aufprall auf das Pflaster behalten wird. Ein solches Leid ist schwer, aber es ergibt sich nicht selbst aus der Beziehung zwischen Mutter und Kind. – Es gibt das Leid darüber, daß jemand, der uns zur Pflege anvertraut ist, in ein Spinnennetz von schädigenden Einflüssen und Abhängigkeiten aller Art hineingezogen wird; auch das ist schlimm; aber es bleibt uns doch wenigstens die Zuversicht, daß der andere im Grunde gut ist, ja, daß er wider besseren Augenschein sozusagen selbst nichts für sein Unheil kann. – Jedoch was diese Frau im Markus-Evangelium hier mitmacht, ist ein Leiden ohne Grenzen, ein Leiden wirklich an der Eingangstür zur Hölle, und sicherlich sind es heute genau wie damals viele, die so leiden.

Man denke an die zahllosen Mütter, an die Väter, an die Lehrer, an die Fürsorger, die bei den ihnen Anvertrauten oft, manchmal immer wieder, vor diesem sonderbaren, quälenden und furchtbaren Problem stehen, daß der Junge, das Mädchen, unsere Tochter, unser Sohn, unser Freund, unser eigener Bruder, nicht nur unglücklich ist oder gemacht wurde, sondern sich allem Augenschein nach wie völlig verblendet selber in sein Unglück stürzt.[4] Alle guten Ratschläge haben nichts genutzt. Immer wieder hat man alles versucht, ihn zu verstehen, und man ist am Ende doch nur dahin gelangt, zu verstehen, wie ausweglos in Wahrheit alles ist: das ganze unheimliche Räderwerk der Selbstzerstörung des anderen, sein Hochmut, seine absolute Ungeduld, seine Verachtung für alles, ganz besonders aber für die eigene Person, die Maßlosigkeit seiner Ansprüche – ja, man beginnt mit einem Mal zu ahnen, warum die Bibel den Teufel einen abgefallenen Geist nennt, einen Intellekt, der sich berauscht hat an der Faszination des Nichts, der nur negiert, um zu negieren, und der in dieser sich selbst verzehrenden Form der Selbstbehauptung seine einzige Existenzgrundlage erblickt, seine Freiheit, sein Recht auf Unvertauschbarkeit, auf Einmaligkeit – der reine Widerspruch in und zu allem, gleichzeitig aber von einem solchen Stolz getragen, daß er alles sein und haben möchte, nur um nicht zu merken, welch ein ganz jämmerlicher, ganz durchschnittlicher Versager er ist oder vielleicht sein würde[5] –; es ist möglich, das alles sehr genau zu verstehen, und dennoch macht dieses Verstehen alles noch viel schwerer. Denn die Psychologie ist ein Stock mit zwei Enden[6], und oft beweist sie nur die Hoffnungslosigkeit, daß alles so hat kommen müssen und anders gar nicht sein kann. Jedoch vor einem solchen Abgrund zu stehen bei einem Menschen, der unabtrennbar zu einem gehört – und ihn in die eigene Hölle sich sozusagen mit Gewalt selber hineinbohren zu sehen und dabei nicht das Geringste zu seiner Hilfe tun zu können, ganz so, wie wenn man sein eigenes Kind an einer Steilwand über dem Abgrund spielen sieht, es aber so unerreichbar weit entfernt ist, daß man es nicht einmal anrufen kann – ein solches Leiden ist zuviel. Eine schlimmere Belastung gibt es nicht. Das eigene Kind «dämonisch besessen», das heißt nicht nur krank, unglücklich oder unfähig zum Guten, sondern wie mit Absicht verletzend, boshaft, nur verneinend, den eigenen Untergang betreibend! Und man weiß ganz genau, wieviel Angst, wieviel Zerrissenheit, wieviel Qual hinter der Fassade der oft zynisch zur Schau getragenen freiheitlichen Unabhängigkeit dieses Zwangs zur Verneinung steckt! Man weiß ganz genau, daß dieser Mensch wirklich zu den «abgefallenen Geistern» gehört, die sozusagen mit zerbrochenen Knien auf die Erde gefallen sind und im Grunde mit all ihrem Bösen nur um Hilfe schreien – man kann sie ihnen aber nicht geben, man kommt niemals an den Punkt heran, an dem alles anfing[7], und alles ist wie ein Erdbeben aus 700 km Tiefe: Man kennt den Ursprungsort der Erschütterung genau, und doch weiß man zugleich, daß es gerade deshalb keine Hoffnung gibt. Und dennoch kann man nicht aufhören, diesen Menschen, das eigene Kind womöglich, zu lieben, denn es ist ja schon allein deshalb liebenswert, weil es sich so sehr quält in seinem Bösen und weil es Gegenstand so vieler Sorgen und Gebete war.[8]

Manchmal denke ich, daß schon ein solches Leid der Liebe zu einem scheinbar unrettbar Verlorenen wie ein sicherer Beweis dafür ist, daß es Gott gibt. Denn ohne für einen solchen Menschen beten zu können, vermag man in einer solchen Lage gar nicht auszuharren. Es ist gar keine Pflicht, nicht einmal ein Bedürfnis, es ist schon wie ein Zwang, der einen überkommt, für einen solchen Menschen zu beten, im geheimen und versteckt, aber immer wieder. Wir alle kennen diese Gebete ohne Hoffnung, die man spricht, ohne etwas zu erwarten, weil man sich nicht einmal mehr vorstellen kann, wie eine Rettung aussehen sollte; und man betet um nichts, und doch betet man um alles, und man erbittet keine Hilfe, und doch fleht man ganz inständig um eine Rettung, und obwohl man sich dabei selber höchst unglücklich fühlt, besitzt man irgendwie dennoch, indem man einfach weiter betet, jene völlig widersinnige Geduld, die einfach weitermacht, und jene paradoxe, grundlose Festigkeit, die ohne Stütze ist und doch uns selber hält und trägt.

Gerade so betet ja doch diese Frau im Markus-Evangelium für ihre Tochter, irgendwie aussichtslos, im Grunde sogar ungehörig, von den Jüngern schon als lästig abgewiesen (Mt 15,23) – ein völlig deplaziertes Beten, das ganz und gar aus jener Leidenschaft der Not geboren wird, die nicht aufhören kann, sich, wenn auch noch so hündisch bettelnd, an jede Hoffnung anzuklammern und ihr nachzulaufen.[9]

Ein solches Bitten ist ganz oft wie eine ungeliebte, indirekte Zärtlichkeit, die man dem anderen zu zeigen sich schon lange nicht mehr traut, wie ein Versuch zu helfen, wo es keine Hilfe gibt – und doch, vor Gott dürfen wir beten, gerade so. Wohl gibt es Religionen, die ein solches Gebet der Fürbitte ablehnen[10]; aber wie soll man denn einander lieben, ohne füreinander zu beten, und wie soll man den anderen vor allem in seinem Unglück lieben, wenn man ihm gar nicht helfen kann, nicht einmal durch die Liebe? Es gehört ja unbedingt zu dem Symptom dessen, was die Bibel «Dämonie» nennt, daß in diesem Gefühlszustand jede menschliche Nähe wie eine Versklavung, wie eine unerträgliche Einengung, wie eine grausame Despotie abgelehnt wird. Wie sollen wir Menschen einander lieben, ohne das Vertrauen, daß es über uns eine Liebe gäbe, die mit sich reden ließe?

Es mag tausend Gründe geben, die Menschen veranlassen, eines Tages in Frage zu stellen, ob es einen Gott gibt, der wie eine Person auf unser Beten hört[11]; aber man kann diese Zweifel nur haben, solange man schon gar keinen Menschen mehr wirklich liebt oder solange man nur die glücklichen, nur die strahlenden Menschen liebt – aber in einem solchen Falle liebt man eigentlich doch nur sich selber; solange man auch nur irgendjemanden liebt, der im Unglück ist, und zwar nach menschlichem Ermessen unrettbar, solange ist man geradezu gezwungen, dieses Gebet der Hunde an den Tischen ihrer Herren zu verrichten, solange steht es auch ganz unerschütterlich fest, daß es Gott gibt.[12] Nicht, daß man bei solchen Gebeten mit einer Erhörung rechnen würde; davon kann gerade keine Rede sein. Es handelt sich im Gegenteil um ein Beten, bei dem die Ablehnung ganz sicher scheint; und doch kann man dieses bettelnde Beten nicht aufgeben. «Hab Erbarmen mit mir. Meine Tochter wird von einem Dämon schrecklich gequält.» Es ist ein Beten, das nur um Erbarmen ruft, ein abgelehntes, unbeantwortetes, weggeschicktes Beten, und dennoch läuft es hinterher, fällt dem anderen zu Füßen und wird nicht müde zu rufen: «Herr, hilf mir.» Diese Frau möchte ja nichts für sich selber. «Nichts, was einem selbst geschieht, ist unerträglich.» Aber nicht auszuhalten ist dieses fremde Leid des eigenen Kindes, und deshalb muß es dieses geben: dieses private Sorgen, dieses so kleinlich wirkende Beten nur für die Beschwerden der Nächststehenden.

Gewiß, gemessen an dem, was für Jesus auf dem Spiele steht, ist das, was die Frau erbittet, scheinbar geringfügig und nichtig. Es ist nicht die Erlösung der Menschheit, um die es ihr geht, es ist buchstäblich nur ein «Abfall», ein kleiner Zufallsbrocken von dem großen Tisch der Rettung aller Menschen[13]; und doch nennt Jesus ihren Glauben groß[14]; und doch scheint er gerade diese Frau gut zu verstehen. Denn auch er selber kümmert sich zunächst nur um einen relativ kleinen, ganz konkreten, überschaubaren Raum, um dem Heil, das Gott will, eine Chance zu geben, und scheinbar ist es derselbe Grund, der Jesus zunächst von der Frau trennt, der ihn am Ende gerade mit ihr verbindet: diese Konzentration auf den Bereich, für den uns Gott verantwortlich bestellt hat[15], dieser Geiz, etwas von der nötigen Energie zu vergeuden, diese zähe Ausschließlichkeit der Fürsorge nur für das Anvertraute – wie sollte man Gott anders begegnen, wenn nicht so! Und gerade deshalb ereignet sich, woran so lange kein Gedanke war, daß Jesus dieser Unbekannten sagt: «Ja, Frau, es soll geschehen, was du willst.»

Das Wunder, das sich jetzt ereignet, ist so wunderbar dann nicht. Daß sich der Bann des Bösen auflösen kann ganz wie von selbst, spontan scheinbar, in einem Nu, auch das gehört wohl mit zu den Rätselhaftigkeiten eines solchen Seelenzustandes der «Dämonie»: er hat immer dieses Plötzliche und Anfallartige, dieses Hektische und Unberechenbare[16]; gerade das unrettbar Scheinende kann oft in einem Augenblick verschwinden und ist fortan wie weggeblasen. Oft genügt schon ein kleiner Anlaß, und die Drehbühne des Unglücks und der Entfremdung tritt in den Hintergrund[17], und es erscheint dafür die ganz andere Vorderseite des wahren Ich[18], an das zu glauben man eigentlich schon nicht mehr wagte, so unsichtbar, so wie verschwunden war es. Und es geschieht, worum man stets gebetet, woran man aber schon kaum noch geglaubt hat, was man hinwiederum aber auch niemals ganz zu hoffen aufgeben konnte: daß da noch Rettung sei, wo keine Hilfe ist, so daß man immer wieder beten mußte wie diese unbekannte Frau im Heidenland: «Herr, hab mit mir Erbarmen; denn meine Tochter wird von einem Dämon sehr gequält.» «Und von jener Stunde an war die Tochter geheilt.»

Es gibt Theologen, die im Sinne des Vaterunser nur die Bitte gelten lassen möchten: «Herr, dein Wille geschehe.»[19] Sie müssen hier umlernen. Denn zu dieser Frau sagt Jesus ausdrücklich: «Es geschehe dir, wie du willst.» Jene theologisch geforderte abstrakte Ergebenheit in den Willen Gottes ist oft nichts weiter als die Ausrede einer substanzlos gewordenen, faulen Religiosität, so daß H. Thielicke ganz zu Recht einmal gesagt hat: Du brauchst mir nur zu sagen, wie «erhaben» dein Gott für dich ist, dann werde ich dir sagen, wie gleichgültig er dir ist.[20] Es ist die ganze Chance, ja, die Notwendigkeit des Betens dieser namenlosen Frau aus Kanaan, daß Gott sich überreden läßt und Jesus zu ihr sagt: «Es geschehe dir *dein* Wille.»

b) Die heilende Distanz des Glaubens

Manche gibt es auch unter den Gläubigen, die sich ein Gebet, gesprochen im eignen Interesse, aus einer Haltung der Einsicht bzw. des Schamgefühls gewissermaßen verbieten.[1] Es paßt nicht mehr in ihr Weltbild, zu glauben, daß die Natur draußen sich nach ihren eigenen Wünschen richte, wenn man nur Gott inständig darum bitte, und jedenfalls halten sie sich selber nicht für würdig, Ausnahmen von dem großen Gang der Welt für sich zu reklamieren. Gerade diese Leute aber sind es meistens, die in *einem* Falle kaum müde werden zu beten: wenn irgendein Mensch, den sie herzlich lieben, in Not gerät. In diesem Fall wird man beten *müssen*. Denn es gibt Grenzen dessen, was wir füreinander tun können; es gibt Schranken gegenüber unserer noch so gut gemeinten Fürsorge; es gibt Formen der Not, in denen wir einander äußerlich nicht beistehen können. Und dennoch werden wir in der Liebe nicht aufhören, miteinander zu sein und miteinander zu gehen. Dann ist das Gebet die tiefste Weise, um einander zu versichern. Wir werden voneinander nicht lassen in Zeit und Ewigkeit[2]. Ein solches Gebet ist unbedingt wahr, richtig und gut. Denn es übt schon auf Erden ein, was endgültig im Himmel gelten wird: sich in die Ordnung Gottes zu fügen, bei dem die Liebe ewig ist und irdische Gesetze sie nicht hindern können.

Die Frau aus dem Gebiet von Tyrus und Sidon betet gezwungen und getrieben von Not – auch sie kann nicht anders; denn ihre Tochter ist «besessen» – ein Wort, das u. a. bedeutet, daß die Verständigung zwischen ihr und ihrer Tochter seit langem zusammengebrochen ist, daß das Verständnis füreinander längst aufgehört hat, und daß es nicht mehr möglich ist, hinter den Äußerungen der Gebärden und Worte die Seele des anderen noch wiederzuerkennen[3]; wie unter einer fremden Einflußmacht ist die Person des anderen der Wahrnehmung entzogen. *Das* ist es, was die Bibel mit dem schlimmen Wort *«Dämonie»* bezeichnet. Mit der Qual einer solchen Krankheit vor Augen, wendet diese Frau sich an Jesus, und unter dem Druck ihrer Not ist sie durch nichts zurückzuweisen. Angetrieben von der Fürsorge für ihre Tochter, läßt sie sich nicht, wie es die Jünger wollen, als lästig fortjagen. Jede Form von Demütigung nimmt sie in Kauf und entäußert sich dabei bis zu einer Art des Flehens, die man hündisch nennen müßte, sähe man darin nicht gerade die Größe ihrer Menschlichkeit.

So mächtig können die Bande der Liebe im Flehen füreinander sein. – Und doch, immer wenn man diese Wundererzählung liest, muß man sich fragen, wodurch eigentlich diese Heilung zustandekommt, wo doch Jesus nur mit dieser Frau, nicht aber mit ihrer Tochter spricht, die von diesem Dialog, gemischt aus Zurückweisung, Verzweiflung, Hoffnung und Erfüllung, schon rein räumlich weit entfernt ist.[4] Wie ist es möglich, daß diese Frau trotzdem in der Gewißheit nach Hause zurückkehrt, ihre Tochter geheilt anzutreffen?

Am nächsten liegt die Annahme, der Ursprung dieser Heilung sei wesentlich in der Frau selbst gelegen; man müßte dann aber zu dem Schluß gelangen, daß in psychologischem Sinne auch die Ursache für die Krankheit ihrer Tochter in dieser Frau selber ihren Grund habe, und tatsächlich sprechen eine Reihe von Indizien dafür, daß es sich wirklich so verhält.

So hört man etwa von dem Ehemann dieser Frau kein Wort[5], sei es, daß er bereits verstorben ist, sei es, daß er sich um seine Familie aus allen möglichen Gründen nicht wirklich kümmern kann. Jedenfalls ruht auf den Schultern dieser Frau offenbar alles, ihre ganze Not, ihre ganze Verantwortung – und: ihre ganze Zuversicht. Sollte es da so abwegig sein zu denken, daß gerade dieses besondere Verhältnis der Frau zu ihrer Tochter bei aller Fürsorge und Obhut den Grund auch für all die Verwirrungen, Schwierigkeiten und Ängste bildet, mit denen sie schließlich selber wie mit einem fremden Dämon nicht mehr umzugehen weiß? Leicht kann man sich eine solche Beziehung zwischen Mutter und Tochter vorstellen, in der eine Frau sich an ihr Kind als an ihr einziges, als an ihr «Ergänz-mich-Kind» mit all der Unbedingtheit ihrer Verantwortung und Fürsorge zu klammern sucht.[6] Dieses Kind ist ihre Zukunft, ihr Stolz, ihr Ehrgeiz, ihre Hoffnung, ihre Stütze und ihr Trost, aber auf der anderen Seite muß es gleichzeitig auch zum Gegenstand ihrer Unruhe, ihrer Angst, ihrer Not werden.

Die Mechanik, die hier wirksam wird, ist ebenso unvermeidlich wie unerbittlich.

Zum Beispiel: Das Kind möchte draußen auf der Straße spielen, aber das darf es nicht – es ist in den Augen der besorgten Mutter zu gefährlich, nach draußen zu gehen, ohne daß sie selber auf ihre Tochter aufpaßt. Gebietet eine solche Vorsicht nicht schon die Verantwortung, die man als Mutter hat? – Was lernt man nicht alles bei anderen Kindern? Was könnte dort nicht gesprochen werden über das eigene Elternhaus? Welche Verirrungen könnten sich daraus ergeben, dem Einfluß fremder Leute ausgesetzt zu sein? – Es gibt tausend Ängste. Besser ist es unter solchen Umständen allemal, das Kind bleibt in der Obhut seiner Mutter.

Oder: Das Kind will nicht essen, wie es sollte – vielleicht ist es krank, sehr krank? Was muß man tun, um ein krankes Kind *richtig* zu ernähren? Vielleicht fängt es sogar an, die Nahrung zu erbrechen? Was muß man tun, um ein Kind, das die Nahrung erbricht, vor Schaden zu bewahren? – Es ist durchaus möglich, daß gerade infolge einer solchen Überfürsorge, aus Angst, sich psychisch alles verwirrt.

Oder: Das Kind entwickelt sich vielleicht anders, als die Mutter es wünscht; es ist womöglich nicht so fleißig, nicht so pünktlich, nicht so aufmerksam wie vermeintlich andere Kinder, und die Mutter spürt deshalb die Pflicht, es doppelt in die Pflege zu nehmen; und ohne es zu wissen, erreicht sie damit schließlich nur, daß die Tochter immer entmutigter und resignierter wird, bis daß sie schließlich alles Selbstvertrauen verliert[7]; am Ende wagt sie es nicht mehr, auch nur zwei Schritte zu tun, ohne ihre Mutter zu fragen, ob es so richtig ist. Gleichwohl wird sie ihre Mutter förmlich dafür hassen, sie ständig fragen zu müssen, ob sie so leben dürfe. Eine solche Tochter hat aufgehört, noch selber zu denken, statt dessen denkt ihre Mutter in ihr; aber die Mutter selber wird sich in diesen Gedanken der Entfremdung durchaus nicht wiedererkennen; sie wollte doch nur das Glück ihrer Tochter, und sie weiß nicht, daß es ihre eigene Angst ist, die sich in den Gedanken ihrer Tochter als jener «Dämon» verdichtet, der dieses Mädchen so schrecklich quält.[8] Fortan ist der Teufelskreis rasch geschlossen – aus lauter Panik wird diese Frau nur alles falsch machen können, und je mehr Verantwortung sie auf sich lädt, desto schlimmer wird es um ihre Tochter bestellt sein.

Gewiß, man kann rein äußerlich sagen: Was gehen uns die Familienverhältnisse irgendeiner unbekannten Frau im Gebiet von Tyrus und Sidon vor ca. 1955 Jahren an? Aber diese Frage hat sich gerade durch die psychologische Einfühlbarkeit dieser Problematik im Grunde schon beantwortet.

Gehen wir nicht immer wieder auf eben diese Weise miteinander um, wie wir sie bei dieser kanaanäischen Frau vermuten? Nicht Mütter nur mit ihren Töchtern – auch Erwachsene machen einander gerne zu kleinen Kindern; im Gefälle des Patriarchalismus sind es vor allem die Männer, die ihre Frauen in pflichtgemäßer Unselbständigkeit und Abhängigkeit halten.[9] Das Verfahren dazu ist immer wieder dasselbe. Man selber tut sich schwer, glücklich zu sein – also darf es der Mensch an unserer Seite auch nicht sein. Man selber fühlt sich eingeengt – also findet man die Freiheit des anderen, je nachdem, bedroht oder bedrohlich. Man selber wagt kein freies Wort – also fürchtet man das freie Wort des anderen. Man selber belastet sich schwer durch Aufgaben und Pflichten – also beneidet und quält man den anderen für sein bißchen Glück. Und an jeder Stelle der eigenen Eingeengtheit steht der Haltezaun der sogenannten Verantwortung – eine ständige Hosenträger- und Pantoffeltyrannei, immer kaschiert mit dem Anspruch auf Pflicht und Verantwortung. Man kennt den Satz EXUPÉRYS: «Du bist für das verantwortlich, das du gezähmt hast.»[10] Es ist ein Satz, der ebenso richtig sein kann wie schrecklich. Denn die Wahrheit lautet: Wir sind füreinander *nicht* verantwortlich; jeder hat vielmehr seine eigene Freiheit und seinen eigenen Weg zu Gott.

Vielleicht, daß Jesus deswegen an dieser Stelle, womöglich ohne um das Problem der Frau genau zu wissen, das einzig Richtige tut: Er selber hat sich eben erst in das Gebiet jenseits von Judäa zurückgezogen, ganz offensichtlich, um sich für eine Weile der Not der Menschen fernzuhalten und in der Gemeinschaft seiner Jünger sich selbst wieder zu sammeln. Schon zweimal berichtete Markus, daß Jesus ein ganzes Dorf stehenließ, sich in ein Boot setzte und einfach von den Leuten wegfuhr (Mk 3,9; 6,32). Er, dem wir für gewöhnlich zutrauen, daß er alles vermöge, was er wolle, belehrt uns durch sein Verhalten, daß wir Menschen

Grenzen haben, so daß auch wir die Erlaubnis haben dürfen, sie einzuhalten. Für Jesus war diese einfache Tatsache so wichtig, daß er seine gesamte Mission, sein ganzes Wirken, auf die Landesgrenzen Israels beschränkte, und dies gewiß nicht aus Nationalismus, sondern weil er im Erbe der Väter und der Propheten sich offenbar sagte, es müsse irgendwo auf Erden einmal einen Ort geben, an dem man sehen könne, wie man menschlich richtig lebt.[11] Und nie wird man ein solches Ziel erreichen, wenn man sich verzettelt.

Selten macht man sich hinreichend klar, wie winzig in Wirklichkeit der Raum gewesen ist, auf den Jesus sich mit dieser Konzeption einschränkte. Ein Gebiet, nicht größer als von Paderborn nach Geseke und Erwitte, *das* war die Welt, in der er lebte und die er nicht verlassen wollte. Zudem muß man hinzufügen, daß es ihm allem Anschein nach nicht einmal gelungen ist, selbst diesen kleinen Raum für Gott zu gewinnen. Menschlich gesehen war er nach zweieinhalb Jahren ein Gescheiterter: Man verstand ihn nicht in Judäa, im Süden «Israels», man hielt ihm entgegen, er komme aus Galiläa, aus dem Norden; und tatsächlich: schon wie er redete, sein galiläischer Dialekt, trennte ihn von den Menschen in Judäa[12]. Man warf ihm vor, er bringe alles durcheinander[13], er lege die Heilige Schrift in einer theologisch nicht legitimierten Weise aus – seit alters galten die Menschen aus dem Norden Israels als nicht wirklich gesetzestreu und gottesfürchtig. Im Falle Jesu aber kam entscheidend hinzu, daß er wesentlich an die *Menschen* glaubte, nicht an die Gesetze – an die Güte, die Liebe und das Erbarmen, nicht an den Zwang, die Gerechtigkeit und die Aburteilung. Ein solcher Mann hat es zu allen Zeiten nötig, um sich herum Grenzen zu ziehen und, gleichgültig, was aus seiner Botschaft wird, in gewissem Sinne sich zu schützen vor einem Zuviel an Auflauf, Zumutung und «Verantwortung». Hier im Gebiet von Tyrus und Sidon erklärt Jesus sich für nicht zuständig vor Gott.

Und doch geht die Geschichte wie notwendig anders weiter. Die menschliche Not ist international, sie kennt und erlaubt keine Grenzen. Das menschliche Leid ist an jedem Ort der Erde länderüberschreitend groß. Im Grunde kann man nicht sagen: Israel liegt hier und Kanaan liegt dort[14].

Doch vielleicht, daß gerade das Bestehen auf die Grenzen für diese Frau aus Kanaan in dem Gespräch mit Jesus die wichtigste Einsicht mit sich brachte. Möglicherweise wurde ihr erst in diesem Moment deutlich, daß selbst derjenige, den sie als ihren Retter und Heiland bekennt und anfleht, ein Recht hat, sich einzuschränken. Um wieviel mehr dann sie selber! Hat doch auch ihre eigene Verantwortung ihr Maß! Ausdrücklich wird ihr von Jesus zugesichert: «Deine Tochter ist gesund», und: «Was du willst, geschieht.» Und es scheint, daß es dieses Wort der Beruhigung an diese Frau ist, das ihre Tochter heilt. Es ist sehr gut möglich, daß diese Frau, mit einem solchen Wort im Ohr und mit einem solchen Gefühl im Herzen, vollkommen anders zu ihrer Tochter zurückging und schon deswegen ihre Tochter auch anders vorfand, als sie sie zurückgelassen hatte. Denn eine Frau *hat* eine andere Tochter, je nachdem, inwieweit sie selber Angst hat oder nicht.[15]

Oft genug in der Beratung bestürmen Mütter, die es besonders gut meinen, immer wieder ihren Therapeuten, ihnen endlich doch zu sagen, wie sie mit ihren Kindern richtig umgehen sollen, die womöglich am Rand des Selbstmords, der sozialen Verelendung, des schulischen Boykotts stehen, und man kann ihnen nichts anderes sagen, als daß es nur einen Weg gibt, den Kindern gerecht zu werden, nämlich, daß sie als erstes zu sich selber finden, indem sie den Mut aufbringen, ihr eigenes Leben zu leben und das Maß der Verantwortungs- und Verpflichtungsgefühle zu begrenzen. Solange man selber ständig sich unsicher fühlt, ist es nicht möglich, ein Kind hinreichend angstfrei aufzuziehen, vielmehr wird das Kind notwendig in die Rolle eines Ersatzlebens gedrängt, und es *muß* unbewußt gerade die Dinge tun, die seine Mutter selber nicht zu leben wagt.[16] Kehrt man aber mit dem Gefühl von Vertrauen und Zuversicht zu seiner Tochter heim, so löst der Spuk der Fremdbestimmung sich nach und nach wie von selbst auf, und die Pflicht findet ein Ende, den anderen förmlich für falsch, krank, unberechtigt, verkehrt, in jedem Fall für erziehungsbedürftig halten zu müssen. Statt dessen kann man auch ihm ein Terrain zubilligen, in dem er die bescheidene Blume seines Glücks zu pflanzen vermag, und es ist durchaus nicht mehr nötig, ihm die Verantwortung für sein Leben abzunehmen.

Wenn wir in unseren Beziehungen zueinander *uns selber* als *geheilt* empfinden, so brauchen wir nicht länger mehr den Begriff der Verantwortung als Freibrief der Tyrannei, der Angst und der Einschüchterung zu verwenden; statt dessen könnten wir uns wechselseitig von Respekt, von Hochachtung, von Vertrauen, von Zuversicht bestimmen lassen, und wir könnten den Mut aufbringen, an die Möglichkeiten des anderen ernsthaft zu glauben. Doch dazu gehört, daß wir die eigene Wahrheit zunächst einmal bei uns selber suchen, statt die Schwierigkeiten, die wir mit uns haben, partout im anderen lösen zu wollen; es gehört dazu auch, sich als erstes selber zu fragen, wie man lebt, statt zu beaufsichtigen, wie der andere sein Leben einrichten möchte. Am Ende gilt es, gemeinsam vor Gott hinzutreten und das ganze Leben miteinander im Umkreis der Liebe zu erleben wie ein nicht endendes Gebet. Denn wenn wir einander so entdecken, daß wir Gott dankbar werden für die Existenz des anderen, mehr noch als daß wir Fürbitte leisten müßten für seine Not, so sind wir gemeinsam näher bei Gott. Wo immer wir finden, daß der andere durch sein Dasein auch unser Leben zu segnen vermag, wird es das schönste Gebet sein, wenn wir auch auf ihn selbst allen Segen Gottes herabflehen; und jedes Wort, das wir dann sprechen, mag es nach außen hin auch noch so profan klingen, wird eine solche Verbundenheit miteinander in Gott ausdrücken, daß gilt, was Jesus uns versprochen hat: «Wenn auch nur zwei oder drei in meinem Namen beisammen sind, so bin ich mitten unter ihnen» (Mt 18,20).

«Diese arme Witwe ...»

[37b] Und – das – Volk in Vielzahl hört ihn gern. [38]So sagte er in seiner Lehrrede: Seht euch vor den Schriftgelehrten vor, die in Talaren einherzuwandeln lieben, Begrüßungen auf den Marktplätzen, [39] erste Sitze in den Synagogen, erste Liegen bei den Gastmählern, [40] sie, die die Häuser der Witwen verschlingen, sogar unter heuchlerisch langen Gebeten – diese werden ein um so härteres Urteil empfangen. [41] Da nahm er Platz gegenüber dem Opferstock und sah zu, wie das Volk Geld in den Opferstock wirft. Da warfen viele Reiche viel hinein. [42] Da kam auch eine Witwe, eine Bettlerin, und warf zwei Kleinmünzen, das ist ein Pfennig, hinein. [43] Da rief er seine Jünger herzu und sagte ihnen: Wahrlich, sage ich euch, diese Witwe, die Bettlerin, – mehr als alle hat sie eingeworfen von denen, die in den Opferstock einwarfen. [44] Denn alle haben aus ihrem Überfluß eingeworfen, sie aber, aus ihrem Mangel heraus, hat alles, was sie hatte, eingeworfen, ihr ganzes Leben. (Mk 12,37b–44)

Man mag im Raum der Kunst und der menschlichen Profangeschichte es einigermaßen hinnehmen und jedenfalls sich daran wie an etwas Normales gewöhnt haben, daß die Leistungen der Großen auf Generationen hin von Kleingeistern verwaltet werden; aber im Bereich des Religiösen kann und darf man es nicht hinnehmen. Dafür steht Jesus mit seiner ganzen Person ein. Er wollte, daß wir seine Worte *leben* (Mt 7,24) und nicht zu ihnen in ein Verhältnis treten, das seine Lehre und seine Person festlegt und festschreibt und es am Ende ermöglicht, mit Titeln und Ehren als «Hochwürden» und «Eminenzen» dazustehen, die nicht einmal mehr merken, wie lächerlich sie sich mit ihrer theologischen Maskerade machen.[1] Ja, es kann schließlich das Possenstück dahin geraten, daß der Kostümzwang der Schriftgelehrten sogar zu einem «Zeichen» wirklichen Bekennertums erhoben wird[2] – ein clowneskes Martyrium, das seine eigene Lebensfremdheit schon zur Eigentlichkeit des Religiösen, ja, zum idealen Vorbild gelebter Frömmigkeit erhebt.

Nein, angewidert vom Betrieb der Theologenzunft wechselt Jesus die Bühne des Gesprächs und setzt sich an den Opferkasten am Tempeleingang. Viele Leute kommen dort daher, relativ begüterte Leute zumeist – so wie wir es sind –, und sie alle entrichten, wie gewöhnlich, einen gewissen Betrag ihres Eigentums als «Almosen» für die Armen.[3] Es ist die übliche Art, Religion zu haben; so definiert sie sich in der bürgerlichen Existenz.[4] Sie bildet buchstäblich einen Teilbetrag des Lebens, das man auch noch hat, einen Bereich ohne Aufregung, wohlverwaltet, wohlgeordnet, eine «Liebesgabe», mit der man glaubt, eines Tages sogar vor Gott hintreten zu können. Wer wird auch etwas dagegen sagen können? Es leben doch fast alle so, und man begreift mit einem Mal, warum es im Interesse der «Menge» liegen kann, eine solche Elite von Spezialisten der Gottesgelehrtheit überhaupt herauszubilden: Je spezieller die Wissenschaft von Gott, desto ohnmächtiger ist sie, den Alltag zu durchdringen und zu gestalten.[5] Jesus aber wollte nicht, daß wir so leben. Er wollte, daß es uns im Umgang mit Gott niemals um *etwas*, sondern um *alles* gehe.

Da sieht er *diese Witwe* an den Opferkasten treten. Man muß sich eine solche Frau vorstellen, wie sie zur Zeit Jesu ohne Zweifel ihr Dasein fristen mußte: Eine Witwe zu sein bedeutete, keinen Unterhalt, kein Einkommen, kein Auskommen zu haben; eine solche Frau besaß nichts, außer vielleicht zwei, drei Kinder, die sie ernähren mußte. Wenn des Morgens die Sonne aufging, wußte sie durchaus nicht, wie sie durch den Tag kommen sollte.[6] Sie lebte wortwörtlich von der Hand in den Mund. Doch gerade *vis-à-vis* zu einer solchen Frau versteht man, was Jesus meinte, als er uns zu beten lehrte: «Unser tägliches Brot gib uns heute» (Mt 6,11).[7] Jesus traute uns zu, daß wir zu dem Wunderbarsten imstande sind, das es in unserem Leben geben kann, zu etwas, das man vielleicht wirklich nur durch Armut, durch Not und durch Leid zu lernen vermag: mitleidig zu werden, mitfühlend zu werden und weitherzig zu sein. Diese Witwe im *Markus*-Evangelium hat nichts zu verlieren; offenbar deshalb vermag sie alles zu geben. Sie hat nichts zu verteidigen; eben deshalb hat sie nichts, was sie von anderen trennen könnte. Sie erfährt jeden Tag, daß sie im Grunde einzig aus den Händen Gottes lebt und daß sie Menschen braucht, die auch sie selbst ein Stück weit an die Hand nehmen, um sie durch den Tag zu begleiten.[8] Wenn wir nur einmal fühlen würden, wie bedürftig, wie abhängig, wie schutzlos wir wirklich sind, wir würden Gott so nahe sein! Es gäbe dann keine Grenze mehr, an der wir uns behaupten, auf unser Recht bestehen oder uns vor den anderen schützen müßten. So weit der Sonnenaufgang entfernt ist vom Sonnenuntergang (Ps 103,12), so weit könnte unser Herz sein! Diese *Armen des Geistes* waren es, die Jesus seligpries (Mt 5,3)[9]; ihnen fühlte er sich verwandt.

Es ist ein schweres Mißverständnis, wenn in unseren Tagen gesagt wird, das Christentum oder die Religion sei dazu bestimmt, *von* der Armut zu *erlösen*. Die Religion Jesu ist dazu bestimmt, *zur* Armut zu *befreien*[10], und die ganze Kunst besteht darin, wie wir einen Menschen dazu bringen können, daß er inmitten seiner Armut aufhört, sich zu schämen, und den Reichtum fühlt, den er besitzt, wenn er nur weitherzig und großzügig genug ist. Es gibt dieses Wunder der leeren Hände[11], es gibt diesen unschätzbaren Schatz einer universellen Gemeinsamkeit aller Menschen unter den Augen und in den Händen Gottes – in seiner Obhut und in seinem Segen.

Indessen kann man die Haltung dieser Witwe am Opferkasten von Jerusalem auch nicht als ein neues moralisches Vorbild hinstellen. Weder geistig noch materiell gibt es vor Gott irgendetwas, auf das wir als eine sittliche Leistung pochen könnten.[12] Die Güte dieser armen Witwe, die alles gibt, was sie besitzt, ist nicht gedanklich aufgesetzt, sie ist nicht «gemacht», sie «tut» nicht etwas, das man als edel oder ideal hinstellen könnte. Sie handelt und verhält sich einfach so, wie Jesus es an anderer Stelle einmal ausgedrückt hat: Wenn wir geben und wenn wir uns bemühen, gut zu sein, soll unsere linke Hand nicht wissen, was die rechte tut (Mt 6,3).[13] Der Liebe Tun sollte uns selbstverständlich sein, weil wir es «instinktiv» als unsere Wahrheit spüren, und es sollte uns aus dem Herzen kommen ohne weitere Absicht, ohne weiteres Nachdenken, als etwas unmittelbar Gefühltes und unmittelbar Verwirklichtes.

Dann bleibt es an jedem Tag unseres Lebens die Frage, wieviel wir von uns mitzuteilen wagen. Wir sind so reich mitten in unserer Armut, wenn wir uns nicht selber festhalten. Es mag sein, daß uns vor der Schutzlosigkeit, vor der Ungeborgenheit, vor der Offenheit wirklicher Armut eine große Angst überkommt. Und dennoch werden wir in jedem Augenblick einer absichtslosen Güte reich belohnt, denn wir sind nahe bei Gott. Je weitherziger wir werden, desto näher sind wir dem Unendlichen, und je tiefer wir inmitten unserer Armut die Zusammengehörigkeit aller

Menschen spüren, desto weniger Grund haben wir, uns zu schämen, uns zu verteidigen, einander zu bekämpfen. Es gibt diesen einen, großen und gütigen Gott, der es regnen läßt über Gute und Böse (Mt 5,45), über Große und Niedrige, und dem nichts fremd ist, was menschlich ist an uns. Das Schönste an uns aber ist unsere Menschlichkeit inmitten unserer Armut».[14]

Man kann diese Szene von der Witwe am Opferkasten nicht vor sich sehen, ohne eines großen Mannes zu gedenken, der gewiß kein Heiliger war, aber an dieser Erzählung des *Markus*-Evangeliums sich sein halbes Leben lang gequält hat: des russischen Dichters LEO TOLSTOI[15]. Menschen wie die Witwe aus diesem Evangelium sterben niemals aus; und so geschah es, daß der Zimmermann *Simeon,* mit dem TOLSTOI Holz zu sägen pflegte, ohne jede Absicht, einfach durch sein Tun, das Leben des Grafen und Großgrundbesitzers TOLSTOI von Grund auf veränderte. Sie gingen in Moskau über die Dragomilow-Brücke, als sie einem Bettler begegneten. Da zog der arme Zimmermann ein Dreikopekenstück aus der Tasche, gab es dem Bettler und erbat zwei Kopeken zurück. Der Bettler hatte nur eine Kopeke. Die wollte der Zimmermann nehmen, besann sich aber, gab sie dem armen Greis zurück, zog die Mütze, bekreuzigte sich und ging weiter. TOLSTOI gab zwanzig Kopeken. Darauf ging er «in echt russischer Seelenauslotung mit sich zu Rate. ‹Wenn der Zimmermann, dessen Barschaft sechseinhalb Rubel betrug, drei Kopeken schenkte, so hätte ich, im Besitz von 600 000 Rubeln, dem Bettler 3000 Rubel reichen müssen und ihn bitten, mir 2000 wiederzugeben. Trenne ich mich auch von 100 000 Rubeln, so bin ich noch nicht in der Lage, wirklich Gutes zu tun, denn mir verbleiben immer noch 500 000.› Er ergeht sich in wüsten Selbstanklagen: ‹Ich bin ein ganz von Kräften gekommener, zu nichts tauglicher Parasit. Ich bin die Laus, die die Blätter des Baumes abnagt.›»[16] An jenem Tag beschloß TOLSTOI, dem Gebot Jesu zu folgen und alles: Haus, Kinder, Äcker, zu verlassen (Mk 10,29), sein Geld den Armen zu geben (Mk 10,21) und selber Bettler zu werden, «um würdig zu sein, Gutes tun zu dürfen». TOLSTOI brauchte Jahre, um kurz vor seinem Tode seinen Entschluß wahr zu machen; aber allein schon seine heilige Unruhe war ein Segen für die ganze Welt.[17]

Was indessen die «Hohenpriester» und die «Schriftgelehrten» angeht: Es gab einmal in den Tagen der Könige eine Zeit, da befahl der König *Joas*, die Priester sollten nicht länger mehr Geld aus den Händen des Volkes in Empfang nehmen, sondern alles Opfergeld für die Ausbesserung des Tempels zur Verfügung stellen, und der Priester *Jojada* nahm eine Lade, bohrte ein Loch in den Deckel und stellte sie neben den Malsteinen rechts am Eingang zum Tempel des Herrn auf (2 Kön 12,9). Wenn der Messias Gottes kommt, mit welchem «Geld» wird er dann den «Tempel Gottes» ausbessern? Und diente nicht gerade der Opferkasten am Tempeleingang ursprünglich dazu, die Habgier der Witwenplünderer in heiligen Gewändern einzuschränken? Man gäbe etwas darum, in den Tagen *Jojadas*, des Priesters, zu leben, als *Joas* 40 Jahre lang regierte und «tat, was dem Herrn wohlgefiel, sein ganzes Leben lang» (2 Kön 12,2)[18].

Die Salbung Jesu in Bethanien: Die absichtslose Güte

[1] Nun war zwei Tage später das Fest des Passah und der ungesäuerten Brote. Da suchten die Hohen Priester und die Schriftgelehrten, wie sie ihn mit einer List festnehmen und töten könnten. [2] Sie sagten nämlich: Nicht am Fest, sonst gibt es Volksaufruhr.
[3] Und als er in Bethanien war, im Hause Simons des Aussätzigen, während er (zu Tische) lag, kam eine Frau mit einer Alabasterflasche voll echter, sehr teurer Nardensalbe, zerbrach die Alabasterflasche und schüttete sie über sein Haupt aus. [4] Da waren einige bei sich entrüstet: Wozu mußte diese Verschwendung der Salbe sein! [5] Man hätte doch diese Salbe verkaufen können für über dreihundert Denare und (davon) den Armen geben! Und sie setzten ihr stark zu. [6] Jesus aber sagte: Laßt sie! Was beschwert ihr sie? Ein gutes Werk hat sie an mir getan. [7] Allezeit habt ihr Bettler bei euch, und wann immer ihr wollt, könnt ihr ihnen wohltun, mich aber habt ihr nicht allezeit. [8] Was sie (zu tun) hatte, hat sie getan: sie hat vorweggenommen, meinen Leib zu salben zum Begräbnis. [9] Wahrlich, deshalb sage ich euch: wo immer die Heilsbotschaft verkündet wird in der ganzen Welt, da wird auch, was sie getan, erzählt werden zum Gedächtnis an sie. (Mk 14,1–9)

In gewissem Sinne ist diese kleine Erzählung von der Salbung Jesu in Bethanien am Anfang der Passionsgeschichte eine der mutigsten Antworten auf die ewige Frage nach dem unübersehbaren Meer von Leid und Zerstörung in der Welt[1]; sie ist eine der wertvollsten, weil menschlichsten Antworten auf die stets drohende Resignation gerade der Bemühten und Gutwilligen angesichts der erdrückenden Übermächtigkeit und Vielfalt der Nöte und Konflikte in einer Welt des Krieges, des Hungers, der Armut, der Ungerechtigkeit, der Unterdrückung, der Tyrannei, der Verzweiflung.

Irgendwann hört wohl bei einem jeden die Illusion der Pubertätszeit auf, man könnte mit einem weltumspannenden Idealismus die Probleme der Menschheit nach Art des tapferen Schneiderleins sozusagen alle mit einem Schlag erledigen. Irgendwann kommt jeder auf den Boden der Tatsachen, er beginnt, «erwachsen» zu werden, und muß wohl oder übel feststellen, daß es ziemlich naiv war zu glauben, die Dinge lägen so einfach, daß man die Welt wie in einem Wildwestfilm einteilen könnte in die Guten und in die Bösen, und man selber besäße das Recht, die bestehenden Übel- und Mißstände auf moralisches Versagen anderer, auf ihren bösen Willen oder ähnliches, zurückzuführen. Irgendwann kommt der Zeitpunkt, von dem an wir es uns abgewöhnen, mit Vorwürfen und Anschuldigungen die Welt verbessern zu wollen, und beginnen müssen, zunächst einmal hinter den Tatsachen die oft sehr vielschichtigen Ursachen zu sehen und nicht zu urteilen oder gar zu verurteilen, ehe wir nicht wirklich verstanden und von innen heraus mitvollzogen haben, woher etwas kommt und warum es so ist. Unvermeidbar aber bringt dieser Gesinnungswandel eine schwere Krise mit sich. Was vorher als so einfach und klar erschien, erweist sich nun als überaus kompliziert – kein Gedanke mehr, es auf Anhieb lösen oder beseitigen zu können. Im Gegenteil: Je gerechter und objektiver wir die Dinge betrachten, desto mehr verlieren wir womöglich den Mut, noch etwas an ihnen zu ändern. Je mehr wir sie verstehen, als desto weitläufiger stellen sie sich dar, und desto bescheidener und vorsichtiger werden wir selber, desto begrenzter wird der Spielraum, innerhalb dessen wir noch ernsthaft glauben können, eine wirkliche Lösung bestimmter Probleme zu kennen; und schon beginnen wir, der Annahme zuzuneigen, daß Weisheit und Tatkraft, Einsicht und Entschlossenheit, Denken und Handeln, Ideal und Wirklichkeit auf ewig zwei konträre Größen bleiben müßten.

Mit 16 Jahren etwa konnte man noch glauben, Friede werde sein, wenn endlich auf allen Seiten abgerüstet werde; man hielt ebenso getrost wie erbost eine Handvoll Politiker für dumm und böswillig, man marschierte bei allen möglichen Demonstrationen mit und agitierte und engagierte sich für den Frieden, der so greifbar nahe schien. Mit 20 Jahren kam man bereits dahinter, daß auch Staatsmänner keineswegs allmächtig sind, sondern von der Gunst der Wählermeinung abhängen; es erwies sich als eine kindliche, ödipale Projektion, sie für Überväter zu halten, und man mußte erkennen, daß auch Diktatoren sich nicht selbst erschaffen, sondern aus den Zeitumständen geboren werden. Allzudeutlich erfuhr man, daß die Parolen für den Frieden von einem bestimmten Punkt der Ernsthaftigkeit an von der Mehrheit der eigenen Bevölkerung auf der Straße abgelehnt wurden; es war aber nicht möglich, die Mehrzahl der Menschen einfachhin global zu verurteilen und allein sich selbst für weise zu halten, es sei denn, man hätte wie absichtlich in die Sackgasse des Terrorismus steuern wollen. Vielleicht mit 23 Jahren begann man zu verstehen, daß nicht die Waffen den Krieg machen, sondern die Angst und das Mißtrauen, das die Menschen zwingt, sich zu verteidigen und Waffen zum Schutz voreinander und zum Angriff gegeneinander zu ersinnen. Aber wenn das Mißtrauen und die Angst weltweit verbreitet sind, so können sie unmöglich durch einen bloßen Fehler oder durch einen plumpen Zufall verursacht sein. Deshalb kam man vielleicht mit 25 Jahren dahin, zu glauben, daß es im Menschen selber förmlich ein Bedürfnis geben müsse, aggressiv zu handeln und sich zu verteidigen, daß also die Bereitschaft zu Kampf und Krieg weit tiefer in der menschlichen Psyche, ja womöglich schon im biologischen Erbe des Menschen, verankert sei und daß eine Unzahl von Bedingungen des sozialen Zusammenlebens – alle Arten von Ungerechtigkeit, von Frustration, von Unterprivilegiertheit, alle möglichen ängstigenden Eindrücke wie Liebesverlust und Strafe, die Angst um den Arbeitsplatz, die Sorge um berufliche Anerkennung, Enttäuschungen in der Liebe der nächststehenden Angehörigen – kurzum, daß alles, was nur irgendeinen Menschen aus dem Gleichgewicht zu bringen vermag, auch dazu angetan ist, jene uralten aggressiven und destruktiven Verhaltensmuster aus dem Erbgedächtnis der menschlichen Art auf den Plan zu rufen, die in ihrer Summe kriegsgefährlich sind.

Das einfache menschliche Entsetzen vor der Barbarei des Krieges war mithin im Verlauf weniger Jahre von einer politischen Frage zu einer sozialen Frage geworden, dann von einer sozialen zu einer psychologischen Frage, dann von einer psychologischen oder psychoanalytischen Frage zu einer biologischen. Und wo soll man nun anfangen? Wenn es den Krieg gibt, weil er als Möglichkeit, ja sogar als Handlungsimpuls, als fertiges Reaktionsrepertoire unter bestimmten Umständen in jedem Menschen angelegt ist, so haben offensichtlich jene alten Philosophen und Religionsstifter recht, die meinten, die Veränderung und Verbesserung der Welt müsse bei einem selber, bei jedem einzelnen beginnen. Denn soviel ist jetzt klar: Wäre man selbst ein Mensch des Friedens, und spräche aus einem selber wirklicher Friede, so müßte man doch wenigstens auf seine nächste Umgebung einen verändernden, begütigenden, beruhigenden Einfluß ausüben.

Man lese diesbezüglich etwa eine Rede oder einen Aufsatz

MAHATMA GANDHIS über den Frieden.[2] Keinen einzigen Gedanken wird man dort finden, den man nicht auch selbst hätte denken können und sogar recht oft schon wirklich selber gedacht hat. Und doch ist der Unterschied überdeutlich, daß, wenn ein Mensch wie GANDHI vom Frieden sprach, ihm Hunderttausende Glauben schenken konnten und das Gefühl hatten: Bei ihm stimmt es; dieser Mann spricht aus und lebt, was wir alle nur immer gewünscht, aber nie für realisierbar gehalten haben; bei ihm ist vorhanden, wovon wir nur geträumt haben; und so konnten sie sich ihm anschließen in dem Empfinden, zu sich selbst, zu ihrem wahren Selbst zu finden, wenn sie so taten, wie er sagte. Was aber folgt für uns daraus? Es folgt, daß wir selber zunächst andere Menschen sein müßten, um die Welt zum Besseren verändern zu können. Es folgt, daß der Friede wesentlich gar kein organisatorisches oder politisches, sondern ein religiöses Problem ist. Es folgt, daß es letztlich um Erlösung, nicht um Lösungen zu tun ist. Zunächst geht es entscheidend um den Frieden in mir, nicht um den Frieden der Menschheit, um den Frieden in Gott, nicht um den Frieden auf dem Schlachtfeld, um den Frieden des Herzens, nicht um den Sieg der richtigen Heere.

Aber auch ein «Heiliger» wird man nur, wenn man Richtiges denkt und Richtiges tut. Und hier nun setzt das eigentliche Problem ein, auf das diese kleine Erzählung von der Salbung Jesu in Bethanien zu antworten vermag. Wenn wirklich alles undurchsichtig ist, so liegt gewiß der Eindruck längst schon in der Luft, man könne eigentlich doch gar nichts machen; man kuriere im Grunde immer nur an bestimmten Symptomen herum, und letztlich sei doch nur alles vertan und umsonst. Ein penetranter Geschmack bildet sich jetzt, im Grunde komme man doch nie zum Eigentlichen. So überdeutlich spürt und sieht man jetzt die eigene Ohnmacht, und nie mehr weicht das lähmende Gefühl, vielleicht lohne sich doch alles nicht, ja, am Ende sei es vielleicht sogar falsch oder schädlich. Daß man die Welt ändern könnte – dieser Gedanke ist längst schon dahin; der Glaube, daß man einer neuen Generation zugehöre mit einer neuen leitenden Idee, die der Welt ein anderes Gesicht verleihen könnte, diesen Glauben hat man gänzlich aufgegeben. Man glaubt jetzt zu wissen: Man wird die Strukturen des Bestehenden niemals ändern; man wird «das System» niemals überwinden; man fühlt sich mehr denn je am Ende. Und dennoch spürt und leidet man im gleichen Augenblick nur um so mehr darunter, daß nach wie vor so vieles nicht stimmt und falsch läuft, gleichgültig ob in der Gesellschaft, ob in der Kirche, ob in der eigenen Umgebung. Die Kriege hören nicht auf, die Unterdrückung von Menschen geht weiter, die Verzweiflung breitet sich aus. Es ist entmutigend. Mehr denn je. Mitte der 50er Jahre war in den Kinos der Antikriegsfilm *«Die letzte Brücke»* (1954, in der Hauptrolle mit *Maria Schell*)[3] zu sehen. Dieser Film erzählte die Geschichte einer Krankenschwester, die in Gefangenschaft gerät und hinter den Linien die Verwundeten des Gegners betreuen muß. Es entspricht an sich ihrem Selbstverständnis als Krankenschwester, Menschen zu pflegen, die Hilfe brauchen, gleichgültig, welcher Herkunft; eines Tages jedoch besucht sie einen russischen Landser, der gerade von einer Armverletzung genesen ist; voller Freude über seine baldige Heilung demonstriert er mit entsprechenden Bewegungen seiner Finger, daß er bald schon wieder ein Gewehr anlegen und abdrücken kann, und er ist sehr erstaunt zu sehen, welch ein Entsetzen er mit dieser Vorführung bei seiner Pflegerin auslöst. In der Tat kann der Konflikt kaum schärfer dargestellt werden. Es ist, als wenn man immer wieder mit seinen besten Bemühungen nichts anderes zu tun vermöchte, als die Verwundeten eines Krieges zu heilen, der durch die Pflege der Reste verbliebener Menschlichkeit nicht überwunden, sondern allenfalls verlängert würde; ja, es scheint, als wenn man im besten Falle den einen oder anderen der «Kriegsverwundeten» gerade soweit wieder gesund machen könnte, daß er bis zur nächsten Straßenecke kommt, an der er endgültig unter die Räder geraten wird.

Man kann gegen die Trostlosigkeit dieses Eindrucks, gegen dieses Gefühl einer äußersten Vergeblichkeit keine «Argumente» vorbringen. Der Eindruck stimmt; er wird hundertfältig durch

Beispiele aus der alltäglichen Erfahrungswelt bestätigt und erhärtet, so daß noch so viele Gegenbeispiele ihn nicht zu beseitigen vermögen. Lediglich ein *Bild* wie diese Erzählung von der Salbung Jesu in Bethanien läßt sich dagegenhalten.[4] Denn diese Geschichte berichtet gerade von einer so absurd anmutenden, einer so ganz und gar vergeblichen Handlung der Liebe.

Als Jesus zwei Tage vor seiner Kreuzigung mit seinen Jüngern als Eingeladener in Bethanien an einem Abendessen teilnahm, trat eine Frau zu ihm und salbte sein Haupt mit kostbarem Öl. Das war in der Antike nicht ungewöhnlich, aber nur bei feierlichen Anlässen gebräuchlich, nicht bei einem gewöhnlichen Gastmahl. Der Wert des vergossenen Öls wird als ungeheuer groß angegeben, fast den Jahresverdienst eines Arbeiters mag es gekostet haben, nach heutigem Geld etwa 20 000 bis 30 000 Mark.[5] Die Jünger fragen mit Recht nach dem Nutzen, den das Tun dieser Frau haben soll: Sie vergleichen mit gewiß achtbaren Gründen Aufwand und Ergebnis miteinander und schelten es Verschwendung.[6] Und doch, meint Jesus, war diese Verschwendung nicht falsch. Er weist die Kritiker zurecht und verteidigt die scheinbar unsinnige Handlungsweise der Frau. Es habe sich gelohnt, meint er, jenen Körper zu salben, der bald schon dem Tode übergeben werde.

Man kann diesen Text von der Salbung in Bethanien nicht lesen, ohne über den wahnsinnigen Kontrast zu erschrecken: auf der einen Seite die sanften Hände einer Frau, die streicheln, pflegen und zärtlich sein möchten; auf der anderen Seite die rohe Gewalt und Zerstörung, die schon in wenigen Tagen eben diesen Leib in einen bloßen Gegenstand sadistischer Quälerei verwandeln werden; auf der einen Seite die fürsorgliche Güte, auf der anderen Seite die abgestumpfte, ungehemmte Grausamkeit, die scheinbar alles zerstört und sinnlos werden läßt, was diese Frau getan hat.[7]

Die biblische Erzählung behauptet jedoch, daß es nicht sinnlos und nicht falsch ist, alles an einen Menschen zu verschwenden, über dem schon das Todesurteil schwebt, und daß es gut ist, sich mit allem, was man hat, dem hinzugeben, was man liebt, auch und gerade, wenn es einzig dazu bestimmt zu sein scheint, beseitigt zu werden. Die zärtliche Gebärde der Liebe wird nicht entwertet durch den erbarmungslosen Zugriff der Gewalt. Im Gegenteil: Auf dem Hintergrund der Zerstörung leuchtet der Wert absichtsloser Güte nur um so klarer auf, und jedes Denken, das sich nach Begriffen wie rentabel, effektiv, erfolgreich und dergleichen auszurichten sucht, wird als «unangemessen» bezeichnet.

Die Worte Jesu gehen sogar noch weiter. Mit einer verblüffenden Selbstverständlichkeit setzt er voraus, daß sich Probleme wie die Armut ohnedies nicht endgültig werden lösen lassen. «Arme habt ihr allezeit bei euch», zitiert er das Alte Testament (Dtn 15,11)[8]. Es kommt also zunächst offenbar gar nicht darauf an, in dieser Welt etwas «lösen» oder «retten» zu wollen; zuerst sollten wir absichtslos gut sein, und zwar zu dem besonders, der es am meisten braucht. Ein solcher Mensch ist in diesem Moment Jesus. «Sie hat mich gesalbt für mein Begräbnis», sagt er. Nichts vermag diese Frau daran zu ändern oder davon wegzunehmen, daß es mit Jesus diesen Weg nehmen wird. Aber keinerlei Resignation folgt für sie oder für Jesus daraus.[9]

Es gibt in der Welt wohl immer wieder diesen zerreißenden Kontrast von Helfen und Ohnmacht, von Güte und Vernichtung, von Zärtlichkeit und Roheit. Die Ergebnislosigkeit der Güte ist in dieser Welt zu offensichtlich, als daß sie je zu widerlegen wäre. Auch der Glaube ändert nichts daran. Aber gerade weil es auf den Erfolg nicht ankommt, zeichnet die Güte auf dem Hintergrund der ewig stärkeren Gewalt sich nur um so klarer ab. Nie wird diese unbekannte Frau von Bethanien und ihre Tat vergessen werden, meint Jesus; ihrer wird man in alle Ewigkeit gedenken. Wir dürfen mithin vor Gott das Gefühl haben, daß es sich lohnt, einfach zu tun, was uns gut erscheint, auch wenn wir damit nicht die Not der Welt beseitigen können. Das Tun dieser Frau ist zentral etwas, das zum Evangelium von Tod und Auferstehung Jesu von Anfang an hinzugehört. Denn nur von dieser

Art der Güte her wird man an Auferstehung glauben können, und nur vom Glauben an die Auferstehung her wird man zu dieser Art der absichtslosen Güte fähig sein.[10] Würde der Körper, den die Frau salbt, nur zerstört und nur vernichtet, so wäre in der Tat nicht einzusehen, was an ihrem Tun noch sinnvoll wäre; die Vernichtung hätte dann das letzte Wort, und es wäre nur ein schwacher Trost, der von der Zärtlichkeit der Frau ausgehen könnte. So aber wird das, was sie tut, selbst durch den Tod im Grunde nicht zerstört; denn der, dem sie es schenken wollte, wird niemals ausgelöscht; und das, was sie tut und gemeint hat, bleibt bestehen für immer. Die Ewigkeit des Lebens kann nur glauben, wer die Liebe selbst für ewig hält. Und dies ist für uns Jesus: der Mensch, dem wir glauben, daß die Liebe, die Gott ist, niemals vergeht.

Das Kreuz und die Frau des Pilatus

Das Kreuz ist kein Zeichen der Ehre und kein Zeichen der Verehrung. Es ist die Zusammenballung alles Gegenmenschlichen, alles Gegengöttlichen, und wenn es in der Stunde des Karfeitags irgendetwas zu bedenken und zu überlegen gibt, so einzig, wie man das Kreuz in aller Zukunft *vermeiden*, *abschaffen*, *beseitigen*, *unnötig* machen kann in jeder Form.

Bezogen auf diese Frage enthält die Leidensgeschichte des *Markus*-Evangeliums eine Reihe wichtiger Hinweise, die alle Bereiche und Ebenen unseres Lebens betreffen. Die erste Wahrheit gilt *unserem Kopf*, symbolisiert in Personen wie *Kaiphas* und *Pilatus*. Ihr alle, sagt die Leidensgeschichte Jesu, die ihr die Denkzentralen dieser Welt besetzt haltet, die ihr die Programme macht, die ihr die Befehle ausgebt, hütet euch vor dem Aberglauben der Lüge. Gewiß, bei Max Weber kann man es lesen: Es sei einfach nicht wahr, daß aus guten Taten immer nur Gutes hervorgehe und aus bösen Taten immer nur Böses, und wer das nicht begreife, sei politisch ein Kind.[1] Alles spricht dafür, daß Max Weber recht hat. Aber wenn von der Leidensgeschichte Jesu auch nur die geringste Veränderung ausgehen soll, so muß man sagen: Es ist auf dieser Welt tausendmal besser, als ein Kind zu sterben, denn als ein Erwachsener zu morden. Es muß irgendwann einmal möglich werden, daß zwei mal zwei wieder gleich vier ist, im Denken wie im Handeln, und daß die Dialektik aufhört, die jeden geraden Satz verbiegt und immer nur mit Tricks glaubt, zum Erfolg zu kommen. Ein Hindu wie Mahatma Gandhi hat so zu leben versucht. «Wenn du weißt, was recht ist», schlug er vor, «so stell dich hin und handle wie Jesus: Wenn man dich schlägt, schlage nicht zurück; bleib stehen, wo du bist;

weiche nicht aus. – Ich habe gesehen, daß das funktioniert», bekannte dieser Mann, dem man den Namen «Die große Seele» – *Mahatma* – zu Recht gab.[2] Warum nur fällt uns das so schwer, einfach zu tun, was wir als Wahrheit glauben? Und warum lassen wir uns von den Zeitungen, von den Rundfunkmeldungen, von der Propaganda ständig einreden, daß die Wahrheit keine Chance habe und man sie nicht leben *dürfe* – aus Verantwortung! Denn eines sei die *Gesinnungsethik*, ein anderes aber die *Verantwortungsethik*? Auch ein Mann wie Pilatus *wollte* Jesus nicht hinrichten; aber er glaubte es zu *müssen*. Diesen *kalten Sadismus der Berechnung* muß man verstehen. Auch ein Mann wie Kaiphas *wollte* Jesus nicht beseitigen, er glaubte lediglich, klar zu erkennen, daß man sich den Propheten aus Nazareth nicht länger leisten könne. Diesen *pragmatischen Zynismus* muß man begreifen. Oder es wird der Karfreitag nie aufhören auf dieser blutgetränkten Erde.

Ein zweites kann man lernen für die *Hände* und die *Arme*, symbolisiert in der Masse des Volkes und in den römischen Soldaten. Jeder Befehl, und sei er noch so falsch, hat seine Handlanger, und überall auf der Welt trainiert man Achtzehn- und Zwanzigjährige, wie man am rationellsten und am praktischsten andere Menschen zu verwunden und zu töten vermag.[3] *Die Legionäre* haben von sich her nicht das geringste Interesse an Jesus; im Grunde ist er ihnen vollkommen gleichgültig; doch gerade deshalb taugt er als Beute für ihren obszönen Sadismus. Die schlimmsten Verbrechen auf dieser Erde werden nicht aus Mordlust begangen; teuflischer ist der Gehorsam, der sich scheut, über den Inhalt bestimmter Befehle selber nachzudenken.[4] Das furchtbarste Raubtier dieser Welt ist nicht der Panther und der Löwe, wohl aber ein Menschentyp, der das Denken aufgegeben hat, indem er seine Verantwortung delegiert[5]: an die Systeme, an die Instanzen, an die Hierarchie der Weisungen. Die ständig Unschuldigen, diese chronisch Gewissensreinen, diese notorischen Pflichttäter sind die Furchtbarsten; sie haben immer ihre Ausreden, sie tragen immer ihren Persilschein bei sich, sie sind es am

Ende nie gewesen. – «Hört auf, nur die Muskulatur, nur die Reflexmaschine, nur das Ausführungsorgan der Inhumanität zu sein» – das ist die zweite Botschaft der Leidensgeschichte. «Schlagt euch das Denken nicht selber aus den Köpfen; macht euch zuständig für die eigenen Taten!» Ohne das Wagnis eigener Freiheit, eigener Zuständigkeit und eigener Verantwortung wird der Karfreitag immer wiederkehren.

Die dritte Botschaft des Karfreitags ist wie ein Auftrag und wie ein Befehl für unser eigenes *Herz*, verkörpert in den Frauen der Leidensgeschichte. Es ist undenkbar, daß man Jesus getötet hätte, wenn auch nur ein einziger von den Männern, die während des Prozesses Jesu in Aktion treten, auf *die Frauen in der Leidensgeschichte* gehört hätte. Die *Frau des Pilatus*, z. B., überliefert Matthäus (Mt 27,19), hatte einen Traum in jener Nacht, die der Sonnenverfinsterung des Karfreitags vorausging, und sie warnte ihren Mann.[6] Doch wo in unserer so praktisch eingerichteten Welt der Männer hätten Träume je etwas gegolten? Der russische Dichter F. M. DOSTOJEWSKI hat in seinem Roman *«Raskolnikow»* einmal beschrieben, wie ein junger Student, ehe er sich selber zu einem Mord zwingt, in einem Traum sieht, wie auf offener Straße ein Pferd vor einem überladenen Karren brutal zusammengeschlagen wird. Er selber, sein Gefühl, sein eigenes Herz ist es im Grunde, das er mit seinem Mordplan malträtiert.[7] Jeder Henker zerstört zunächst sich selber. Doch wie viele Träume muß man getötet haben, um in dem traumlos gewordenen «Realismus» der «Männer» diese Welt zu verwalten – und dabei über Leichen zu gehen, nötigenfalls? Immer wieder gibt es Frauen von der Güte jener Unbekannten, die zu Jesus kam und ihn salbte für sein Begräbnis (Mk 14,1–9). Immer wieder gibt es diese Gruppe der Frauen unter dem Kreuz. – «Vergeßt niemals die Botschaft eurer Träume und die Wahrheit eurer Gefühle!» sagen uns diese Gestalten der Frauen in der Leidensgeschichte Jesu. Mag unser Gesellschaftssystem und die Institution Kirche noch so patriarchalisch sein, wir dürfen nicht vergessen, was jede Frau weiß, die ein Kind zur Welt bringt: daß sie dies nicht tut im

Interesse von Tod, Martyrium und Folterung, sondern als Zeichen einer unverbrauchten Hoffnung, einer noch unzerstörten Menschlichkeit und einer instinktiven Güte, die keiner weiteren Rechtfertigung bedarf. Solange wir unsere Träume töten, unsere Gefühle unterdrücken und die Welt der Frauen zum Schweigen verurteilen, bleibt der Karfreitag unser aller Schicksal.

Eine letzte Botschaft der Leidensgeschichte gehört unserer *Seele,* symbolisiert in der Person Jesu selber. Wenn wir an diesem Tag die Knie beugen, dann nicht vor dem Schandpfahl des Kreuzes, wohl aber vor dem Gekreuzigten. Er war der wunderbarste Mensch, der je gelebt hat auf diesem Planeten. Alles, was wir je von Gott begreifen werden, war in ihm lebendig, und wo immer wir untereinander ein Stück Liebe pflegen und erfahren, werden wir nach und nach von jener Wahrheit mehr verstehen, die er uns bringen wollte. Wenn es an diesem Tage eine Hoffnung gibt, so besteht sie einzig in der Evidenz einer solchen Liebe: *Nichts, was wir wirklich lieben, wird zerstörbar sein.* Nichts, woran wir so hängen, daß es uns ermöglicht, Menschen zu sein, wird im Tode zugrundegehen. Unzerstörbar ist allein die Macht der Liebe, und Menschen, die wir wirklich lieben, können nicht sterben. Dieses Zeugnis unserer Seele hat recht. Selbst der Karfreitag ist nur ein Anfang. Begreifen wir Jesus in der Stunde seines Todes tief genug, so schwinden die letzten Gründe der Angst. Es *gibt* die Kraft einer unzerstörbaren Liebe. Es *gibt* den Mut einer ewigen Wahrheit. Es *gibt* einen Gott, der will, daß wir leben, und der uns beruft zur Unsterblichkeit.

Die Frauen bei der Kreuzigung Jesu

Es sahen aber auch Frauen von Ferne zu, unter ihnen Maria aus Magdala und Maria, die Mutter des Jakobus und des Joses, sowie Salome und viele andere» (Mk 15,40–41)[1].

Man muß sich vorstellen, was es bedeutet, den Menschen, den man über alles liebt, völlig zu Unrecht umgebracht zu sehen, wie man dabeistehen muß und genau weiß: Hier geschieht ein furchtbares Verbrechen – und man kann nichts, überhaupt nichts tun, um es zu verhindern! Der einzige, für den man lebte, ja, durch den man überhaupt zum Leben kam, wird durch ein ungeheuerliches Unrechtsurteil erbarmungslos fertiggemacht, – und man kann nichts tun! Ein solcher Anblick zerreißt einem das Herz, und es ist, wie wenn man selber mitvernichtet würde. Und dennoch kann man in diesem Falle nichts tun, ja, *darf* man nicht einmal etwas tun. Es muß wohl tatsächlich einmal im Leben der gesamten Menschheit, einmal im Leben eines *jeden* Menschen die Stelle kommen, an der ganz deutlich wird, wie wir uns mit unserer Angst selbst umbringen. An diese Grenze *müssen* wir von Gott her offenbar gelangen, damit wir endlich begreifen, daß es kein Unglück gibt, das wir *mehr* fürchten müßten als eben diese Aussichtslosigkeit all unserer Lebenslügen aus purer Angst. Wenn selbst jemand wie Jesus unter uns nicht leben konnte, wer von uns könnte dann noch existieren? Wenn sein Tod als die einzig logische, als die ganz normale Konsequenz unseres vermeintlich ganz normalen Alltagslebens erscheint, muß man dann nicht wirklich ein für allemal mit der gesamten angstvollen Perversion unseres Lebens Schluß machen?

Bis zu diesem Ende der Sackgasse mußte Jesus uns offensichtlich führen; bis dahin wollte er uns begleiten. «Er gab sein Leben hin, aus Liebe zu uns Sündern», heißt es im kirchlichen Sprachgebrauch.[2] Anscheinend wußte Jesus wirklich keinen anderen Weg mehr, als uns *durch seinen Tod* zu zeigen, wie völlig sinnlos, ja, wie vollkommen mörderisch uns diese Angst beherrscht, die uns immer wieder, immer wieder ins Böse treibt.[3] Wäre es im Grunde nicht viel leichter, uns der Angst zu stellen, viel leichter jedenfalls, als all die Verdrehungen unseres ganzen Lebens noch länger hinzunehmen? Nackt dazustehen, angespuckt zu werden, wie ein Hund geschlagen und ausgepeitscht zu werden, als eine lächerliche Spottfigur vor aller Augen vorgeführt zu werden – all das ist schlimm; doch ist es wirklich schlimmer, als aus Angst davor sein Leben lang sich selber zu besudeln, sich selber zu verhöhnen und sich selber zu verstümmeln (Mk 15,16–20)? Daß einem jedes Wort im Munde umgedreht wird (Mk 15,29) und daß man so tut, als wenn alles, was je gesprochen und getan wurde, vollkommen sinnlos und gleichgültig wäre (Mk 15,31), daß man gerade für die Wahrheit, die man sagen und vertreten möchte, nur Ablehnung und zynische Verachtung erntet (Mk 15,32) – all das ist furchtbar; aber ist es wirklich furchtbarer, als in den völligen Zynismus der willenlosen Speichelleckerei des vormanipulierten Massenurteils abzugleiten und aus Angst vor der Menge Gott und sich selber zu verraten?[4]

Ja, dieser Kelch des Leidens Jesu ließ sich *nicht* vermeiden (Mk 14,35). Es durfte dieses eine Mal vor Gott kein Pardon geben, und zwar gerade in bezug auf diesen einen einzigen Unschuldigen nicht. Es mußte in der ganzen Kraßheit einmal deutlich werden, wie wir uns selbst durch unsere Angst zugrunderichten und daß sich diese Angst vor Gott nicht lohnt. Gott *hier* um einen Ausweg anzuflehen, das hieße nur, die Angst noch einmal in den Himmel zu erheben.[5] Einmal muß diese grausame Angst vor allem, was uns Menschen zur Unmenschlichkeit verführt, in all ihren Facetten durchgestanden werden. Einzig deshalb bedeutet der Tod Jesu gerade nicht, daß wir endgültig in Verzweiflung verfallen müßten; sein Tod verleiht uns, recht verstanden, in der Tat die entscheidende Kraft gegen unsere Angst und gegen unsere Ohnmacht, mit der wir immer schon von neuem ins Böse taumeln.

So kommt es bereits schon einem ersten Wunder gleich, daß Frauen wie Maria Magdalena, Salome und Maria, die Mutter des Jakobus und des Joses, im Angesicht des Todes Jesu nicht verzweifeln. In anderen Zusammenhängen kennen wir die Sage der Antike, wie *Niobe*[6] versteinerte vor Leid, als ihr der Gott *Apoll* den ganzen Reichtum ihres Lebens, ihre sieben Kinder, tötete. Diese Frauen unter dem Kreuz erleiden *nicht* das Schicksal Niobes. Eher schon gleicht die Gestalt der Magdalena unterm Kreuz der trauernden und klagenden Erd-Muttergottheit der *Sumerer*[7], der *Syrer*[8], der *Ägypter*[9], die um ihren einzigen Sohn oder Gatten fassungslos weint, der als das Korn des Feldes in den Frühlingstagen auf das Land geworfen und ins Erdreich eingesenkt wird, um später dann, im Herbst, unter den Erntesicheln der erbarmungslosen Schnitter abgemäht zu werden.[10] Es ist ein wehmütiges Sterben, und doch, so weiß man, dient dieses Sterben einem neuen größeren und fruchtbareren Leben.

Dies ist die Stunde, in der die Angst scheinbar allmächtig ist, in der allein die Unmenschlichkeit siegreich scheint; und doch ist es zugleich die Stunde, die uns zeigt, daß wir so wie bisher nicht länger weiterleben können. Gerade indem Jesus getötet wird, legt er das eindringlichste Zeugnis dafür ab, daß wir in der gewohnten Weise nicht mehr weitermachen können, beweist er geradezu die Wahrheit und die Unzerstörbarkeit all dessen, was er sagte und getan hat. Gerade weil er unter uns, so wie wir sind, notwendig sterben *mußte*, sind wir förmlich gezwungen, ihm im ganzen recht zu geben. Gerade der *tote* Jesus ist *nicht* tot; gerade in seinem Tod beginnt er vielmehr überhaupt erst eigentlich zu leben.

Vermutlich hat Jesus selbst von seinem Leiden, seinem Tode so gedacht. Wenn man in der Dogmatik sagt, er sei «für uns»[11] «aus Liebe» in den Tod gegangen, so doch gewiß in jenem tieferen und wesentlichen Sinne, daß er nie aufgehört hat, uns Menschen weit mehr zuzutrauen, als daß wir immer weiter damit fortführen, in unserer Angst uns gegenseitig zu zerstören; und daß er niemals, selbst angesichts der härtesten Anfeindung nicht, vergessen hat, wie tief all seine Ankläger, Verleumder, Henker und Richter von Angst und Hilflosigkeit hin- und hergerissen werden. Niemals wird Jesus davon abgelassen haben, auf die unaustilgbare Wahrheit Gottes in der Seele eines jeden Menschen bedingungslos zu hoffen: Wenigstens angesichts des Äußersten würden wir Menschen – das war seine feste Zuversicht – imstande sein, uns die Unhaltbarkeit unserer angstvollen Lebenslügen einzugestehen und frei zu werden für das, was ohne die Verzerrungen der Angst an Wahrheit und an innerem Einklang zutiefst in uns enthalten ist. Wenigstens kraft seines Todes würden einzelne von uns die Fähigkeit erlangen, die eigene Angst aufzugeben und sich zur Wahrheit zu bekennen.

Und jedes Wort aus Jesu Mund und jedes Wunder seiner Hände würde dann beweisen, woraus wir Menschen wirklich leben können. Eben deshalb gefriert der Schmerz der Frauen, erstarrt die Traurigkeit *Maria Magdalenas* unterm Kreuz nicht zur *Niobeversteinerung*. Am Abend dieses grauenhaften Tages ist deutlicher denn je, wem unser Herz gehört und was es eigentlich auf dieser Welt zu lieben gilt. Für uns kann Jesus nicht gestorben sein, wenn wir in Zukunft selber leben wollen. Vielmehr ist deutlich, daß wir selber nur in ihm das Leben haben. Er, der für uns gestorben ist, kann für uns nicht «gestorben» sein. Er, der für uns gerade in seinem Tod zum Leben wurde, muß in uns selber, *für uns*, weiterleben. Zwar hüllt man ihn in einem letzten Akt der Trauer in das Leichentuch; zwar öffnet sich für ihn das Grab; aber es herrscht doch, wie in jeder tiefen Liebe, so hier besonders eine Ahnung und Gewißheit, daß er vor Gott und um uns Menschen willen nicht tot sein kann. Unseren Menschenhänden, die ihn töteten, ist nicht die Macht gegeben, von uns selbst her das Geschehene je wiedergutzumachen; unseren Menschenhänden verbleibt allein das traurige Werk des Abschieds und der Pietät – eine verspätete Fürsorglichkeit, die menschlich Jesus schon nicht mehr erreicht. Und doch bleibt gerade mitten in der Trauer das leidenschaftliche Gefühl bestehen: Er, der von Gott her sterben mußte, er hätte eigentlich nie sterben dürfen; er wird vor Gott nie tot sein können. Wenn wir fortan nur leben können, weil er für uns gestorben ist, wenn wir durch seinen Tod das Grab tödlicher Angst zu Gott hin endgültig verlassen können, wird dann nicht er erst recht in Gott vom Grabe auferstehn? Wenn er für uns zum Leben wurde, kann er dann für sich selber tot und abgestorben sein? Und sollten wir dazu verurteilt bleiben, in der Erkenntnis unserer Schuld ewig in Reue an der Last unserer eigentlich schon überwundenen Vergangenheit zu haften? Von diesem Tage an vermögen wir endlich zum Leben zu gelangen, vorausgesetzt, daß wir nicht unter dem Gewicht der Traurigkeit und Schuld zerbrechen.

So mischt sich in die Klagen des Karfreitags eine Bitte, an der alles hängt: «Jetzt, wo wir endlich wissen, wie wir leben könnten, Herr, laß dieses Opfer unserer Angst, laß deinen Sohn nicht endgültig zerstört zurück. Tu uns, damit wir leben können, noch ein Letztes und mache wieder gut, was wir von uns her nicht mehr korrigieren können: Erwecke den, der in uns fortan ewig leben wird, selber zum ewigen Leben. Denn es ist wahr, was der Prophet Jesaja sagte: ‹Durch seine Wunden sind wir geheilt!› (Jes 53,5) Nimm, Herr, von uns die Schuld und laß ihn, unser Leben, selber zum Leben auferstehn. Jetzt, da wir ihn getötet haben, wissen wir, was wahres Leben ist; und gegen alle Angst und gegen alle Selbstvorwürfe, Herr, damit wir wirklich leben können, erwecke *ihn* zum Leben und laß ihn bei uns sein für immer, alle Tage, bis an das Ende unseres Lebens, bis an das Ende aller Welt.»

Das *Markus*-Evangelium hat die Darstellung des Leidens und des Sterbens Jesu in sich bereits geschildert wie ein sich erfüllendes Gebet. Es ist der *Psalm 22*[12], den *Markus* in der Passionsgeschichte vor allem erfüllt sieht. Dieses Karfreitagsgebet muß man für sich selber durchmeditieren, um die Haltung Jesu zu verstehen, mit der er in den Tod ging, und jenen Glauben für sich selber einzuüben, mit dem er alle Angst auf Gott hin überwand.

Psalm 22,2–32

(in eigener Übersetzung)

Mein Gott, mein Gott,
warum hast du mich verlassen (Mk 15,34),
fern meinem Bitten um Hilfe,
fern dem Rufen meines Flehns?
Mein Gott,
ruf ich, am Tage gibst du keine Antwort,
des Nachts – keine Beruhigung mir.
Du selbst –
ganz heilig, du,
thronend auf den Gebeten Israels.
Von alters her fand man Geborgenheit in dir,
man fand Geborgenheit,
du rettetest.
Zu dir konnte man rufen,
und fühlte sich befreit,
in dir fand man Geborgenheit,
man fiel der Schande nicht anheim.
Aber ich,
ein Wurm,
kein Mensch,
der Spott für jedermann,
rundweg verachtet.
Wer immer mich sieht, muß mich verspotten,
verzieht den Mund,
schüttelt den Kopf (Mk 15,29).
(Sie höhnen:) «Wälz es doch auf den Herrn,
mag der ihn retten, ihn entreißen,
er hatte ja an ihm Gefallen.»

Und doch bist du es, der mich ins Dasein rief,
warst du die Urgeborgenheit
schon in den Armen meiner Mutter.
Auf dich hin bin ich ausgestoßen worden aus dem Mutterschoß,
von Anfang an bist mein Gott du.

So bleibe mir nicht fern, während die Angst sich naht,
es gibt niemanden sonst, der hilft.
Zahlreiche Stiere haben mich eingekreist,
die starken Basansstiere eingekeilt.
Sie öffnen drohend über mich den Rachen,
wie wenn ein Löwe schlingen will und brüllt.
Wie Wasser bin ich ausgeschüttet,
ganz und gar aufgelöst im Innern,
mein Herz ist geworden wie Wachs,
zerschmolzen drinnen, im Kern selbst.
Trocken wie ein Stück Ton – mein Hals,
die Zunge festgeklebt am Gaumen,
in Todesstaub hast du mich hingestreckt.
Wie Hunde haben sie mich eingekreist,
die ganze skrupellose Rotte hält mich eingeschlossen.
Gefesselt haben sie
meine Hände,
meine Füße.
Völlig zerschlagen fühle ich mich,
sie schauen mich an, sie betrachten mich,
sie teilen meine Kleider unter sich,
sie werfen über mein Gewand das Los (Mk 15,24).

Doch du, Herr, bleib nicht fern,
du, meine Stärke,
eile mir zu helfen.
Entreiß mein Leben dem drohenden Schwert,
das Kleinod (meines Daseins) den Pfoten der Hunde.
Bewahre mich vor dem Rachen der Löwen,
fort von den Hörnern der Büffel. –
Du *hast mir* Antwort gegeben. –
Jetzt möcht ich meinen Brüdern sagen,
wer du wirklich bist,
inmitten der Gemeinde
möchte ich dich preisen.
Die ihr den Herrn verehrt,
preist ihn,
alle vom Haus Jakob

gebt ihm Ehrfurcht,
alle vom Haus Israel.
Er hat nicht übersehen, nicht verachtet,
das Elend des Elenden,
sein Antlitz nicht vor ihm verborgen.
Als er um Hilfe flehte,
hat er ihn erhört.
Von dir her kommt mein Lobpreis in der Menge der Gemeinde.
Was ich versprochen, will ich halten
unter den Augen derer, die ihn fürchten.
Die Armen werden satt zu essen haben,
preisen dürfen den Herrn,
die wirklich nach ihm suchen.
Aufleben soll euer Herz für immer.
Selbst an den Randzonen der Erde
wird man von neuem die Gedanken hinlenken auf den Herrn.
Vor deinem Antlitz werden alle Völkerstämme niederfallen.
Denn der Herr hat allein die entscheidende Macht,
er ist es, der die Völker regiert.
Ihn allein beten selbst die an,
die bereits in der Erde ruhen;
vor seinem Antlitz beugen ihr Knie
alle, die bereits in den Staub gestiegen sind.
Drum: meine Seele gehört ihm allein.
All meine Nachkommen werden ihm dienen;
vom Herrn erzählen wird man kommenden Geschlechtern;
von seiner Art zu handeln
wird man späteren Geschlechtern Kunde geben:
(denn sagen wird man:) «So hat er's gemacht.»

Maria von Magdala am Grab: «Gesehen habe ich den Herrn»

Die Sehnsucht der Seele, die Bewußtwerdung des Geistes und das Zeugnis der Liebe – alles im Menschen weiß und verheißt die Unsterblichkeit des Lebens; auf jeder Ebene dieser Erfahrungen liegen Bilder und Symbole in der menschlichen Psyche bereit, um in den universellen Symbolen der Himmelfahrt der Seele, der Wiedergeburt des Daseins bzw. der Auferstehung des «Fleisches» die Verwandlung der ganzen menschlichen Existenz in die Sphäre von «Geist» und «Licht» zu beschwören und zu bezeugen; doch auch das Sprechen von «Geist» und «Licht» ist selber noch «nur» ein Symbol, um zu beschreiben, was schlechterdings unbeschreibbar ist: den Eintritt der Person eines Menschen in den «Raum» der Unendlichkeit, in die unvergängliche «Welt» Gottes, in die Gegenwart seiner ewigen Liebe.

Die Botschaft des Christentums hat dem Glauben der Menschheit an die Unsterblichkeit des Lebens inhaltlich keine neuen Erkenntnisse hinzugefügt; es enthält in seinen Lehren bzgl. dieser Fragen durchaus nichts, was nicht in den Anschauungen vor allem der Alten Ägypter Jahrtausende früher bereits vorgebildet gewesen wäre. Ja, man muß, gemessen an der Fülle der Bilder des Alten Ägyptens, sogar sagen, daß die dogmatischen Formulierungen des christlichen Glaubens über das Schicksal des Menschen im Tode sich zu den ägyptischen Visionen verhalten wie die 26 Buchstaben der lateinischen Schrift zu den 800 Hieroglyphen der Ägypter – sie konzentrieren und vereinfachen die schwer überschaubare Vielfalt der ägyptischen Chiffren auf einige wenige Elemente, das Grundprinzip aber wird dabei nicht verändert, sondern lediglich einheitlicher und klarer ausgestaltet. Allerdings ist gerade diese Konzentration und «Vereinfachung» von außerordentlicher Bedeutung für das Selbstverständnis des Menschen. In ihr kommt zum Ausdruck, daß der Glaube an ein ewiges Leben nicht nur ein frommes Meinen und Hoffen bedeutet, sondern daß er sich auswirkt in einer grundsätzlichen Neuwerdung der menschlichen Personalität, auf eine Weise, wie sie derartig radikal und integral zuvor niemals bestand. Den Grund dafür bildet die Erfahrung, die Menschen vor 2000 Jahren mit der Person des Jesus von Nazareth machen konnten: daß in seiner Nähe das menschliche Dasein aus den vielen einander oft widerstreitenden Aspekten sich zu einer einheitlichen Gestalt zusammenfügte, indem es von einem Strom der Zugewandtheit und der Güte sich getragen fühlte, der hier in diesem Leben schon hinüberfließt in das Gestade der Ewigkeit. *Hier in diesem Leben!* Nicht erst in einem anderen, sondern in diesem armen, armseligen, oft wie verloren wirkenden irdischen Dasein! «Wiedergeburt», «Auferstehung», «Verwandlung» – das waren in der Nähe Jesu nicht länger mehr Verheißungen für ein Leben nach dem Tode, sondern Erfahrungen, die den Tod mitten im Leben ein für allemal zu überwinden vermochten, und es ist dieser Gedanke, den gerade das *Johannes*evangelium betont herausstellt: die unbedingte Gegenwart des Zukünftigen[1] in der Botschaft Jesu, in der Wirklichkeit des Christus! Die Geschichte von der Auferweckung des Lazarus (Joh 11,1–45) vor allem macht für *Johannes* die «Auferstehung» aus den «Gräbern» in dieses Leben hinein deutlich[2]: «Wer an mich glaubt, wird leben, wenn er auch stürbe» (Joh 11,25). – Es ist ein extremer Ausdruck dafür, daß es den Tod als Macht der Daseinsverformung aus Angst nicht mehr gibt für denjenigen, der die Botschaft Jesu von dem Vertrauen auf Gott in sein Leben eingelassen hat.[3]

Man glaubt mithin im Sinne des *Johannes*evangeliums an Christus eigentlich nicht aufgrund der Auferstehung am Ostermorgen; umgekehrt: es kann die Auferstehung Jesu am Ostermorgen nur *sehen*, wer am eigenen Leibe erlebt hat, daß die Person Jesu in sich selber «Leben», «Licht» und «Auferstehung» *ist* (Joh 1,4; 11,25)[4]. Wenn man so will, handelt es sich dabei um die gegenläufige Position zur *paulinischen* Theologie: Nicht die Vision des Auferstandenen (vor Damaskus, Apg 9,1–19; 1 Kor 15,8) bezeugt die Wahrheit der Botschaft Jesu, sondern nur wer erlebt hat, daß es ohne die Person Jesu kein Leben gibt, wird fähig sein, das Grab Jesu am «Ostermorgen» *leer* zu finden.[5]

Die Verkörperung dieser Wahrheit bildet für das *Johannes*evangelium die Gestalt der *Maria von Magdala;* auf sie allein gründet sich die Botschaft des Lebens jenseits des Todes; mit ihr, einer Frau, die *Paulus* mit keinem Wort erwähnt, ja, die er in seiner Liste der Zeugen in 1 Kor 15,5.6 wie mit Absicht übergeht, muß man der Darstellung des *Johannes*evangeliums zufolge beginnen, um nachzuvollziehen oder, besser, um mitzuvollziehen, was sich im Herzen eines Menschen begibt, der gerade im Angesicht des Sterbens Jesu erfährt, daß das Licht nicht verlöschen und die Liebe nicht erkalten kann. Im Gegenteil: Wer sieht, wer Jesus wirklich ist, für den ist die Schändung auf Golgotha in Wirklichkeit «Verherrlichung» (Joh 12,23; 16,14; 17,5) und seine barbarische Kreuzigung in Wirklichkeit Bestätigung und Erfüllung vor Gott – o daß doch der Ewige die Welt durch diesen Tod zuinnerst erneuern, «richten» (Joh 12,31; 16,8) und endgültig «an sich ziehen» möge (Joh 12,32)! Auferstehung Jesu – das heißt für *Johannes:* das Ende der Angst (Joh 14,1; 20,19), das bedeutet die Kraft der Vergebung (Joh 20,23), das besagt die Verklärung der Wunden (Joh 20,27), das ermöglicht einen Glauben ohne zu «sehen» (Joh 20,29) – das heißt, in ein Leben zu treten, in welchem die Menschen «versöhnt» sind mit Gott, versöhnt mit sich selbst, versöhnt miteinander, als Schwestern und Brüder untereinander (Joh 20,17), als «Kinder des Lichtes» (Joh 1,12). Maria von Magdala! – Sie ist der Endpunkt von allem. Sie ist der Anfang. Wer ist sie? und: Was hat sie erlebt, daß alle anderen daraus Leben empfingen?

«Natürlich», schreibt Luise Rinser in ihrem Jesusroman *«Mirjam»*, «sprachen wir, wenn kein fremdes Ohr nahe war, über das, was wir erlebt hatten, und wir versuchten, das Unbegreifliche (des Ostermorgens, d. V.) ein wenig handlicher zu machen. Wir verglichen unsere Erfahrungen, die wir mit dem aus dem Totenreich Zurückgekehrten (Jesus, d. V.) gemacht hatten, wir zogen unsere Wahrnehmungen in Zweifel, wir erwogen die Möglichkeit der Sinnestäuschung und kamen doch immer wieder auf den einen festen Punkt: Wir haben ihn erlebt. Auf jeden Fall: Er lebt. Ob gesehen oder gehört, das war eine Frage für sich. Haben wir ihn in uns gesehen oder außerhalb unserer? Haben wir sein Bild in uns nach außen verlegt, sozusagen? Oder war er tatsächlich eine Wirklichkeit außer uns? Haben wir ihn als ein Außer-uns sehen können, weil er ein In-uns war?»

Tiefenpsychologisch wird man sagen müssen, daß die Frau aus Magdala die Person Jesu offenbar in einer Weise erlebt hat, daß all die Bilder, die in der menschlichen Seele zur Deutung des Todes angelegt sind, in ihr aktiviert und freigesetzt wurden bis zur völligen Gewißheit, bis zum «Sehen» und «Hören». Rein psychologisch mag man dies ein Heraussetzen innerer Bilder, eine «Projektion» also, nennen; theologisch aber wird man betonen dürfen, daß es gerade diese «Bilder» sind, die verdienen, daß man ihnen auch eine «objektive» Wahrheit zutraut; denn eben darin bestand das Vertrauen, das Jesus uns lehrte: daß Gott uns nicht Formen der Sehnsucht und Hoffnung ins Herz gelegt hat, die nicht in Wahrheit auch stimmen.

Wir können den Auferstandenen nur sehen, weil wir sein Bild in uns tragen, und er begegnet uns nur als «außerhalb» von uns, weil er zutiefst in uns lebt; aber er lebte nicht in uns, entspräche den «Bildern» des ewigen Lebens nicht eine Wirklichkeit, die an sich bei Gott besteht, und es ist in alle Ewigkeit die Person und das Wesen dieses Jesus von Nazareth, deren Güte und Sanftmut unsere Seele so sehr verzaubert und anregt, daß sie all diese Bilder des Lebens in uns zu finden und festzuhalten vermag, die uns auf immer bezeugen: es gibt keinen Tod.

Maria von Magdala erlebte am Grab Jesu eine dreifache Umkehr:

> [1] Am ersten Wochentage kommt Maria, die Frau aus Magdala, in der Frühe, als es noch dunkel ist, zum Grab und sieht, wie der Rollstein vom Grab weggenommen ist. [11] Maria blieb an dem Grab stehen, draußen, weinend. Wie sie nun weint, hat sie sich in das Grab hineingebeugt [12] und erblickt zwei Engel in Weiß da sitzen, einen zu Füßen, einen zu Häupten der Stelle, wo der Leib Jesu hineingelegt worden war. [13] Und es sagen zu ihr diese: «Frau, warum weinst du?» Sagt sie zu ihnen: «Weggenommen haben sie meinen Herrn, und nicht weiß ich, wohin sie ihn gelegt haben.» [14] Als sie dies gesagt hatte, hat sie sich umgedreht, nach rückwärts, und erblickt Jesus, wie er dasteht, und sie wußte nicht, daß es Jesus ist. [15] Sagt ihr Jesus: «Frau, warum weinst du? Wen suchst du?» Sie, in dem Glauben, es ist der Gärtner, sagt ihm: «Herr, wenn du ihn weggetragen hast, sag mir, wo du ihn hingelegt hast, und ich, ihn will ich holen.» [16] Sagt ihr Jesus: «Mirjam!» Sie dreht sich um und sagt ihm auf Aramäisch: «Rabbuni» (d. h.: mein Meister). [17] Sagt ihr Jesus: «Berühre mich nicht, denn ich bin noch nicht zum Vater aufgestiegen. Aber geh zu meinen Brüdern und sag ihnen: Ich steige hinauf zu meinem Vater und euerem Vater, meinem Gott und euerem Gott.» [18] Es kommt Mirjam, die Frau aus Magdala, und meldet den Jüngern: «Gesehen habe ich den Herrn», und das hat er ihr gesagt. (Joh 20,1.11–18)

Die Frau, die sich am Ostermorgen zum Grab Jesu begibt, muß mit dem Tod des Herrn alles verloren haben. Wir wissen nicht sehr viel aus ihrem Leben. Nur eine einzige kurze Bemerkung im *Lukas*evangelium berichtet von ihr. Es ist eine dunkle und sehr sonderbare Mitteilung. Maria, so heißt es dort, sei von sieben bösen Geistern besessen gewesen, und der Herr habe sie geheilt (Lk 8,2).[6] Was immer auch man sich unter einer solchen *Besessenheit* vorstellen mag[7]: Ganz sicher scheint zu sein, daß Maria von Magdala, ehe sie dem Herrn begegnete, wie völlig aufgelöst, in sich zerspalten und zerrissen gewesen sein muß, sich selber fremd und Mächten in ihr ausgeliefert, die über sie hinwegzogen wie Regenwolken vor dem Sturm.

Ein ganz und gar chaotisches, zerstörtes und haltloses Leben muß sie geführt haben, wie willenlos getrieben, ohnmächtig zu jeder Art von Selbstbestimmung.

Im Ansatz kennen wir ein solches Lebensgefühl alle: Ganze Tage, ganze Jahre können dahingehen, ohne einen einzigen Gedanken, ohne eine einzige eigene Entscheidung, ohne ein einziges wirklich persönliches Gefühl; immer aber womöglich haben wir noch das Bewußtsein, wenigstens prinzipiell die Verbindung zu uns selber nach Belieben herstellen zu können. Wir ertragen die ständigen Formen der Fremdbestimmung als etwas von außen Zugefügtes, sie sind uns selbst (noch) nicht innerlich, und immer noch suchen wir uns damit zu trösten, daß wir im nächsten Urlaub, in der nächsten Kur, in ein paar Jahren nach der Pension das Leben beginnen können, das wir eigentlich führen möchten. Eine Illusion zumeist! Denn unbemerkt dringt das System der Außenlenkung in unser Inneres ein, schon aus lauter Angst vor unserer eigenen Selbständigkeit wird es allmählich zu einer Art zweiten Ichs, und am Ende greifen wir förmlich nach jeder Erleichterung, nach jeder Ablenkung von unserer eigenen Persönlichkeit, nur um nicht den Schrecken aushalten zu müssen, uns selber zu begegnen. So zu leben ist fast normal: Das, was die anderen sagen, was sie denken oder was sie beschließen, gilt als das Bedeutende, wir selber aber sind das von den Umständen Bedeutete, das aus Angst von jeder fremden Gegenmeinung Abhängige – ein Wahnsinnszustand der Existenz, der indessen als alltägliche Gewohnheit auftritt und durchaus noch nicht den Eindruck subjektiver Krankheit macht. Das Problem aber liegt vor allem darin, daß Menschen, die selber nicht leben, auch andere nicht zu sich selbst kommen lassen, und gerade das scheint der Fall im Leben Marias aus Magdala gewesen zu sein: Sie scheint nie ein eigenes Ich besessen zu haben, ihre Seele war nichts als die Aufspaltung selbst, ein Bündel von Nicht-Ichen und Komplexen, die niemals zu einer Einheit fanden.

Der englische Psychiater RONALD D. LAING hat in seinem Buch *«Das geteilte Selbst»* am Beispiel der Schizophrenie die wohl konzentrierteste Vorstellung davon gegeben, wie ein solches, in sich zerfallenes, von «sieben Dämonen» beherrschtes Ich beschaffen ist. Es ist ein Ich, das in der ständigen Angst lebt, aufgrund seiner Schwäche von den Dingen, Gegenständen und Personen ringsum förmlich erstickt zu werden. Auf dem Grund seiner Existenz lauert das ständige Gefühl einer ontologischen Unsicherheit, ein Empfinden, im wahrsten Sinne des Wortes über dem Nichts zu hängen. In der schlimmsten aller Ängste, in der Furcht, die eigene Identität und Autonomie zu verlieren oder schon verloren zu haben, ist ein solches Ich unentwegt vor allem auf der Flucht: vor der Liebe ebenso wie vor dem Haß. Aus Angst verkriecht es sich in seine Einsamkeit, obwohl es doch im Grunde nichts mehr fürchtet, als allein zu sein. LAING gibt u. a. den Traum eines 25jährigen Mädchens wieder, das mehrfach hintereinander träumte, daß sich während des Essens die fünf Personen am Tisch in Steinstatuen verwandeln. Er schreibt: «Sie (das Mädchen, d. V.) flüchtete in Entsetzen und rannte in das Zimmer ihrer Mutter. Auch ihre Mutter war zu Stein geworden und saß leblos in ihrem Sessel, mit leeren Augen in die Luft starrend. Die Träumende flüchtete in das Zimmer ihres Vaters. Er stand in der Mitte des Zimmers. In ihrer Verzweiflung rannte sie auf ihn zu und warf schutzsuchend die Arme um seinen Hals. Aber auch er war aus Stein, und zu ihrem unbeschreiblichen Entsetzen verwandelte er sich in Sand, als sie ihn umarmte.»[8] Das Mädchen selbst, als es erwachte, war vor Grauen minutenlang wie betäubt und selbst wie unbeweglich, buchstäblich verhärtet und versteinert.

Gerade die Menschen, so scheint dieser Traum zu sagen, die dieses 25jährige Mädchen am meisten brauchen würde, sind zu ihm abweisend und kalt, von einer steinernen Härte; wenn es sich an sie wendet, sind sie leblos wie Statuen; in ihren Augen ist es keines Blickes würdig – es hat nicht das geringste Ansehen bei seinen eigenen Eltern. Wie im *Dornröschen*-Märchen[9] erstarrt das ganze Leben aus Angst in einer seelenlosen, maskenhaften Außenseite: nichts mehr bewegt sich, nichts entwickelt sich, alles ist tot und erweckt nur noch äußerlich den Anschein von Leben. Sobald man glaubt, sich daran festklammern zu können, zerrinnt es zu Sand, haltlos und formlos – nichts! So wirkt es, wenn Menschen, die selber nicht leben, nichts weiter sind als Statuen und Attrappen, als «Profis» in «Funktion», als «Amtsträger» in den Kitteln aus Schwarz, Weiß, Rot oder Grün – keine Menschen, nur dienstbare Gegenstände.

Die «Dämonie» der «sieben Geister» in der Person Maria Magdalenens bedeutet wohl zentral ein solches Auseinanderfallen des eigenen Ichs im Umkreis einer solchen radikalen Unpersönlichkeit und Ungeliebtheit. Der Schizophrene ist ein Mensch, der in Ermangelung eines wirklichen Gegenübers niemals zu sich selbst gefunden hat und der vollkommen ohne Hoffnung, ohne Perspektive ist, ein lebendig Toter, ein Mensch, der aus sich selbst herausgefallen ist und in sich selbst kein Zentrum mehr besitzt. Geradeso scheint das Leben Maria Magdalenens gewesen zu sein, ehe sie Jesus begegnete.[10]

Erst von daher können wir begreifen, was für diese Frau Jesus bedeutet haben muß. Er war für sie der Wendepunkt, an dem ihr Leben anfing, zum erstenmal ihr selber zu gehören; an ihm vermochte sie sich selbst wiederzufinden. Er war für sie der Punkt, von dem her Ordnung in ihr Leben kam, an dem sie Festigkeit und Sicherheit gewann, an dem der Abgrund unter ihren Füßen sich zusammenfügte und sie so etwas wie eine Verankerung in ihrem Dasein spürte. Die ganze Welt, das ganze Leben, alles muß angefangen haben, sich aus seiner Totenstarre, seiner Versteinerung, seiner ängstigenden Allmacht zu befreien, es muß begonnen haben, neu zu leben und einen Zusammenhang, einen inneren Sinn um sich zu formen. Aus einer Unzahl von zerrissenen Fetzen und zerbrochenen Steinen gewann ihr Leben eine Einheit und fing an, in sich von neuem ganz und heil zu werden. Die Flucht vor den anderen, das Leben in dem Ghetto purer Angst hatte ein Ende. Einmal war sie einem Menschen begegnet, der nicht als eine Statue aus Stein vor sie hintrat und ihr zu Sand zerrann, wenn sie sich an ihn klammern wollte. Auf der ganzen Welt muß

Jesus für sie die Stelle gewesen sein, wo sie zum erstenmal einfach hatte dasein dürfen, wo sie zum erstenmal von sich hatte sagen können, daß es jemanden gab, der sie ohne jedwede Hinterabsicht und ohne jeden Eigennutz, nur um ihrer selbst willen, liebte; und indem in einem solchen Klima der Freiheit und des Gewährenlassens ihr eigenes Ich sich zu formen begann, wird sie zum erstenmal etwas gespürt haben von jenem absoluten Du, das wir Gott nennen und das in Jesus für sie Form, Gestalt und Inhalt fand.

Viele Menschen schon haben an Jesus geglaubt, manche schon haben ihn gemocht, gewiß. Aber niemand hat ihn so sehr geliebt und so an ihm gehangen wie diese Frau aus Magdala. Denn ihr bedeutete er alles.[11] Wenn wir von Maria, der Mutter Jesu, sagen, daß sie nur *auf ihn hin* lebte[12], so muß man von Maria Magdalena sagen, daß sie nur *durch ihn* lebte. Und wenn man von Maria sagt, daß sie im Hinblick auf den Herrn von aller Schuld in ihrem Leben unberührt geblieben sei[13], so war Maria Magdalena umgekehrt das reine Opfer aller Menschenschuld, die vollkommene Beute reiner Angst, das äußerste, unmenschliche Produkt schierer Unmenschlichkeit. Was sie sein konnte, war sie nur durch Jesus; ohne ihn konnte sie fortan nicht weiterleben, und so ging sie mit ihm in dem sicheren Gefühl, ihn immerdar lieben zu müssen und in ihm alles das zu finden, was sie zum Leben brauchte. Von anderen heißt es, daß sie alles verließen, um sich Jesus anzuschließen[14]; Maria Magdalena hatte nichts, was sie hätte verlassen können; sie konnte nur alles gewinnen. Sie «folgte» ihm nicht nach wie andere, sie erfuhr einfach, daß er die einzige Stelle auf der Welt war, an der sie leben durfte und an der sie zum Leben zugelassen wurde. Sie folgte ihm, wie man von einer Schwalbe sagen kann, daß sie dem Sommer folgt: um immer an dem Ort zu bleiben, wo sie in seiner Nähe war und wo sie seine Wärme fand. Nirgendwo sonst konnte Maria Magdalena glauben, das zu finden, was Jesus für sie war und was er ihr gegeben hatte.

Von jeder Liebe unter Menschen gilt, daß sie den anderen einmalig macht; in jeder Liebe wird der andere zu einer Tür, die in den Himmel führt. Aber von einer Liebe, der man es verdankt, zum erstenmal ein Mensch zu sein, kann man wohl sagen, daß sie in sich selber göttlich ist und daß man in ihr Gott begegnet. Und so war Jesus für Maria Magdalena *Gott.* Ein Mensch, den man aus Liebe von sich her vergöttlicht, wird Zug um Zug die eigene Freiheit nehmen und Hingabe in Untertänigkeit verwandeln. Maria Magdalena aber fand in der Nähe Jesu zu sich selbst zurück; und eben darin ward ihr Jesus Gott. Er blieb für sie durchsichtig auf Gott hin und war doch selber für sie in dieser Transparenz ganz und gar eine göttliche Person. Durch ihn wußte sie sich in Gott geborgen.[15]

So war sie mit den anderen in der Umgebung Jesu und doch von allen anderen durch ein Unendliches an überwundenem Leid getrennt. Man mag sich vorstellen, wie sie dem Herrn zu Füßen saß und seinen Worten lauschte. Bilder und Einsichten, wie sie noch nie ein Mensch verkündet hatte, sprach er aus; und sie spürte bei allem, was er sagte, daß sie aus seinen Worten leben konnte, ja, daß Gott selbst in ihnen zu ihr sprach; so wahr und einfach wurde alles, wenn man es mit seinen Augen sah – nicht siebenfach aus Angst zersplittert und zerrissen.

Dann aber waren diese Tage des Karfreitags über sie hereingebrochen, in denen man den Herrn von allen Seiten in die Enge trieb, ihn, der unendlich höher stand als alle seine Ankläger. Keine ihrer Verdächtigungen und Verleumdungen konnte ihn treffen, und dennoch wurde er von der barbarischen Gewalt der Lüge und der Angst zertreten. Die Frau aus Magdala muß das total vernichtet haben. Alle, von denen sonst die Bibel sagt, sie seien Christus «nachgefolgt», haben den Herrn auf Golgotha im Stich gelassen. Nur Maria Magdalena nicht. Sie hatte keine Wahl. Sie konnte in kein anderes Leben flüchten. Ihr Leben wurde am Karfreitag mitgetötet. Endgültig drohen jetzt die alten Mächte, die einen Augenblick lang in der Nähe Jesu schon gebannt zu sein schienen, wieder heraufzuziehen und sie für immer einzuholen. Alles, was mühsam und geduldig in ihr herangewachsen und gereift war, scheint in den Stunden des Karfreitags zerschlagen und zunichte. Mit seinem Tod starb auch ihr Leben.

Gewiß besteht zwischen der Schilderung Maria Magdalenens in der kurzen Bemerkung des *Lukas*evangeliums (8,2) und ihrem Gang zum Grab am Ostermorgen im *Johannes*evangelium historisch zunächst kein Zusammenhang. Und dennoch besteht er innerlich. Denn nur ein Äußerstes an Not ist fähig zur Erlösung; und nur wer selbst wie tot ist, kann am eigenen Leib ermessen, was das ist: die Auferstehung von den Toten. Nur wem mit Jesus alles stirbt, kann ihn im Tode wiederfinden. Insofern steht Maria Magdalena für eine ganze Menschheit, die nicht weiß, wie sie noch weiterleben soll, wenn Menschen alles, was von Gott ist, töten können; und wenn das Leben ohne Gott ein einziger Wahnsinn, eine einzige Lüge ist, wie es *Johannes* sagt, dann ist Maria Magdalena, die Wahnsinnig-Besessene des *Lukas*evangeliums, die rechte Stellvertreterin für alle, die es um den Verstand bringt, zwischen Menschen ohne Gott zu leben.[16] Was sind denn Menschen ohne Gott, wenn nicht Unmenschen ohne Sinn, Vertrauen, Güte und Berechtigung zum Dasein? Erneut versteinert jetzt die Welt Maria Magdalenens an dem Felsengrab im Garten, nur jetzt aus grenzenloser Traurigkeit und wie aus Mutwillen und Absicht. Einzig auf Erden liebt sie jetzt nur noch das Grab, in dem er liegt, der sie hat leben lassen. «Früh, während es noch dunkel ist», begibt sie sich auf diesen Weg zu ihm, wie wenn sie alle Nacht und alle Todesdunkelheit mit ihm gemeinsam teilen wollte.[17] An diesem Morgen sucht sie ihren Herrn auf, um an seinem Grabe für sich selber einen letzten Ruheort zu finden, wie um sich einzurichten in der Traurigkeit, ganz wie ein Hund am Grabe seines Herren wacht, ohne den er doch nicht leben kann. Aufhören, ihn zu lieben, kann sie nicht; sich von ihm loszureißen oder ihn zu vergessen, vermag sie gleichfalls nicht – und will's auch nicht. Im Gegenteil, ihr einziger Wunsch ist jetzt, ihn nie mehr loszulassen; ihn, den die Menschen ihr genommen haben, will sie wenigstens in ihrer Erinnerung niemals verlieren. Mit der Kraft der Verzweiflung hängt sie an dem Erinnerungsbild seines toten, zerstörten Lebens. Sie will es sich erhalten und will es immer vor sich sehen. Es ist ihr letzter Trost auf dieser Welt, wenigstens noch diese Traurigkeit eines zerstörten Glücks, einer zerstörten Liebe zu spüren; denn nur in dieser Traurigkeit kann sie bei ihrem Herrn verweilen. So wie sie ihn mit seinem Leben ganz in sich aufgenommen hatte, so möchte sie den Toten jetzt mit ihrer sanften Traurigkeit bedecken und umschließen wie etwas, das fortan nur ihr gehört, ihr Einziges, das Letzte, was ihr noch verbleibt: Sein Leib, wenigstens noch sein Leib soll ihr nicht mehr genommen werden. Ihr Leben hat fortan nur noch den Sinn, ein Totendienst zu sein. Das Grab, sein Leib – sie sind ihr einziges Vermächtnis.[18]

Da sieht sie, wie der hohe, ca. 1 m große Rollstein von der Eingangstür des Felsengrabes weggewälzt ist, und ein Schrecken überkommt sie. Denn dies scheint der Beweis, daß man ihr auch die letzte Zuflucht noch genommen hat. Die Roheit, die den Herrn vernichtete, hat offenbar selbst vor den Grundregeln der Pietät nicht haltgemacht. Nichts hat sie mehr, an das sie sich noch klammern könnte. In diesem Augenblick bricht sie in Tränen aus, so wie mitunter Menschen weinen, deren Leben wie nach einem Dammbruch sich entleeren will, das nur noch ausfließt und verrinnt, weil es nichts gibt, was es aufhalten könnte. Alles ist fort; es ist ein Weinen ganz am Ende, hilflos, haltlos, rettungslos. Nicht einmal seinen Körper konnten sie ihr lassen! Von neuem muß die Angst Maria Magdalena überkommen, daß alles wiederkehren könnte, daß jetzt von neuem die dunklen Mächte der Vergangenheit von ihr Besitz ergreifen könnten und sie zurückfällt in die Macht des Wahnsinns, als hörte man ihre unheimlichen Stimmen bereits am Fenster draußen, als schlügen ihre Fäuste bereits außen an das Tor. Muß nicht in einer Welt, die derart mitleidlos und unbarmherzig das Wertvollste und Kostbarste zerstört, die derart allem, was menschlich wertvoll ist, entgegensteht, der Wahnsinn geradezu notwendig werden? Scheint in ihr nicht endgültig die Macht des Bösen die Oberherrschaft zu besitzen? Wie wenn sie selber sich darin verkriechen wollte, beugt Maria Magdalena sich in die Grabkammer hinein, um den Ort zu betrachten, an dem der Herr gelegen haben muß. Verzweifelter und aussichtsloser kann kein Mensch empfinden als diese Frau, an diesem Morgen, in diesem Augenblick.

Und doch ist alles anders, als Maria glaubt; und doch quält sie sich, ohne es zu wissen, im Grunde unberechtigt weiter mit ihrer Traurigkeit; und doch droht ihr kein Rückfall mehr in all das, was gewesen ist. Denn dieses leere Grab, der leere Stein, beginnt mit ihr zu reden – eine ganz innerliche, unhörbare Sprache. Der Ort, an dem der Leib des Herrn gelegen hat, fängt ein Gespräch an, das allein das Herz versteht, und er sagt Worte, die nur Gott dem Menschen sagen kann – Worte von Engeln, nicht von Menschen.[19] Der leere Platz, an dem der Herr gelegen hat, die Stelle seiner Füße, seines Hauptes[20]: während Maria Magdalena mit ihren Augen den ganzen Ort noch einmal abmißt, richtet er an sie eine ganz sonderbare vorsichtige Frage; eine ganz zögernde, behutsame Infragestellung geht von diesem Orte aus: «Frau, warum weinst du?» So ist es immer, wenn Gott fragt: es geschieht stets, um aus Verlorenheit zurückzurufen und die schon selbstverständliche Verzweiflung aufzubrechen.[21] Alle wirkliche Traurigkeit hat die Tendenz, sich selbst ins Grenzenlose auszuweiten, und jede schwere Depression saugt die gesamte Welt wie in ein Vakuum in sich hinein; alles ringsum erscheint dann nur wie eine sichere Bestätigung der Hohlheit und der Leere aller Dinge. Darum ist schon unendlich viel gewonnen, wenn die Verzweiflung in den Grund ihrer Resignation zurückgeführt wird und etwas von der Selbstverständlichkeit verliert, mit der sie sich umgibt. «Frau, warum weinst du?» diese Fragestellung ist das erste, was von den leeren Steinen der Grabkammer ausgeht. Es liegt darin im Grunde bereits alles, was Gott der Traurigkeit Maria Magdalenens sagen kann. Aber mit weinenden Augen sieht man keine Engel, und die Worte, die trösten, vernimmt man gerade dann nicht, wenn man sie am meisten brauchen würde. So bricht denn aus Maria Magdalena in einer langgezogenen Klage die ganze Bitterkeit hervor: «Weggeschafft haben sie meinen Herrn, und nicht weiß ich, wohin sie ihn gelegt haben.» «Meinen Herrn»[22] – wie viel liegt in diesem Ausdruck an Anhänglichkeit und Treue, an enttäuschter Hoffnung und verlorenem Halt, wie viel auch vom Empfinden einer tiefen Einsamkeit!

Maria Magdalena weiß an diesem Morgen sich ganz allein mit ihrer aussichtslosen Liebe zu dem, der ihr gehört hat und dem sie selbst sich zugehörig fühlte: Gerade er scheint ihr restlos genommen. Und dennoch hat bereits der Anblick der «leeren» Grabkammer und die Frage, die davon ausgeht, eine Wandlung in ihr hinterlassen. Innerlich, in ihrer Aufmerksamkeitsrichtung, hat sie sich verändert. *Sie wendet sich nach rückwärts*, sagt der Text, und offensichtlich ist diese Wendung nach rückwärts nicht räumlich, sondern innerlich gemeint, denn sonst wäre die nochmalige zweite Wendung, die Maria Magdalena im Gespräch mit Jesus wenig später vollziehen wird (Joh 20,16), gar nicht verstehbar.[23] *Innerlich* wendet sich Maria Magdalena vom «Grabe» weg *nach rückwärts*, fort aus der leeren Gegenwart also in die Vergangenheit, weg von dem toten Äußeren zu dem, was sie von früher her wie gegenwärtig in sich trägt.

Die Bedeutung dieser ersten «Umkehr» ist deutlich: Maria Magdalena wollte mit dem Gang zum Grab die tote Lebenshülle Jesu für sich aufbewahren; sie suchte sich an das zu klammern, was von «ihrem Herrn» ihr *äußerlich* geblieben war, so wie jemand das Foto eines verstorbenen Geliebten aufbewahrt oder nach Jahren noch in seinen Briefen liest. Aber das Äußere bleibt nicht; es schwindet und gibt keinen Halt. Was äußerlich von Jesus bleibt, sein «Grab», ist ganz buchstäblich «leer». Solange man sich daran klammern wollte, fände man nie zum Leben zurück. Man müßte vielmehr Tag um Tag sein eigenes Leben selbst zu Grabe tragen, so wie Maria Magdalena aus lauter Verzweiflung es schon selber will: das ganze Leben als ein Totendienst. In dieser Haltung kann man nur die Bitterkeit, den Schmerz verewigen, man kann nur denken, das Ungeheuerliche hätte nie geschehen dürfen; und doch *ist* es geschehen, und es ist äußerlich durch nichts mehr zu beseitigen. Maria Magdalena muß aus dieser Leere des Äußeren zunächst nach innen, nach rückwärts, in die Vergangenheit gelenkt werden, und in diesem Sinne ist das Grab

Jesu, ist jedes Grab ganz leer – ob in Jahrzehnten der Verwesung, ob im Verbrennen des Körpers, ob in dem dumpfen Klang der Erdschollen auf dem versinkenden Sarg … – das Äußere gibt keinen Halt. So betrachtet, ist sogar die Hoffnung der Ägypter, äußerlich genommen, trügerisch: man könnte wenigstens die äußere Gestalt, die Hülle des Geliebten, durch die Balsamierung seines Körpers konservieren und der Zerstörungskraft der Zeit entreißen. Einzig, was sich in Geist verwandelt, widersteht dem Strom der Zeit.

Von daher muß die Traurigkeit Maria Magdalenens zunächst tatsächlich bis zum Äußersten getrieben werden. Maria Magdalena auf dem Weg zum Grab, so traurig sie auch war, konnte doch hoffen, daß ihr noch ein gewisser Rest geblieben sei – die Scherben wenigstens, und daß sie sich zumindest daran in gewisser Weise festzuhalten vermöchte. Die unbarmherzige, doch wahre Einsicht jetzt besagt, daß sie gar nichts besitzt, und nur in dieser verzweifelten Zuspitzung kommt sie von der leeren Umklammerung des «Äußerlichen» los. Es gibt im Äußeren nichts mehr. Das Grab ist leer[24] – d. h.: es ist im Äußeren unwiederbringlich alles fort[25]. Erst diese letzte Härte der Enttäuschung kann sie davon befreien, sich an die äußeren Fragmente des Zerbrochenen zu klammern; erst dieser harte, unausweichliche, göttliche Zwang veranlaßt sie, die ganze Inhaltslosigkeit, die fürchterliche Leere ihrer Grabeshoffnung sich selbst einzugestehen. Es bleibt ihr äußerlich endgültig nichts – eben deshalb muß sie sich jetzt vom Grabe weg nach rückwärts wenden. «Warum weinst du» – fragt sie das leere Grab, und wirklich sind es Engelstimmen, die so fragen. Es ist das Allerschwerste, auch das Äußere noch zu verlieren; und dennoch kommt gerade dieser Verlust des Äußeren von Gott: während Maria Magdalena im Grab nur das Zeugnis und die Stütze dessen, was sie gewesen war, aufsuchen wollte, erscheint jetzt als das wahre Innere des Grabes ihre eigene Erinnerung. Nicht in dem leeren Stein, in ihr selbst wohnt das unzerstörbare Bild seiner Person. Ihn, wie er war, kann sie sich innerlich vorstellen, oder, genauer: Ganz wie von selbst tritt jetzt, vom Grab abgewandt, in ihrer Traurigkeit seine Gestalt aus der Vergangenheit, aus der Rückwärtserinnerung von neuem vor sie hin, redet sie an und stellt an sie die gleiche Frage wie die Engel: «Warum weinst du?»

Lange kann dieses «Rückwärtsschauen» trauriger Erinnerungen währen; Monate, Jahre kann es dauern, vom Grab weg nach rückwärts sich zu wenden und zu sehen, was verloren ist. Immer von vorn erhebt sich diese Frage, und alles kreist darum, sie zu beantworten: «Warum weinst du?» Es gibt zur Traurigkeit unendlich viele Gründe, und alle wollen sie genannt sein. Jeder dieser Gründe läßt, nach rückwärts gewandt, seine Gestalt von neuem vor dem geistigen Auge Mariens erstehen. Doch: «Warum weinst du?» – diese Frage präzisiert sich nach und nach zu der weit konkreteren Form: «Wen suchst du?» Jesus selber muß diese Frage der Engel aus dem Grabe wiederholen und auf sich hin verdichten. Gerade die Erinnerung verlangt nach Klärung und nach Durcharbeitung all dessen, was er ihr gewesen ist. Mit seinen Worten, die sie in sich aufnahm, mit seinen Taten, denen sie sich selbst verdankte, steht er aus der Erinnerung von rückwärts her jetzt wieder vor ihr; sie sieht seine Gestalt, wie er gewesen ist, und doch – merkwürdig, aber fast immer ist es so in wirklichen Erscheinungserzählungen[26] – vermag sie ihn nicht zu erkennen. Für sie ist das, was sie nach rückwärts gewandt sieht, eine Gestalt, in der ihr zunächst gerade nicht der Herr erscheint, sondern die ihr den Zugang zu dem Lebenden versperrt, ein Mensch, der nur verdeckt, was sie in Wahrheit sucht. Rein menschlich sich an Jesus zu erinnern bedeutet demnach eigentlich, ihn in der Wirklichkeit, ihn in der Gegenwart nicht wahrzunehmen. Rein menschlich bliebe Jesus tot, und die Erinnerungsgestalt seiner Person wäre nur jemand, der durch sich selbst nur um so mehr bezeugen würde, daß in der Gegenwart alles verloren ist. Auf diese Weise sich nach rückwärts wenden hieße nur, die Traurigkeit noch zu vermehren; und alle Traurigkeit, selbst wenn sie schon gefunden hat, was sie vermißt, nimmt innerlich nicht wahr, was sie bereits als Wirklichkeit erkennen könnte. Im

Gegenteil, nur umso mehr treibt es Maria Magdalena zu dem verzweiflungsvollen Wunsch zurück, sich wenigstens an ihrem toten Christus, an seinem Leibe, festzuhalten. «Wenn du ihn weggeschafft hast», sagt sie, «so sag mir, wohin du ihn gelegt, und ich, ihn will ich holen.»[27] Es ist das einzige, was sich Maria Magdalena auf dieser Welt noch glaubt, wünschen zu können, das, wofür oder wovon sie noch zu leben hoffen möchte: seinen Leichnam! Emphatisch setzt sie beides einander gegenüber, wie wenn es eine absolute, unerschütterliche Einheit sein und bleiben müßte: «Ich, – ihn, ihn will ich holen.» Ihr Ich hat nur auf ihn hin zu sich selbst gefunden; jetzt, wo er tot ist, kann sie gar nichts anderes mehr wünschen, als, selber in sich tot, bei ihm, dem Toten, auszuharren.

Aber gerade in dieser Sehnsucht nach dem, was gewesen ist und was ihr nur in der Gestalt des Toten gegenwärtig scheint oder was, umgekehrt, in der Erinnerung ihr nur wie ein endgültiger Beweis für eine ausgeraubte, leere Gegenwart anmutet, begibt sich jetzt ein unerhörter Wandel. Es ist, daß die Gestalt ihrer Erinnerung sie anredet, wie es der Herr, als er auf Erden weilte, wohl oft zu ihr gesagt hat: «Mirjam!» Wie ein begütigender Vorwurf fällt dieses Wort in ihre Traurigkeit. *Johannes* überliefert es in Aramäisch, in der Ursprache Jesu, um so die unverstellte Nähe auszudrücken, die darin mitschwingt, in dieser ganz und gar persönlichen Anrede: «Mirjam». Bei ihrem Namen ruft sie Jesus aus ihrer Traurigkeit zurück; mit diesem Wort berührt er sie, zu sich, zu ihm, zur Gegenwart zurückzufinden.[28] Wirklich ist dies der einzige Weg, der von der traurigen, rückwärtsgewandten Lebensrichtung der Verzweiflung wegführt. Maria Magdalena hört sich selbst von der Erinnerungsgestalt, die, unerkannt noch, vor ihr steht, bei ihrem Namen angerufen. Sie also ist gemeint; das, was gewesen ist, bleibt nicht Vergangenheit; es fängt mit ihr zu reden an, es spricht von früher her weiter mit ihr, meint sie, gilt ihr, ist ihr Besitz und ihre Gegenwart.

Noch einmal, sagt der Text, hat sich Maria Magdalena bei dem Anruf Jesu «umgewandt», und diese zweite Umwendung ist das

Entscheidende. Denn jetzt, wo Jesus sie bei ihrem Namen ruft, wird diese Frau aus Magdala endgültig fähig, sich von dem Blick nach rückwärts freizumachen, sich von dem sehnsüchtigen Starren auf das, was gewesen ist, zu lösen und nach vorn zu blicken.[29] Es wird dieser ganz und gar an sich selbst und aller Welt Verzweifelten jetzt möglich, von der Vergangenheit weg sich ein für allemal der Zukunft zuzuwenden. Es ist nicht wahr, daß Jesus nur nach Menschenart ein Gegenstand wehmütiger Erinnerungen wäre oder bleiben müßte. Die Worte, die er sprach, die Kraft seiner Person, haben nicht aufgehört, zu wirken – diese Erfahrung macht Maria Magdalena in diesem Augenblick. Aus der Vergangenheit her redet seine Stimme zu ihr weiter, und das heißt doch, daß er selbst nicht ein Teil bloßer Vergangenheit sein kann. Er, der sie selbst zum Leben auferweckte, läßt sie am leeren Grab weiterleben. Das, was er war, wendet sich nach wie vor an sie, trägt sie und hält sie, unzerstörbarer und fester noch als jemals vorher. Seine Gestalt ist in ihren Augen unendlich wirklicher als alles, was ihn tötete – und das zu Recht: Die Pharisäer, die Hohen Priester, die Schriftgelehrten – leben sie denn wirklich? Wirklich ist er; wenn überhaupt etwas, so ist er wirklich. Er ist getötet worden, ja; aber er ist nicht tot. Man hat ihn totgemacht, doch er bewirkt in alle Zeiten, daß sie lebt. In seiner Wirklichkeit, die gegenwärtig vor ihr steht, hat sie den Mut, in ihrem Leben fortzusetzen, was durch ihn angefangen hat, und eben darin zeigt sich diese zweite, noch weit wichtigere Form der Umkehr Maria Magdalenas.

Die Differenz ist deutlich: inmitten der Verzweiflung war es für Maria Magdalena fast schon unmöglich gewesen, von der unmittelbaren Gegenwart des Grabes, von der Präsenz bloßer Zerstörung, loszukommen; und dennoch – oder gerade deshalb – mußte sie, von zwei Engeln angesprochen, sehen, daß es leer und nichtig wäre, sich an das Tote, Weggenommene, zu klammern; doch wie sie dann vom Grabe weg sich *rückwärts* wandte, war die Gestalt des Christus vor sie hingetreten, und obwohl sie ihn noch nicht erkennt, bewirkt seine Anrede nun jene zweite, noch viel wunderbarere Richtungsveränderung im Leben dieser Frau aus Magdala: daß sie noch einmal sich umwendet, von der Vergangenheit weg *in die Zukunft*, nach vorwärts also, nicht nach rückwärts, und jetzt, in innerer Vorwärtsgewandtheit, erkennt sie «ihren Herrn» als wirklich Lebenden.

In dieser neuen «Wendung» liegt der eigentliche Kern des Glaubens an die Auferstehung Jesu. Alles wird für Maria Magdalena, innerlich erneuert, wiederkehren: Sie wird von neuem in dem leben, der ihr Leben war und ist; ganz wörtlich, wie er es verheißen hat, wird sie «bleiben in ihm» (Joh 15,4), und er, auf immer wird er «in ihr bleiben» (Joh 15,5), so wie er gesagt hat. Man mag ihr seinen Leib zerstören oder seinen Leichnam rauben können – ihn selber wird ihr keine Macht der Welt entreißen können; er selbst ist unzerstörbar. Er wird ihr bleiben, immer, und sie wird weiter in ihm ihre Bleibe haben. Er ist das einzige, was gilt; er ist ihr ganzes Leben, und sie selbst gehört nur ihm.

So geht sie jetzt, *nach vorn gewandt*, von sich her auf den Herrn zu und spricht aus, was sie erkennt und was sie fortan weiß: «Rabbuni, du, mein Meister!» Es ist das innigste, zärtlichste Zwiegespräch, das man sich denken kann, Worte über den Tod hinweg, hinein in eine unsterbliche, bleibende Gewißheit: «Du, mein Meister!»[30] – als wenn sie sagen wollte: «Du, mein Heil, mein Halt, du, meine Rettung, Herr, ich hab' dich wieder!» Er war der einzige, der sie maßgeblich prägte und bestimmte – in diesem Sinne war er ihr einziger «Lehrer» oder «Meister»; er wird es sein und bleiben. Es wird nicht widerlegt und unwahr, was er sagte, nur weil sie seine physische Gestalt zerstören konnten; im Gegenteil, einzig, was er gewesen ist, gilt und ist wirklich, so, daß es sie von neuem leben läßt. Ohne den Herrn wäre sie selber tot; nur dadurch, daß er lebt, hat diese Frau aus Magdala mit ihrem Leben eine Zukunft.

Vielleicht wird man *diese zweifache Umkehr* Maria Magdalenens, ehe sie zu dem endgültigen, erlösenden Bekenntnis findet: «Du, mein Meister», als zu sehr subjektiv geprägt empfinden. Mancher wird sagen, eine Erkenntnis, ohne die ein Mensch selber nicht leben könne, stehe ganz und gar in dem Verdacht, nach eigenem Bedürfnis zurechtgelegt und einem reinen Wunschdenken entsprungen zu sein, eine subjektiv verständliche, an sich aber bedeutungslose Autosuggestion, eine bloße Gegenbesetzung zu der drohenden Verzweiflung. Aber ist nicht dies gerade das einzige Wahrheitszeugnis, das wir in unserer Seele tragen, daß wir ohne Gott nicht leben können? Ist nicht gerade die unbedingte Notwendigkeit des Denkens und des Fühlens das Hauptindiz dafür, daß wir es mit Göttlichem zu tun haben? Menschen, wenn sie gestorben sind, kann man, *muß* man eines Tages vergessen, um selbst zum eigenen Leben zurückzufinden. Aber ist nicht dies gerade das wichtigste Zeichen dafür, daß jemand wirklich Gott war, daß man ihn nicht vergessen kann und nicht vergessen darf, um überhaupt am Leben zu bleiben?[31]

EDUARD MÖRIKE hat in einem kleinen Gedicht mit dem Titel *«Neue Liebe»*[32] einmal den Unterschied zwischen Menschen- und Gottesliebe zu beschreiben versucht, gerade in dem Sinne, daß man nur Gott sein Leben lang gehören kann und muß. Seine poetische Betrachtung stellt sich die Frage:

«Kann auch ein Mensch des andern auf der Erde
Ganz, wie er möchte, sein?
– In langer Nacht bedacht ich mirs und mußte sagen, nein!

So kann ich niemands heißen auf der Erde,
und niemand wäre mein?
– Aus Finsternissen hell in mir aufzuckt ein Freudenschein:

Sollt ich mit Gott nicht können sein,
so wie ich möchte, mein und dein?
Was hielte mich, daß ich's nicht heute werde?

Ein süßes Schrecken geht durch mein Gebein!
Mich wundert, daß es nur ein Wunder wollte sein,
Gott selbst zu eigen haben auf der Erde!»

Die Entdeckung, daß alle Liebe zum Menschen notwendige Grenzen der Intensität und Zeit besitzt, kann ein nachhaltiges Gefühl der Einsamkeit hinterlassen, als wäre man von allen Menschen verlassen und allein. In Wahrheit aber ist die Liebe unter Menschen das wichtigste *Bild* und der überzeugendste Hinweis auf jene tiefere Erwartung und Hoffnung, die jenseits der Menschenwelt wesentlich Gott gilt. Letztlich verlangen wir Menschen in aller Liebe nach einem Absoluten an Halt und Geborgenheit; und eben dieses Absolute an Liebe, ohne das wir als Menschen nicht leben können, ist Gott. «Gott habe ich schon deshalb so nötig», sagte F. M. DOSTOJEWSKI, «weil er das einzige Wesen ist, das man lebenslänglich lieben kann.»[33] Ein anderes Kriterium für Gott gibt es in unserem Leben überhaupt gar nicht, als daß wir auf etwas stoßen, an das wir unauflöslich, um überhaupt zu existieren, bedingungslos festhalten müssen.[34] Als diesen absoluten und bedingungslosen Punkt ihrer Geborgenheit und ihres Lebenswillens aber erkennt Maria Magdalena am Ostermorgen Jesus wieder. Indem sie einzig weiterleben kann mit dem Bild seiner Gestalt vor Augen, bezeugt sie zugleich, daß er wirklich lebt und leben muß. Etwas, das wir als wirklich glauben müssen, um selbst am Leben festzuhalten, muß selbst lebendig und in absolutem Sinne wirklich sein. Wohl ist es wahr: die unbedingte Lebensnotwendigkeit menschlichen Glaubens bewirkt nicht an sich selbst, daß Jesus »lebt», so als handelte es sich dabei um eine rein subjektivistische Sprechweise nach Art der oft gehörten Wendung, Jesus lebe fort «in unserem Glauben»[35]. Vielmehr verhält es sich gerade umgekehrt: das, was wir selbst in uns als absolut notwendig antreffen, ist in sich zugleich objektiv, und eine andere Weise, den auferstandenen Christus zu finden, wird es niemals geben, als daß man merkt, daß es kein wahres Leben gibt, ohne an ihn als Lebenden zu glauben.

Daher ist gerade diese Frau aus Magdala, diese Verzweifelte, *die erste,* die dem Herrn begegnet. Der «Erste» in der Bibel ist stets der Träger, die Symbolgestalt dessen, was wesenhaft und generell für alle Menschen gilt. Nur wer so, wie Maria Magdalena, spürt, daß er ohne den Herrn nicht leben kann – so kann man die Bedeutung dieser *«ersten»* Erscheinung Jesu wohl wiedergeben –, wird ihn nach der Vernichtung des Karfreitags als lebend neu entdecken; nur wem der Herr selber die Auferstehung *ist,* wird ihn als Auferstandenen vor sich sehen können; nur in der Weise einer eigenen Rückkehr aus diesem tödlichen, in sich verzweifelten, haltlosen Leben wird man zum Zeugen der Auferweckung Jesu.

In der Erfahrung der Auferstehung Jesu setzt sich mithin die intensivste Subjektivität des Denkens und des Fühlens als selber objektive Wahrheit, und wenn ein urchristliches Glaubensbekenntnis sagte, Gott habe den Gekreuzigten in der Auferstehung zum «Messias» gemacht (Röm 1,4) bzw. er selbst habe zur Rechten Gottes Platz genommen (Apg 7,56; Mk 14,62), so wird man eigentlich noch ursprünglicher sagen können, daß an die «Auferstehung» Jesu in diesem Sinne nur «glauben» kann, wem die Person *des historischen Jesus* zu einer absoluten Person geworden ist, so daß für ihn das Leben jenseits des Karfreitags einzig weitergehen kann, wenn die Person Jesu ihm selbst als objektiv lebend erscheint.[36]

So weiß Maria Magdalena an diesem Ostermorgen, daß es in ihrem Leben keinen anderen geben wird, der ihr etwas zu sagen hat, als Jesus Christus; er ist *ihr Lehrer,* und sie sagt dieses Wort mit der vollkommenen Ausschließlichkeit, die wohl in aller Liebe liegt, als wäre er ihr unveräußerliches Eigentum. Zunächst *muß* dies auch offenbar so sein. Es gibt diesen *privaten* Gott, zu dem man beten, rufen, weinen kann, den man anreden kann, wie es so oft die Psalmen tun: «Mein Gott!» Es gibt diese Erscheinungsform des Herrn, die ganz ausschließlich nur dieser verzweifelten Frau aus dem kleinen Fischerdorf am See Genesareth gilt und gewidmet ist. Jede Verzweiflung ist im Grunde das Allerpersönlichste und Privateste, das am meisten Vereinsamende und Trennende, so daß L. Tolstoi schon sagen konnte, jeder Unglückliche sei auf eine ganz besondere Weise unglücklich.[37] Darum ist es geradezu notwendig, daß Gott, wenn er eine Person wie diese Frau aus Magdala zurück ins Leben rufen will, in den persönlichsten Innenbezirk des Unglücks und der Einsamkeit eintritt und sie bei ihrem Vornamen anredet, bei dem, was einzig nur ihr selbst gehört; ja, würde Gott nicht immer wieder wie privat in dieses Ghetto unseres Schmerzes treten, so würde es niemals so etwas wie eine Erlösung für uns Menschen geben. Wer diese Zone des Respektes vor der absoluten Individualität und Unvertauschbarkeit des Leidens überspringt zugunsten allgemeiner, objektiver Formeln von «Gemeinde» und «Gemeinsamkeit», fügt durch sein Unverständnis und durch seine Oberflächlichkeit zu dem bestehenden nur immer wieder neues Leid hinzu.[38]

Freilich ist es nicht möglich, und gerade wenn das Gesagte gilt, wäre es irgendwo ein liebevolles Mißverständnis, den Herrn gewissermaßen rein privat für sich allein «haben» zu wollen, wie etwas vollständig «Begriffenes», «Umfangenes». So zärtlich und unmittelbar das Zwiegespräch Maria Magdalenas mit dem Herrn auch ist – es kann so nicht bestehenbleiben. Ein Augenblick genügt wohl für ein ganzes Menschenleben, den Herrn als letzte, unzerstörbare Realität des Daseins kennenlernen zu dürfen; dann aber darf es und braucht es auch nicht so zu sein, daß man diese Erfahrung festhalten und sie sich gewissermaßen «handgreiflich» «aneignen» müßte. Ein einziger Moment restlosen Glücks reicht aus, um immerdar davon zu leben; und über diesen Augenblick hinaus würde man ein solches Glück womöglich nur zerstören, wenn man der Neigung nachgäbe, diese eine Erfahrung sozusagen «manifest» zu machen. Man müßte dann etwas, das rein im Inneren lebt, vergegenständlichen und profanieren; es würde dadurch nicht gewisser, sondern nur verfälscht. Denn Hände, die umschließen wollen, drohen eine Liebe zu verschließen, die den Tod überdauern soll. «Rühr mich nicht an» – bei seiner Abwehr der «Berührung» durch Maria Magdalena geht es Jesus gewiß nicht darum, ihre Nähe als Frau von sich zu weisen, wohl aber offensichtlich darum, die Liebe ins Unendliche zu öffnen.

In dieser ganzen Szene an dem Grab im «Garten» schwingt das Wort aus dem «Hohen Lied der Liebe» (Hld 5,1; 6,2) mit: «Sie fand den Geliebten im Garten.»[39] Es ist ein Austausch des Gefühls, so zärtlich und so zart wie zwischen Bräutigam und Braut; es ist wie ein Stück wiedergeschenkten Paradieses, in das Maria von Magdala in diesem Moment eintritt, und insofern wird gerade in dieser Garten-Szene die Liebe unter Menschen offenbar sowohl bestätigt als zugleich in ein *Symbol* absoluter, göttlicher Begegnung umgewandelt. Die Liebe zwischen Mann und Frau, die irdische, «fleischliche» Liebe ist gerade kein bloßer Wartesaal des Himmels; sie ist nicht etwas an und für sich Unzureichendes und Unvollkommenes; sie ist vielmehr (ganz im Sinne der Erfahrungen und Bilder des Alten Ägyptens) der Spiegel und das Vorausbild für jene Wirklichkeit, die als ein unendliches Reifen das ganze Glück dessen ausmacht, was wir «Himmel» nennen; zwar ist sie nicht schon in sich selber die Erfüllung aller Menschensehnsucht, wohl aber ist sie das wichtigste Versprechen und Unterpfand dafür, daß es eine Erfüllung unserer Sehnsucht überhaupt gibt und geben kann, und insofern greift die Erscheinung des Auferstandenen in dieser Szene *im Garten* das innigste Gefühl der Liebe zwischen Mann und Frau in äußerst sublimer Weise ebenso *auf* wie sie es *übergreift*. *«Rühr mich nicht an»* – das heißt: «Lerne im Angesicht des Todes alles Äußere fahren zu lassen; klammere dich nicht länger fest an die Form eines vergänglichen, irdischen Glücks; die Liebe auf Erden, als Zeichen genommen, ist unendlich mehr als alles, was sich halten und festhalten ließe.»[40] Wohl, daß die Angst, die Liebe und die Sehnsucht möchten, daß der Augenblick des Schauens nicht vergeht: *die Angst,* damit nicht alles wenig später schon wie Trug erscheine; *die Liebe*, um mit dem Geliebten unauflöslich zu verschmelzen; *die Sehnsucht,* um zur Ruhe einer letzten, endgültigen Erfüllung zu finden. Jedoch man darf *der Angst* nicht folgen – sie verdürbe alles; *die Sehnsucht* und *die Liebe* aber müssen lernen, sich in die Welt zurückzutasten, um *darin* dem Herrn wiederzubegegnen. Er ist nicht nur «*mein* Lehrer»; er ist der Lehrer aller Welt. «Ich gehe hin zu meinem Vater», sagt Jesus zu Maria Magdalena; das heißt doch wohl: «Du würdest mich zu klein und zu gering betrachten, wenn du mich für dich behalten wolltest. So hoch Gott über alle Welt regiert, so ist mein Platz an seiner Seite. Du darfst und kannst zu mir in alle Ewigkeit aufschauen und dich zu mir erheben; aber nur so, im Aufschauen und im Dich-Erheben, wirst du mich ‹berühren›.»

Die Alten sagten von der Freude oft, sie sei ein Drang, sich im Besitz eines Guten mitzuteilen; – *bonum est diffusivum sui* (das Gute verströmt sich), lautete ihr Axiom.[41] So sind nicht zufällig alle Erscheinungserzählungen des Alten und des Neuen Testamentes zugleich *Berufungsgeschichten*. Den Herrn als Auferstandenen zu *sehen*, ist immer zugleich eine Art von Sendung, eine Art innerer Nötigung zum Weitersagen. Man kann gewissermaßen die Entdeckung einer neuen Hoffnung, einer eigenen Auferweckung von den Toten nicht für sich behalten; sie drängt danach, sich mitzuteilen, und so fährt Jesus zu Maria Magdalena fort: «Gehe zu meinen Brüdern, sage ihnen: Ich steige hinauf zu meinem Vater und euerem Vater, meinem Gott und euerem Gott.»[42] Dies ist die eigentliche Botschaft der Begegnung Jesu mit Maria Magdalena, daß es jetzt zwischen Gott und den Menschen nicht mehr den tödlichen Abgrund der Angst, der Schuld und der Verurteilung zu geben braucht. Wir können wieder glauben, was der Herr uns von Gott lehrte: daß er in Wahrheit unser Vater ist und zu uns steht, daß wir wieder zu ihm gehören und er von neuem unser Gott sein will. Desgleichen fällt die Schranke fort, die ohne Gott die Menschen voneinander trennen muß. Ein völlig neues *Zutrauen zum Menschen* wird von Gott her Maria Magdalena nunmehr möglich. Wenn es doch gilt, daß Gott in Christus auch *ihr* Leben meint, wenn er über die Aussichtslosigkeit der bittersten Verzweiflung weiter zu ihr redet, dann sind doch auch die anderen Menschen nicht mehr, wie sie ihr bisher erscheinen mußten, bloße Ungeheuer, Mörder und wahnsinnige Sadisten; dann sind sie doch in ihrem Unglück und noch mehr in aller Freude ihre Brüder.

Indem also der Herr aufsteigt zum «Himmel», mithin zu seiner absoluten, unbedrohten und buchstäblich «unantastbaren» Machtfülle über die gesamte «Welt» Maria Magdalenens findet, gelangt sie selbst angstfrei, gesund und heil zurück in *diese* Welt und entdeckt alle Menschen als die Brüder Christi und damit auch als ihre eigenen Brüder wieder. Sie selbst, so hat Er ihr gesagt, hat in Gott einen Vater, und allen Menschen gilt dieselbe Botschaft.

Es ist, wenn man so will, *die dritte Umkehr*, die Maria Magdalena möglich wird: als erstes die Bewegung, die vom Grab zurück in die Vergangenheit hinüberführte, dann diese Wendung, die von rückwärts her nach vorn gerichtet war; und nun, als drittes, wird ihr eine Lebensrichtung möglich, die sie von Christus her zurück in diese Welt oder vom Himmel her zurück auf diese Erde führt.

In seinen Seligpreisungen hat Jesus einmal ausgerufen – es war ein Wort, das ganz für Menschen von der Art Maria Magdalenens gesagt zu sein scheint –: die Weinenden würden sich freuen und die Trauernden würden lachen (Lk 6,21).[43] Maria von Magdala hat nichts zu tun mit der Gestalt der Dirne aus dem 7. Kapitel des *Lukas*evangeliums (Lk 36–50), die eines Tages, als Jesus bei einem Pharisäer zu Gast ist, verstohlen zu Jesus hintritt und ihm weinend die Füße salbt[44]; dennoch hat die kirchliche Legende und Kunst immer wieder das gemeinsame Maß an Not und Traurigkeit zwischen beiden Frauen herausgespürt und beide oft miteinander identifiziert.[45] Gleichfalls in der Thematik sexueller Ausnutzung und Dirnenhaftigkeit hat denn auch BORIS PASTERNAK mit Bezug auf die Seligpreisungen Jesu in seinem Roman *«Doktor Schiwago»* geschildert, was es bedeuten kann, inmitten eines zerfallenen, nichtigen Lebens, wie Maria Magdalena am Grabe, wie die Frau im *Lukas*evangelium, von Gott her angeredet zu werden. PASTERNAK erzählt, wie *Lara*, die von einem vornehmen, reichen Herrn der Moskauer Gesellschaft verführt worden ist, sich selber als gänzlich verloren und entehrt empfindet und unter ihrem ganzen Dasein leidet. Er schreibt: «Lara war nicht fromm. Sie glaubte nicht an kirchliche Dogmen und Riten. Aber manchmal», sagt PASTERNAK, «bedurfte sie einer gewissen inneren Musik, um das Leben ertragen zu können. Diese Musik konnte man nicht aus eigener Kraft bei jeder Gelegenheit komponieren. Lara fand etwas von dieser Musik in Gottes Wort über das Leben. Und sie ging deshalb in die Kirche, um hierbei weinen zu können.» So betritt sie eines Tages den Neubau der Kirche mit seinen farblosen Glasfenstern, und sie glaubt, die Erde müsse sich unter ihren Füßen auftun und das Gewölbe des Kirchenschiffes über ihr zusammenstürzen. Sie meint, sie hätte nichts Besseres verdient, und dann sei wenigstens alles zu Ende. Sie war zu Beginn der Messe gekommen. «Man sang den Psalm: ‹Meine Seele lobet den Herrn und alles, was in mir ist, seinen heiligen Namen›. – Die Kirche war halbleer, und der Gesang hallte von ihren Gewölben wider. Die Gläubigen drängten sich in der Nähe der Ikonostase zusammen.» Vorsichtig drückt sich Lara an den Betenden vorbei, um ein paar Münzen in den am Kircheingang aufgestellten Opferstock zu tun. Bemüht, niemanden anzustoßen, geht sie zu ihrem Platz zurück, da hört sie, wie gerade die neun Seligpreisungen vorgetragen werden: «Selig sind die geistlich Armen ... Selig sind die Leidtragenden ... Selig sind, die da hungern und dürsten nach Gerechtigkeit ...» Wie auswendig gelernt, werden die Worte ohne Betonung heruntergeleiert, aber «Lara fuhr zusammen: man sprach ja von ihr, sie war gemeint. Er hatte gesagt: Selig sind die Leidtragenden, die Schwachen und Unterdrückten. Sie haben der Welt etwas Besonderes zu sagen, ihnen gehört die Zukunft. Das also hatte Er gedacht. Das war Seine Meinung. Das hatte Christus gelehrt.»[46]

An diesem Ostermorgen ist es geradeso. «Es kommt Mirjam, die Frau aus Magdala, und meldet den Jüngern: Gesehen habe ich den Herrn!, und das hat er ihr gesagt.» Maria Magdalena, die Weinende, die Trauernde, hat einer ganzen Welt das letzte, das entscheidende Wort zu sagen. Sie, die am tiefsten in der Dunkelheit, der Traurigkeit und Verzweiflung steckte, kann jetzt der Welt verkünden, daß es noch Hoffnung gibt über die Tödlichkeit menschlichen Tuns hinaus; daß es noch Worte zu vernehmen gibt, Fragen, Hinweise, Anreden, jenseits des Menschen; daß es noch Halt und Zukunft gibt, weiter als bis wohin das Denken reicht; daß Gott im Schicksal seines Sohnes einen jeden einzelnen bei seinem Namen ruft, wenn er nicht ein noch aus weiß. Wir können uns am Ostertag nicht wünschen, daß wir von Leid und Ausweglosigkeit verschont bleiben. Aber dies können wir einander doch von Herzen wünschen und dafür innigst beten, daß, wenn wir einmal, so wie Maria Magdalena, am Grab, am Äußersten, am Ende stehen, die Stimme hören, die uns anredet bei unserem Namen und die uns sagt: Man kann aus all dem aufsteigen zu Gott. Denn so wie Gott an Christus tat, so tut er an uns allen. Sein Gott ist fortan auch ein Gott für uns. Wir alle aber sind die Kinder eines Vaters, und untereinander sind wir seitdem Schwestern, Brüder in Jesus Christus, unserem Herrn.

Vielleicht gibt es als Lied des Ostermorgens, als Lobgesang der Neuen Schöpfung, kein schöneres Gebet als den Psalm 19,2–15 (in eigener Übersetzung):[47]

Die Himmel rühmen des Ewigen Ehre,
das Werk seiner Hände verkündet das All.
Ein Tag ruft dem andern dies Lobwort zu,
eine Nacht gibt der andern die Kunde fort,
ohne Sprache, ohne Worte,
unhörbar ist ihre Stimme.
Hinaus durch die ganze Welt zieht der Klang,
bis zum Erdkreisende das Tönen.
Der Sonne schuf er ein Zelt am Himmel,
und sie, wie ein Bräutigam aus dem Gemach,
so kommt sie strahlend hervor;
in der Freude des Siegers zieht sie ihre Bahn.
Der Himmelsrand ist der Ort ihres Starts,
ihr Umlauf folgt seinen äußersten Grenzen,
und nichts bleibt vor ihrem Glutstrahl verborgen.

Die Weisung des Herrn ist schlechthin vollendet,
sie ist es, die von Herzen belebt;

die Bindung an Gott ist verläßlich,
sie schenkt dem Einfältigen Weisheit.
Die Ordnung des Herrn ist gerade,
sie schafft die tiefste Freude;
das Gebot des Herrn ist sauber,
es macht die Augen hell.
Die Ehrfurcht vor Gott ist rein,
sie ist, was ewig besteht.
Die Maßstäbe Gottes sind Wahrheit,
gerecht sind sie ganz und gar,
erstrebenswerter als Geld und Gold,
angenehmer als Honig und Honigseim.
Darum auch will dein Knecht, daß ihr Licht in ihm scheine,
indem er sie beachtet voll und ganz.
Wer kann merken, wie oft er fehlt?
Ach reinige mich von dem, was ich selbst nicht weiß.
Auch halte deinen Knecht zurück
vor den Selbstüberheblichen;
sie sollen über mich niemals Gewalt gewinnen.
Dann werd ich frei sein
und gereinigt von der Mannigfaltigkeit der Sünde.

Ach, mögen dir gefallen, Herr, die Worte,
die ich äußern kann,
und was ich tief im Herzen wünsche, Herr,
sieh du es in Gnaden an,
du, Herr,
mein Fels,
du mein Befreier.

Anmerkungen

Ein Wort zuvor

(Aus: E. Drewermann, Das Markusevangelium II, S. 697 ff.)

Rachel, die Urmutter Israels

(Aus: E. Drewermann: Tiefenpsychologie und Exegese, Band II, Walter-Verlag 1985, 637–640, unter dem Titel: Das Schicksal Rachels)

1 TH. MANN: Joseph und seine Brüder, I 170.
2 A. a. O., I 235–239, zu Gn. 29,31.
3 A. a. O., I 241–248.
4 A. a. O., I 249–290.
5 A. a. O., I 280.
6 A. a. O., I 280–281.
7 A. a. O., I 289.
8 ST. ZWEIG: Legenden, 11.
9 ST. ZWEIG: Rachel rechtet mit Gott, in: Legenden, 24–26.

Die Frauen im Stammbaum Jesu: Von dem einzigen Weg, der zum Heil führt

(aus: E. Drewermann, Das Matthäusevangelium I, 233–279, Der Stammbaum Jesu)

1 Es ist nicht ganz verkehrt, dabei zu denken an F. NIETZSCHE: Also sprach Zarathustra, 1. Teil, Vorrede 4, S. 13: «Was groß ist am Menschen, das ist, daß er eine Brücke und kein Zweck ist: was geliebt werden kann am Menschen, das ist, daß er ein *Übergang* und ein *Untergang* ist.»

2 Vgl. E. DREWERMANN: Reden gegen den Krieg, 31–34; 44–58.

3 Zu der alten Frage der *«Theodizee»* vgl. G. W. LEIBNIZ: Die Theodizee, Einleitende Abhandlung, Nr. 31–36, S. 56–59.

4 R. SCHNEIDER: Der Winter in Wien, 98–102: zu der *Psychologie* des «Unglaubens» vor dem Hintergrund des Leidens an der Welt.

5 Vgl. bes. F. M. DOSTOJEWSKI: Tagebuch eines Schriftstellers, 255–259: Ein Todesurteil; vgl. dazu auch E. DREWERMANN: Ich steige hinab in die Barke der Sonne, 46–73, bes. S. 59–63.

6 In dieser Hinsicht wird man G. W. LEIBNIZ: Die Theodizee, 3. Teil, Nr. 247–248, S. 290–291, mit der Idee der «Harmonie» des Ganzen zustimmen müssen.

7 Vgl. E. DREWERMANN: Strukturen des Bösen, I 191–229, S. 224f.
8 Vgl. a. a. O., I 222–227.
9 Zum «Stammbaum» Jesu vgl. A. VÖGTLE: Die Genealogie Mt 1,2–16 und die matthäische Kindheitsgeschichte, in: DERS.: Das Evangelium und die Evangelien, 1971 (KBANT), 57–102; H. FRANKEMÖLLE: Jahwebund und Kirche Christi, 1974 (NTA. NS 10), S. 311–318; F. SCHNIDER – W. STENGER: Die Frauen im Stammbaum Jesu nach Matthäus, BZ NF 23 (1979), 187–196; H. STEGEMANN: «Die des Uria», in: J. Jeremias (Hrsg.): Tradition und Glaube (Festschrift für K. G. Kuhn), Göttingen 1971, 246–276; Y. ZAKOWITCH: Rachab als Mutter des Boas in der Jesus-Genealogie (Mt 1,5), NT 17 (1975), 1–5; J. JEREMIAS: Jerusalem zur Zeit Jesu, Göttingen, 3. Aufl., 1969, 308–331. – Vermutlich stammt der «Stammbaum» aus einem griechischsprachigen Judenchristentum und sollte die Königswürde Jesu über die Herleitung von David begründen. Der Akzent liegt auf 1,16: «Jesus, der Christus genannt wird.» Die Könige zwischen Ahasja und Usija (Joasch und Amazja) fehlen im Stammbaum und dürften wohl «wegen des Gleichlautes zweier Namen» durch das Versehen eines Abschreibers ausgefallen sein. «Matthäus hat dann festgestellt, daß der ihm vorliegende Stammbaum faktisch dreimal vierzehn Glieder enthält und dies in V. 17 festgehalten. Auf den Evangelisten Matthäus dürfte der abschließende V. 17 und damit das Schema der 3 × 14 Generationen zurückgehen.» U. LUZ: Das Evangelium nach Matthäus, I/1, 91. Eventuell geht auch die Nennung der vier Ahnfrauen, die wir im folgenden besonders herausstellen, auf Mt zurück (a. a. O., 92). E. KRENTZ: Der Umfang des Matthäus-Prologs, in: J. Lange (Hrsg.): Das Matthäusevangelium, 316–325, meint, daß Mt 1,1 von Gen 5,1 zu verstehen sei: «Gen 5,1–6,8 umfaßt die Zeit der Patriarchen von Adam bis Noah ... Die Parallele zu Mt 1–4,16 ist deutlich» (321).
10 A. STIFTER: Bunte Steine (1835), in: Sämtliche Werke, II 7–278, 7–8.
11 Vgl. H. JÜRGENS – H. O. PEITGEN – D. SAUPE: Fraktale – eine neue Sprache für komplexe Strukturen, in: Chaos und Fraktale, 106–119; L. M. SANDER: Fraktales Wachstum, in: a. a. O., 120–126.
12 M. BUBER: Der Glaube der Propheten, in: Werke, II 231–484, S. 316–317.
13 A. STIFTER: Bunte Steine, II 7.
14 Zu der psychischen Seite der Genealogie vgl. aus anthroposophischer Sicht R. STEINER: Das Matthäusevangelium, 108–125, der (S. 120) die Drei-Generationen-Folge bei Mt als Abfolge der Entwicklung des physischen Leibes, des Ätherleibes und des astralischen Leibes deutet. Vgl. zum Verständnis solcher Gedankengänge G. WEHR: C. G. Jung und Rudolf Steiner, 165–192: Initiationsweg und Individuationsprozeß.

Thamar

1 Zur Interpretation von *Sagen* in der Bibel vgl. E. DREWERMANN: Tiefenpsychologie und Exegese, I 393–443; bes. II 635–658: Einige Frauengestalten des Alten und des Neuen Testamentes.

2 A. a. O., I 226–228.
3 Zur Stelle vgl. M. NOTH: Das zweite Buch Mose, ATD 5,42–43; Ex 6,13–30 ist ein sekundärer Einschub der Levitengenealogie.
4 Zur Stelle vgl. M. NOTH: Überlieferungsgeschichtliche Studien, 201–203; es handelt sich um eine nachexilische Erweiterung zur Priesterschrift.
5 Vgl. G. VON RAD: Theologie des Alten Testamentes, I 245–293, S. 246: «P (sc. die Priesterschaft, d. V.) zeichnet einen Geschichtsablauf, in dem von Epoche zu Epoche neue Setzungen, Stiftungen und Ordnungen offenbar werden.»
6 TH. MANN: Joseph und seine Brüder, I 367.
7 A. a. O., I 368.
8 A. a. O., I 367–368.
9 A. a. O., I 368.
10 Zur Stelle vgl. G. VON RAD: Das erste Buch Mose, ATD 2–4, 290–295, der sehr zu Recht sich dagegen verwahrt, in der Thamar-Erzählung, die erst sekundär mit der Josephgeschichte verbunden wurde, nichts weiter sehen zu wollen als eine Ätiologie der Rivalität der beiden judäischen Geschlecher Perez und Serech. Er meint: «Es wäre Barbarei, dies, was gerade die Hauptsache ist ..., vom Ethnologischen her aufschlüsseln zu wollen, denn damit würde etwas von ihrem Wesentlichsten verkannt: nämlich ihre wundervolle Aufgeschlossenheit dem Menschlichen gegenüber: Leidenschaften, Schuld, väterliche Sorge, Liebe, Ehre, Ritterlichkeit – und das alles in labyrinthischer Verschlingung den engen Kreis einer Familie aufwühlend ... Die Erzählung ist so aufgebaut, daß kein Zweifel sein kann: Thamar ist trotz ihrer an die Grenze des Verbrechens führenden Handlungsweise am Ende die Gerechtfertigte ... Wie stark hier der Mensch und das Menschliche dominieren, wird daran deutlich, daß die eigentliche Erzählung in V. 12–30 (sc. von Ex 38,1–30, d. V.) von einem Handeln oder Reden Jahwes überhaupt nicht spricht ... Trotzdem hat dieser ihr Weg (sc. Thamars, d. V.) durch tiefste Schande und Schuld etwas Großartiges. Der Erzähler folgt ihr darin und läßt an ihr das tödliche Gesetz zerbrechen (3 Mose 18,15).» – Umgekehrt hat die Synagoge «die verborgene Gotteshand ... in Thamars Leben nicht verkannt, aber die Wahrheit alsbald in ihr Gegenteil verzerrt, indem sie Judas und Thamars Sünde ausdrücklich auf Gottes Initiative zurückführt». H. L. STRACK – P. BILLERBECK: Kommentar zum NT, I 15.
11 TH. MANN: Joseph und seine Brüder, III 1159.
12 A. a. O., III 1159.
13 Zu der archaischen *Gleichung von Krankheit und Tod mit Schuld und Strafe* vgl. R. BILZ: Paläoanthropologie, 430–438, S. 432–434.
14 Zur Stelle vgl. G. VON RAD: Das erste Buch Mose, ATD 2–4, 290–295; zur Institution der *Schwagerehe* vgl. R. DE VAUX: Das Alte Testament und seine Lebensordnungen, I 72–74.
15 Ein echtes *jus talionis* also, wie TH. MANN: Joseph und seine Brüder, III 1171, andeutet.
16 A. a. O., III 1172; vgl. A. SCHOTT: Das Gilgamesch-Epos, Tafel VI, S. 56.
17 TH. MANN: a. a. O., III 1172.

18 Zur Gestalt der *Judith* vgl. E. DREWERMANN: Tiefenpsychologie und Exegese, II 654.
19 A. a. O.
20 Vgl. E. DREWERMANN: Voller Erbarmen rettet er uns, 48–54.
21 Vgl. E. DREWERMANN: Tiefenpsychologie und Exegese, II 654–658; DERS.: Das Markusevangelium, I 405–424.
22 TH. MANN: Joseph und seine Brüder, III 1173 ff.
23 Vgl. die Gestalt von *Luke O'Neill* bei C. MCCULLOUGH: Dornenvögel, 4. Teil, Kap. 10, S. 290–303.
24 So mit Augenzwinkern angedeutet bei TH. MANN: Joseph und seine Brüder, III 1176.
25 Vgl. J. SPRENGER – H. INSTITORIS: Der Hexenhammer, 1. Teil, S. 178–188: Die Erschrecklichkeit der Hexenwerke; M. HAMMES: Hexenwahn und Hexenprozesse, 50–69.
26 Zur dem Motiv der *vertauschten Braut* vgl. E. DREWERMANN: Tiefenpsychologie und Exegese, I 175.
27 Vgl. E. DREWERMANN – I. NEUHAUS: Marienkind, 48–54.
28 Zur Stelle vgl. G. VON RAD: Das erste Buch Mose, ATD 2–4, 295.
29 Vgl. F. SCHILLER: Über Anmut und Würde (1793), in: Werke, II 502–547.
30 Zur Hypothese der Ätiologie der Stammesrivalität in der Thamar-Geschichte vgl. G. VON RAD: Das erste Buch Mose, ATD 2–4, 295–296.

Die Dirne Rachab

1 Vgl. M. NOTH: Geschichte Israels, 67–82, S. 72.
2 Zu *Josua* vgl. M. NOTH: a. a. O., 89–92.
3 A. a. O., 72.
4 Vgl. M. NOTH: Das Buch Josua, 2. Aufl., 1953, 20 ff.; vgl. DERS.: Überlieferungsgeschichtliche Studien, 184–189.
5 Es ist unschwer zu erkennen, daß die Erzählung aus zwei Quellen zusammengesetzt ist; vgl. O. EISSFELDT: Hexateuchsynopse, 203–205. Ob es aber neben der jahwistischen Überlieferung bereits eine zweite literarisch geformte Quelle gab, muß offenbleiben; vgl. H. W. HERTZBERG: Die Bücher Josua, Richter, Ruth, ATD 9, 17–22. Zur Landnahme vgl. auch G. VON RAD: Theologie des Alten Testaments, I 309–317, S. 313–315.
6 Vgl. G. VON RAD: a. a. O., II 151–153.
7 Vgl. E. DREWERMANN: Tiefenpsychologie und Exegese, I 389–413.
8 Vgl. a. a. O., I 271–298.
9 Vgl. a. a. O., I 251–262.
10 Vgl. a. a. O., I 218–230.
11 Vgl. a. a. O., I 413–428.
12 Vgl. W. GESENIUS – F. BUHL: Hebräisches und Aramäisches Handwörterbuch über das Alte Testament, 753.

13 B. BRECHT: Mutter Courage und ihre Kinder, 9.
14 B. BRECHT: Gedichte und Lieder, 86.
15 Man vergleiche die Situation der meisten Deutschen im Jahre 1945!
16 Zum *«Heiligen Krieg»* und der *Bannbestimmung* vgl. M. BUBER: Königtum Gottes, in: Werke, II 485–723, S. 692–703 (auch zur Gestalt des Josua); R. DE VAUX: Das Alte Testament und seine Lebensordnungen, II 69–81. *Religionsgeschichtlich* vgl. H. VON GLASENAPP: Glaube und Ritus der Hochreligionen, 149–155: Die Stellung der Religionen zu Krieg und Frieden.
17 A. SMITH: Der Wohlstand der Nationen, 2. Kap., S. 16–19: Das Prinzip, das der Arbeitsteilung zugrunde liegt.
18 Vgl. V. SOMMER: Die Affen. Unsere wilde Verwandtschaft, 246–289: Totschlag, Mord und Krieg; V. B. DRÖSCHER: Sie töten und sie lieben sich, 185–195: Ohne Machtgefühl kein Sex; D. MORRIS: Die Horde Mensch, 130–155: Aggression und Krieg.
19 Vgl. F. M. DOSTOJEWSKIJ: Die Brüder Karamasoff, I. Teil, 5. Buch, Kap. 3; 1. Bd., S. 283–293, bes. S. 291: zu dem Gedanken von Gottes Unentbehrlichkeit.
20 Vgl. O. EISSFELDT: Hexateuchsynopse, 203–205: die Zeichenforderung der roten Schnur ist eine deutliche Doublette der Eidesforderung; vgl. H. W. HERTZBERG: Die Bücher Josua, Richter, Ruth, ATD 9, 17–22.
21 Vgl. aber Hebr 11,31, wo Rachab gar als Zeugin des Glaubens aufgeführt wird.
22 Vgl. H. W. HERTZBERG: Die Bücher Josua, Richter, Ruth, ATD 9, 283: «Der Abschluß des Buches (sc. Ruth, d. V.), die Stammtafel von Perez, also Juda, bis David, steht im Zusammenhang mit der Genealogie in 1 Chr 2,5–15 und stellt einen ‹nachexilischen› Zusatz dar, um ... die ... Hineinstellung der Hauptgestalten in die Königslinie noch nachdrücklicher in Erscheinung treten zu lassen.»
23 Vgl. TH. MANN: Joseph und seine Brüder, III 1177–1178.
24 Vgl. zur Stelle G. VON RAD: Das fünfte Buch Mose, ATD 8, 47–49: «Das späte Dt ist ... aus theologischen Erwägungen viel radikaler eingestellt, als es Israel in frühen Zeiten war.»
25 Vgl. E. DREWERMANN – I. NEUHAUS: Der goldene Vogel, 45–49.
26 A. a. O., 36–39.
27 Vgl. zur Symbolik der *Stadt* W. MÜLLER: Die heilige Stadt, Stuttgart 1961.

Ruth

1 Vgl. H. W. HERTZBERG: Die Bücher Josua, Richter, Ruth, ATD 9, 257–283.
2 Vgl. H. VON GLASENAPP: Glaube und Ritus der Hochreligionen, 58–60.
3 Zur Eigenart und Interpretation von *Sagen* vgl. E. DREWERMANN: Tiefenpsychologie und Exegese, I 393–443.
4 M. NOTH: Geschichte Israels, 142–151: Die Auseinandersetzungen mit den Nachbarn.
5 Vgl. M. BUBER: Königtum Gottes, in: Werke, II 485–723, S. 589–607: Der

westsemitische Stammesgott: «Malk (sc. König, d. V.) ist wie Baal (sc. Herr) ein Beziehungsbegriff, wogegen die allgemeinste semitische Bezeichnung eines Namens, El, ein Erscheinungsbegriff ist. Alle drei sind Begriffe, nicht Eigennamen, alle drei haben die Strebung, sich, etwa durch immer engere Verknüpfung mit einem determinativen Wort: Attribut oder Objektgenitiv, zur benannten Individualität zu besondern. Aber El ist die bloße erscheinende Mächtigkeit..., Baal und Malk sind persönliche Mächtigkeit im Verhältnis zu etwas» (589–590). Vgl. auch W. EICHRODT: Theologie des Alten Testaments, I 110–116.

6 Es ist die Frage, wann das Buch *Ruth* entstanden ist. E. SELLIN – L. ROST: Einleitung in das Alte Testament, 153, meinen, die «archaisierende Sprache dieser idyllischen Erzählung mit ihren gelegentlichen Aramaismen... rät zu einem nachexilischen Ansatz. Wahrscheinlich ist die Erzählung älter als die Chronik, ja älter als Nehemia und Esra, gegen deren Rigorismus vielleicht der später angefügte Stammbaum gerichtet ist.» Vor allem aus inhaltlichen Gründen dürfte dieser Zeitansatz zutreffen. Vgl. dagegen aber H. W. HERTZBERG: Die Bücher Josua, Richter, Ruth, ATD 9, 258, der zwar die Ähnlichkeit zu der Geisteshaltung etwa des *Jona*-Büchleins zugibt, aber ein relativ hohes Alter (zur Königszeit) annimmt. Gleichwohl vermutet auch er, daß «in späterer Zeit diese Geschichte von Kreisen, die gegen Esras rigorose Maßnahmen standen, in ihrem Sinne benutzt worden ist». C. WESTERMANN: Abriß der Bibelkunde, 158–159, nennt zu Recht das Buch *Ruth* «eine Führungsgeschichte (ähnlich Gen 24)».

7 Zur Stelle vgl. G. VON RAD: Das fünfte Buch Mose, ATD 8, 47–49.

8 Vgl. Anm. 6.

9 Zur Theologie des deuteronomistischen Geschichtswerkes vgl. M. NOTH: Überlieferungsgeschichtliche Studien, 100–110; G. VON RAD: Theologie des Alten Testaments, I 232–244; DERS.: Die deuteronomistische Geschichtstheologie in den Königsbüchern, in: Ges. Studien, 189–204.

10 Die Aufnahme in den Kanon verdankt das Buch *Ruth* «wahrscheinlich dem am Schluß angefügten Stammbaum Davids, der zugleich ihre Verwendung als Festrolle für das Wochenfest legitimierte». E. SEELIN – L. ROST: Einleitung in das Alte Testament, 153. Kultisch wurde die Novelle «innerhalb des gottesdienstlichen Jahres» als «Festrolle für das Wochenfest am Abschluß der Weizenernte (Lev 23,15 ff.; Nu 28,26 ff.; Dt 19,9 ff.)» verwendet (a. a. O., 153).

11 H. CH. LEA: Geschichte der Inquisition im Mittelalter, III 123–136.

12 A. a. O., III 133.

13 A. a. O., III 127.

14 Zur Bedeutung von Dt 22,5 für die Hexenprozesse vgl. J. SPRENGER – H. INSTITORIS: Der Hexenhammer, II 193; W. G. SOLDAN – H. HEPPE: Geschichte der Hexenprozesse, I 215, zum Prozeß der *Jeanne d'Arc*.

15 H. CH. LEA: Geschichte der Inquisition im Mittelalter, III 134.

16 A. a. O., III 134–135.

17 Vgl. E. DREWERMANN: Ich steige hinab in die Barke der Sonne, 158–177.

18 G. GREENE: Eine Art Leben, 110.

19 Zitiert nach G. FITTKAU: Graham Greene, der Zweifler. Ein Selbstporträt in

einer englischen Zeitung, in: Beilage «Theologisches» der «Offertenzeitung», 1990, S. 691–692.

20 A. a. O.

21 (Verfasser ungenannt): Ägyptische Weisheiten, 19.

22 Zur Institution des *«Erlösers» (Goel)* vgl. R. DE VAUX: Das Alte Testament und seine Lebensordnungen, I 48–50.

23 Der *«Leitwortstil»* dieser Anrede ist zum Verständnis des Buches *Ruth* sehr wichtig, wird aber z. B. von H. W. HERTZBERG: Die Bücher Josua, Richter, Ruth, ATD 9, 267–268, nicht beachtet; statt dessen Betrachtungen über die möglichen Zudringlichkeiten der Feldarbeiter gegenüber einer schönen Fremden.

24 Zu den *Flügeln Jahwes* vgl. O. KEEL: Die Welt der altorientalischen Bildsymbolik und das Alte Testament, 170–172, der zu Recht die ägyptische Herkunft dieses Symbols betont.

25 Ganz so pflegten die Erntearbeiter noch in den 40er Jahren auch in Deutschland ihren Durst während der Feldarbeit zu löschen.

26 Vgl. R. DE VAUX: Das Alte Testament und seine Lebensordnungen, I 49: «Noemi hat ein Grundstück, das sie ihrer Armut wegen verkaufen muß, ihre Schwiegertochter Ruth ist Witwe und kinderlos. Booz ist ein *go'el* von Noemi und Ruth, Rt 2,20, er hat aber einen Verwandten, der dieses Recht noch vor ihm ausüben kann, Rt 3,12; 4,4. Dieser erste *go'el* wäre in der Lage, den Besitz zu kaufen, aber er will die doppelte Verpflichtung nicht auf sich nehmen, die ihm erwächst: den Grund und Boden zu kaufen und Ruth zu heiraten, denn das Kind, das dieser Verbindung entspringen würde, trüge den Namen des Verstorbenen und wäre Erbe des Besitzers, Rt 4,4 ff. So erwirbt schließlich Booz den Familienbesitz und heiratet Ruth, Rt 4,9 f. – Dieser Bericht zeigt, daß man das Recht des *go'el* mit Rücksicht auf die Verwandtschaftsgrade ausübte. In Lv 25,49 wird die Reihenfolge näher bestimmt: zuerst der Onkel väterlicherseits, dann dessen Sohn, dann die anderen Verwandten.» Insgesamt also handelt es sich im Buch *Ruth* um einen *Levirats*fall, verbunden mit dem Kauf eines Ackerlandes.

27 Das gilt natürlich nur unter der Hypothese der nachexilischen Entstehung des Buches Ruth; gewiß aber konnte und mußte es gegenüber den drakonischen Reformen des Esra in dieser Weise verstanden werden. Zu den Heiraten mit Fremdstämmigen vgl. R. DE VAUX: Das Alte Testament und seine Lebensordnungen, I 63.

28 Vgl. E. DREWERMANN: Tiefenpsychologie und Exegese, II 379–392: Die Berufung des Mose, S. 383–385. R. DE VAUX: Das Alte Testament und seine Lebensordnungen, I 49, sieht in dem Ablegen der Schuhe in Ruth 4,7 f. einen symbolischen Ausdruck für «das Ablegen eines Rechtes ..., wie es bei einer ähnlichen Geste im Leviratsrecht der Fall ist, Dt 25,9»; doch muß auch er zugeben: «an letztgenannter Stelle verbindet sich allerdings mit dem Vorgang etwas Schimpfliches». Das eigentliche Thema ist offenbar das der *Nacktheit*. – Richtig erfaßt hat die Szene G. DE MAUPASSANT: Unsere Engländer, in: Yvette und andere Novellen, 307–315, S. 314–315, der die Moabiterin Ruth zu Recht mit Gen 19,30–38 in Verbindung setzt, wo der Stamm Moab aus dem Tochterinzest

Lots gezeugt wird. «Nun aber war Ruth, die Ährenleserin, die den schlafenden Boas weckte, um ihn zum Vater zu machen, eine Moabiterin. Hat *Victor Hugo* nicht geschrieben:
Ruth aus Moabiterstamme
Legte zu Boas' Füßen sich mit nackten Brüsten,
Hoffend, daß nie gekannte Strahlen leuchten müßten,
Wenn im Erwachen jäh ein Gleißen sich entflamme.
Die nie gekannten Strahlen gaben Obed das Leben, und der wurde der Ahnherr Davids. War nun aber unser Herr Jesus nicht ein Nachkomme Davids?» Vgl. DERS.: Mondschein, in: a. a. O., 160–165, S. 165, wo das Liebesverlangen zur Sprache Gottes wird, wie zwischen Ruth und Boas.
29 Insofern ist die Theorie von W. E. STAPLES: The Book of Ruth AJSL (1937) 145 ff. nicht gänzlich falsch, der an Elemente des kanaanäischen Fruchtbarkeitskultes dachte: die Frau, die geschmückt zur Paarung auf die Tenne geht! Psychologisch ist jedoch die Erfahrung der Liebe der Grund für die Vergöttlichung der Fruchtbarkeit, nicht umgekehrt.
30 Vgl. Esr 9–10; Neh 10,31; 13,23–27!
31 Zur Stelle vgl. E. DREWERMANN: Strukturen des Bösen, I 210f.
32 Zur Psychologie dieser Liebe unter dem «Erlösungsmotiv» vgl. E. DREWERMANN: Kleriker. Psychogramm eines Ideals, 603–629: Beziehungen im Verbotenen.
33 Vgl. z. B. das *Aschenputtel*-Motiv.
34 Immer ist es die Frage, ob man die religiösen Hoffnungen äußerlich oder innerlich versteht. Zu der ständig drohenden Gefahr der politischen Ideologisierung des Religiösen vgl. E. DREWERMANN: Tiefenpsychologie und Exegese, II 625–635.
35 Nur in der «Heimaterde» wohnt nach altem Glauben die Gottheit.
36 Vgl. z. B. E. DREWERMANN – I. NEUHAUS: Die Kristallkugel, 53.
37 Vgl. E. E. VARDIMAN: Die Frau in der Antike, 284–285, der sich dem Urteil von R. A. SCHROEDER anschließt: «Kein Dichter der Welt hat eine schönere Novelle geschrieben.»

Bathscheba

1 Zur *Thronnachfolgegeschichte Davids* in 2 Sam 6–1 Kön 2 vgl. C. WESTERMANN: Abriß der Bibelkunde, 83–85; L. ROST: Die Überlieferung von der Thronnachfolge Davids (1926), 47 ff.; G. VON RAD: Theologie des Alten Testaments, I 322–331; DERS.: Der Anfang der Geschichtsschreibung im alten Israel, in: Ges. Studien, 148–188.
2 Vgl. C. WESTERMANN: Abriß der Bibelkunde, 85: «Für den Leser bleibt am Ende dieses Dramas der Kontrast zwischen der hohen Verheißung, die diesem König gegeben wurde ..., und der Wirklichkeit von Schuld und Leid im Leben dieses so hoch erhobenen Königs das eigentliche Wort, das von der Bühne dieses Dramas wegweist auf den Herrn der Geschichte in seiner verborgenen Majestät.»

3 Vgl. G. von Rad: Theologie des Alten Testaments, I 326: «Liebe und Haß, Intrigen, Ehrgeiz, Demütigungen, Verschlagenheit und Erweise echter Treue läßt er (sc. der Erzähler) an dem nachdenklichen Leser vorüberziehen, ohne das Dunkle zu tadeln oder Lichtes zu loben.» R. Smend: Biblische Zeugnisse, 143, urteilt: «Dem David fehlt gänzlich der Heiligenschein, den spätere Generationen ihm aufgesetzt haben; er ist ein Ehebrecher und am Ende ein schwacher Mann. Die Gesamttendenz geht eher gegen Salomo (dessen Person ganz blaß erscheint) als zu seinen Gunsten; es ist kein Ruhm, auf solche Weise auf den Thron gekommen zu sein.»

4 Vgl. C. Westermann: Abriß, 84: «... was ist das für ein Sieg! Salomo hat das Königtum fest in seiner Hand; die Frage vom Anfang: ‹Wer wird sitzen auf dem Stuhle Davids?› ist beantwortet. Was aber die Geschichte von der Thronnachfolge Davids eigentlich zu sagen hat, geht in dieser Antwort nicht auf. Es wird gar nicht in Worte gefaßt; es spricht aus dem erschütternden Gefälle des Geschehens selber, das mit seltener Kunst das Stärkste mit dem sagt, worüber es schweigt.»

5 So fragt zu Recht St. Heym: Der König David Bericht, 143: «war sie (sc. Beathscheba, d. V.) nichts weiter gewesen als das hilflose Weib eines Soldaten, das man gezwungen hatte, das Feuer in den königlichen Eingeweiden zu löschen, oder war sie Ursprung und Triebkraft all der Verbrechen, die auf die erste Sünde folgten, und hatte den König mittels ihres Leibs und der Frucht ihres Leibes dahin gebracht, daß nun ihr Sohn auf dem Thron saß ... ihr Salomo, der Spätling, Sohn einer minderen Frau.»

6 Vgl. z. B. Jes 6,2.

7 «König-Davids-Gespräche» sind eine Abart der «Doppelbödigkeit», indem man gegenüber der Macht, die sich als Recht setzt, obwohl sie im Unrecht ist, nicht sagen kann, daß sie im Unrecht ist, ohne sich selber vor ihr ins Unrecht zu setzen.

8 St. Heym: Der König David Bericht, 141, denkt daran, daß Bathscheba selber, indem sie sich Uria gegenüber als das hilflose Opfer königlicher Begierde hinstellte, ihren Gemahl überredet haben könnte, nicht bei ihr zu übernachten, damit später die Vaterschaft Davids unzweifelhaft sei und er selber aufsteigen werde «im Dienst des Königs und an seiner Tafel sitzen unter den Großen im Königreich; und der kleine Prinz, der in mir ist, soll König sein über Israel».

9 Vgl. R. de Vaux: Das Alte Testament und seine Lebensordnungen, II 70, zur sexuellen Enthaltsamkeit im heiligen Krieg (1 Sam 21,6; 2 Sam 11,11).

10 Vgl. St. Heym: Der König David Bericht, 137–138.

11 Vgl. a. a. O., 139: «Aber der König beugte (sc. vor Nathan, d. V.) das Haupt und sprach: Nathan, ich habe gesündigt wider den Herrn. Aber es ist zumeist Bath-shebas Schuld, ich weiß nicht, wie, und ich weiß nicht, warum, ich bin wie Ton in den Händen dieses Weibes.»

12 2 Sam 12,1–15.

13 Das einzige große Beispiel der Bekehrung eines Mächtigen zu Friedfertigkeit und Güte ist die Konversion des indischen Kaisers *Ashoka* zum Buddhismus; vgl. E. Drewermann: Die Spirale der Angst, 35–36, Anm. 32.

14 ST. ZWEIG: Das Lamm des Armen, in: Die Dramen, 711–759, S. 55.
15 A. a. O.
16 A. a. O, 757.
17 A. a. O.
18 A. a. O., 759.
19 Vgl. ST. HEYM: Der König David Bericht, 128–129 über die «Großzügigkeit» Davids bei der offiziellen Bestattung der Sauliden (2 Sam 21,1–14).
20 Sam 12,14–25.
21 Vgl. E. DREWERMANN: Aus Schuld geschieden – verdammt zum Unglück?, in: Psychoanalyse und Moraltheologie, II 112–137, S. 117–119: Darf man an König David sich ein Beispiel nehmen?
22 A. a. O., II 118.
23 ST. ANDRES: Wir sind Utopia, 43–44. – Zu dem *Geschichtswert* der beiden Stammbäume Jesu bei Mt und Lk vgl. J. JEREMIAS: Jerusalem zur Zeit Jesu, 308–337, S. 324–331.

Frauen unter David: Von der Weisheit des Archetyps der Frau

(aus: E. Drewermann: Tiefenpsychologie und Exegese, Band II, Walter-Verlag 1985, 648–654: Einige Frauengestalten in der «Thronnachfolgegeschichte Davids»)

1 M. BUBER: Weisheit und Tat der Frauen, in: Werke II, 917–923.
2 A. a. O., 919–920.
3 E. DREWERMANN, Tiefenpsychologie und Exegese, I 447f.
4 M. BUBER, a. a. O., 920; 921.
5 A. a. O., 921.
6 A. a. O., 922.
7 A. a. O., 923.

Die Schwiegermutter des Petrus: Die Heilung der Geister

(aus: E. Drewermann: Das Markusevangelium. Erster Teil, Walter-Verlag 1987, 202–209)

1 R. PESCH: Das Markusevangelium, I 129 hebt zu Recht das formale Schema der Heilungswundererzählung hervor, das H. ZIMMERMANN – K. KLIESCH: Neutestamentliche Methodenlehre, 154 darstellen: 1) *Begegnung* (des Wundertäters mit dem Kranken); 2) Beschreibung der Krankheit; 3) Bitte um Heilung; 4) Gestus und Wort des Wunderheilers; 5) Feststellung des Heilerfolgs; 6) Demonstration der Heilung. – Speziell *diese* Erzählung aber enthält eine Reihe konkreter Angaben, die wie biographische Notizen wirken; vgl. J. ROLOFF: Das Kerygma und der irdische Jesus. Historische Motive in den Jesus-Erzählungen der

Evangelien, Göttingen 1970, 115. Dann aber ist es nicht möglich, die vorliegende Wundererzählung einfachhin «christologisch» abzuschleifen; es gilt vielmehr, gerade die konkreten Einzelzüge besonders in der Interpretation zu würdigen. Es kann dann auch nicht genügen, summarisch festzustellen: «Daß ‹Fieber›... mit charismatischer Therapie beizukommen ist, ist unbestritten.» R. PESCH: A. a. O., 131. Vielmehr kommt es darauf an, sich in die geschilderte Krankheit so hineinzudenken, daß man die «Psychosomatik» von Krankheit und Heilung an Einheit zu begreifen lernt. Zu den Wunderberichten der Evangelien im allgemeinen vgl. J. JEREMIAS: Neutestamentliche Theologie, I 90–96.

2 Äußerst wichtig bei der Auslegung der Wundererzählungen ist es, auf die *Korrespondenz* zwischen der Symptomatik der Erkrankung und der Symbolik des Heilungsvorgangs zu achten. Was der Wunderheiler tut, verdeutlicht noch einmal die Art der Krankheit, ganz so, wie man aus der Art einer Antwort den Sinn einer Frage noch klarer zu erschließen vermag. M. a. W.: gerade daß Jesus *hier* mit einer *Handauflegung* auf das Fieber der Frau antwortet, erlaubt charakteristische Rückschlüsse auf die Ursache ihrer Krankheit. Zur Interpretation der Wundererzählungen vgl. diesbezgl. E. DREWERMANN: Tiefenpsychologie und Exegese, II 239–246. Was die «Demonstration» des *Heilungserfolges* dieser Erzählung angeht, so besteht sie darin, daß die Schwiegermutter des Petrus Jesus und seine Gefährten «bedient» (Mk 1,32). Der Ausdruck verweist zurück auf Mk 1,13, wo die *«Engel»* Jesus in der «Wüste» (mit Nahrung) «bedienten». Es ist nurmehr eine Andeutung, die Markus hier gibt, aber sie ist eine der schönsten des Neuen Testamentes: daß *die Frauen* in der Nähe Jesu, die seinen Weg bis in den Tod und darüber hinaus begleiten, buchstäblich für ihn sind wie «Engel auf Erden». Menschen können so für einander sein! Die *Vision,* die sich darin ausdrückt, ist etwas anderes als die «Pflicht» zur «mitmenschlichen Dienerschaft» auf dem Weg der «Christusnachfolge» oder eine lehramtliche Anweisung über die dienende Rolle der Frau in der Kirche.

3 Sehr gut eignet sich eine Szene wie diese zum Durchspielen im *Bibliodrama;* vgl. E. DREWERMANN: Tiefenpsychologie und Exegese, I 382. Zur *Psychosomatik der Fiebererkrankung* vgl. G. OVERBECK: Psychosomatische Aspekte bei unklaren Fieberzuständen, in: Zeitschrift für psychosomatische Medizin, 19 (1973), 145 ff.; R. MEYER – D. BECK: Zur Frage des psychogenen Fiebers, Schweizerische Rundschau Medizin, 64/50 (1975) 1599 ff.

4 Vgl. die bissige Kritik bei S. KIERKEGAARD: Der Augenblick, XIV 218; Werkausgabe, II 426: «‹Hatte der Apostel Paulus irgendein Amt?› Nein, Paulus hatte kein Amt. ‹Verdiente er dann auf andere Weise viel Geld?› Nein, er verdiente auf keine Weise Geld. ‹War er dann wenigstens verheiratet?› Nein, er war nicht verheiratet. ‹Aber dann ist ja Paulus kein ernsthafter Mann!› Nein, Paulus ist kein ernsthafter Mann.»

5 Die *Bizocchi* waren wandernde Bettelmönche, die von Papst Bonifaz VII. (1294–1303) als «ein unerträgliches Ärgernis» verfolgt wurden. 1297 wurde der Franziskaner *Matthäus von Chieti,* der Inquisitor von Assisi, eigens in die Abruzzen und die Mark Ancona gesandt, «um die Apostaten verschiedener Orden

sowie die Bizocchi, die jene Gegenden vergifteten, aus ihren Schlupfwinkeln zu vertreiben.» H. CH. LEA: Die Inquisition, 422. Speziell die Bullen von Johannes XXII. (1316–1334), *Sancta Romana* vom 30. Dez. 1317 und *Gloriosam ecclesiam* vom 23. Jan. 1318, «waren gegen diejenigen gerichtet, welche unter dem Namen Fratizellen, Beguinen, Bizocchi und *Fratres de paupere vita* (Brüder vom einfachen Leben, d. V.) in Sizilien, Italien und Südfrankreich einen unabhängigen Orden organisierten.» H. CH. LEA: A. a. O., 462. Zu jener Zeit war es nirgends gefährlicher, dem Beispiel Christi zu folgen, als in der Kirche Christi; heute, so scheint es, sind wir des Problems inzwischen überhaupt enthoben. Wer wird auch als Mitverdiener freier Marktwirtschaft so unvernünftig sein, der Logik des Geldes zu widersprechen, die in den *Städten* des Hochmittelalters zur Zeit des hl. Franziskus ihren Einzug hielt? Vgl. H. BOOCKMANN: Die Stadt im späten Mittelalter, 94–108; 109–124; 294–304; der die wachsende Auflösung der ursprünglichen Einheit der Produktions- und Verkaufsorte zugunsten einer Arbeit für den kapitalkräftigen *Kaufmann* bzw. «Verleger» sehr anschaulich beschreibt.

6 Das *«Summarium»* (Mk 1,32–34) entstammt der vormarkinischen Tradition. M. HENGEL: Nachfolge und Charisma. Eine exegetisch-religionsgeschichtliche Studie zu Mt 8,21 f. und Jesu Ruf in die Nachfolge (BZNW 34), Berlin 1968, 73 weist darauf hin, daß speziell die Tätigkeit Jesu als Krankenheiler und Exorzist das Bild Jesu bei den Leuten in Galiläa ebenso bestimmt haben muß wie die Predigt Jesu. M. a. W.: die *Heilungen* lassen sich von den *Worten* Jesu durchaus nicht trennen. Statt diesen Sachverhalt nun rein historisch zu konstatieren, muß daraus die *Folgerung* gezogen werden: keine «Theologie darf» sich legitimerweise auf das Vorbild Jesu berufen, die nicht die *Einheit* von Pastoral (Seelsorge) und Psychotherapie (Tiefenpsychologie) verlangt, begründet und ermöglicht, und die Exegese selber müßte der Ort sein, um zu zeigen, was wir in diesem Punkte von Jesus lernen könnten. Vgl. C. G. JUNG: Psychotherapie und Seelsorge, in: Werke, XI 353–376. SCH. BEN-CHORIN: Bruder Jesus, 48–52, schildert sehr eindrucksvoll, wie die «Erkrankung des Geistes, die Geisteskrankheit, ... wiederum durch den Geist geheilt» werden kann und muß, und meint: «Das ist eine Erkenntnis, der wir heute durch Psychoanalyse und Tiefenpsychologie, durch all das, was wir heute Psychotherapie nennen, wieder nahegekommen sind.» (S. 49) Jedoch, es hat sich nichts geändert. Zu Recht meint SCH. BEN-CHORIN: A. a. O., 50–51, daß gerade seine Wundertätigkeit Jesus auf die Seite der einfachen Leute und damit in den Gegensatz zu den «Schriftgelehrten» getrieben habe, und ganz richtig spricht er von der «Tragik», die darin gelegen sei. Pointiert also: Was will man auf den Lehrstühlen der Exegese heute: Menschen heilen oder lediglich sich selber sanieren, indem man durch eine methodisch erzwungene Bewußtseinseinseitigkeit gerade die Menschen zerstört, die den Anspruch an die Theologie stellen, sie müsse den «Kranken» *heilsam* sein? Speziell *Markus* hat den Hinweis auf die Heilung der *Besessenen* an dieser Stelle selbst eingefügt und durch die Erzählung von Mk 1,21–28 bereits vorbereitet; um so entschiedener muß eine Auslegung dieses Evangelisten den *therapeutischen, tiefenpsychologischen* Aspekt in der Botschaft Jesu von der Nähe Gottes herausarbeiten. G. THEISSEN: Urchristliche

Wundergeschichten, 143ff. hat gezeigt, daß das *Schweigegebot in den Wundererzählungen* bereits zu der vormarkinischen Tradition gehört, d.h. man darf es nicht im Sinne der berühmten Arbeit von W. WREDE: Das Messiasgeheimnis in den Evangelien. Zugleich ein Beitrag zum Verständnis des Markusevangeliums, Göttingen 1901 als redaktionelle Konstruktion des Evangelisten zum Verständnis des Leidens Jesu interpretieren, sondern man muß seinen Sinn Stelle für Stelle aus dem Duktus der jeweiligen Wundererzählung selbst zu verstehen suchen. Allerdings hat Markus in 1,34 in der Tat das Schweigegebot an die Dämonen im Sinne der vorliegenden Anweisung Jesu an die Jünger (Mk 8,30) interpretiert. Doch auch hier gilt es zu sehen, daß es keine *Heilung* gibt, die nicht von einem tiefen, absichtslosen *Vertrauen* getragen ist. ST. ZWEIG: Heilung durch den Geist, 7–22 hat diesen Zusammenhang von Vertrauen und Heilung außerordentlich einfühlend geschildert. Heilen kann nur, wer auf jede *Selbstdarstellung verzichtet*, und gerade in ihm offenbart Gott sich am deutlichsten.

Die blutflüssige Frau: Das Vertrauen

(aus: E. Drewermann: Das Markusevangelium I, 366–370)

1 Die gesamte *Schachtelperikope* von Mk 5,21–43 ist ausführlich interpretiert in E. DREWERMANN: Tiefenpsychologie und Exegese, II 277–309, wobei besonders die Gegenüberstellung der «blutflüssigen Frau» und der «Tochter des Jaïrus» als Einheit beider Gestalten verständlich gemacht wird. In der vorliegenden Auslegung werden beide Erzählungen getrennt voneinander interpretiert.

2 R. M. RILKE: Das Buch der Bilder, II 2, in: Sämtliche Werke, I 447.

3 S. KIERKEGAARD: Tagebücher, IV 198.

Die Tochter des Jaïrus

(aus: E. Drewermann: Das Markusevangelium I, 371–375)

1 Vgl. E. DREWERMANN: Tiefenpsychologie und Exegese, II 295–309.

2 Es hat offenbar auch eine *symbolische* Bedeutung, wenn Jesus an entscheidenden Stellen des Evangeliums *drei* seiner Jünger mit sich nimmt (vgl. Mk 9,2: die Verklärung auf dem Berge; Mk 13,3: die Frage nach dem Weltuntergang; Mk 14,33: am Ölberg); die Konfiguration von 3 + 1 entspricht einem archetypischen Schema, das besonders in den *Märchen* auf klassische Weise den Erzählaufbau in der Schilderung des Prozesses der Selbstfindung bestimmt; vgl. E. DREWERMANN (– I. NEUHAUS): Der goldene Vogel, 38–39; DERS.: Tiefenpsychologie und Exegese, I 189, Anm. 69; 199, Anm. 86. Keineswegs geht es nur um «die apostolische Bezeugung der Tradition» von Wundern, deren Ursprung in historisch-kritischer Sicht gewiß nicht in der Erneuerung wirklicher Begebenheiten, sondern in der Missionspropaganda und in dem Motiv der «Überbietung»

anderer Wundererzählungen (hier: von Elija, 1 Kg 17,21 f. und Elischa, 2 Kg 4,33–37) liegt, wie R. PESCH: Das Markusevangelium, I 307; 310 meint.

3 Sehr schön sagte der Gerer *Rabbi Jizchak Meir:* «Ich höre manchen sagen: ‹Ich will die Welt wegwerfen.› Ist denn die Welt dein, daß du sie wegwerfen könntest?» M. BUBER: Die Erzählungen der Chassidim, III 698. Das ist Geist von jener Haltung, wie sie auch in Jesus lebte.

Die syrophönizische Frau

(aus: E. Drewermann: Das Markusevangelium I, 472–492)

a) Die Fürbitte

1 A. DE SAINT-EXUPÉRY: Wind, Sand und Sterne, in: Ges. Schriften, I 175–340, S. 295; er fährt an gleicher Stelle fort: «Ich kann mich gut damit abfinden einzuschlafen, für eine Nacht wie für Jahrhunderte. Auf alle Fälle ist es nachher so still und friedlich. Aber die Schreie von dort drüben (sc. von schiffbrüchigen Kameraden, d. V.), diese entsetzlichen Ausbrüche der Verzweiflung, die kann ich nicht ertragen. Vor solchem Unglück kann ich nicht mit verschränkten Armen stehen. Jede Sekunde, die ich ruhig verharre, ist Mord an denen, die mir die Liebsten sind.»

2 Es ist an dieser Stelle wieder die Frage, worauf man den Akzent legt. In historisch-kritischer Sicht enthält die ganze Geschichte selbstredend keinerlei Wahrheit. L. SCHENKE: Die Wundererzählungen des Markusevangeliums, 254–267 hat im Rahmen dieser Methode überzeugend nachgewiesen, daß es sich hier um eine reine Gemeindebildung handelt, die mit Hilfe dieser Geschichte begründen wollte, warum sich die frühkirchliche Mission, entgegen dem Beispiel Jesu, auch und gerade an die Heiden wendet. So meint R. PESCH: Das Markusevangelium, I 390: «Die Perikope ist ein Dokument urchristlichen Ringens um die Überwindung eines aus dem Heilsvorgang Israels abgeleiteten Heilspartikularismus durch einen den Rang Israels nicht bestreitenden, aber im Blick auf Gottes freie Gnade und Barmherzigkeit (wie sie in Jesu Leben, Tod und Auferweckung offenbar wurde) relativierenden Heilsuniversalismus.» So wie in Mk 7,14–23 die Grenze von «rein» und «unrein» aufgehoben werde, so hier die Grenze zwischen Juden und Heiden. Natürlich spielt in der historisch-kritischen Exegese bei dieser «Fernheilungswundergeschichte» auch das «Überbietungsmotiv» die übliche Rolle; bereits im Judentum gibt es Parallelen solcher Fernheilungen, so wenn *Rabbi Chanina ben Dosa* durch sein Gebet den Sohn *Rabban Gamliels* heilt; vgl. H. L. STRACK – P. BILLERBECK: Kommentar zum Neuen Testament aus Talmud und Midrasch, II 441; PHILOSTRAT: Apollonius von Tyana, übers. v. E. Baltzer, Rudolfstadt 1883, Buch III, Kap. 39 erzählt davon, wie mittels eines Drohbriefes ein Dämon aus einem Kinde ausgetrieben wurde. PESCH: A. a. O., I 386 weist zudem darauf hin, daß in den Fernheilungswundererzählungen stets Heiden als

Bittsteller kämen, und folgert: «Offenbar liegt (sc. in Mk 7,24–30, d. V.)eine *konstruierte* Erzählform vor – die thematische Reflexion überwiegt –, in der urchristlich-missionarische Kreise die Heidenmission angesichts der unbestreitbaren Tatsache, daß sich Jesus nur den verlorenen Schafen des Hauses Israel gesandt wußte (Mt 15,24) und keine Heidenmission betrieben oder gefordert hatte, rechtfertigen.» All das zieht man aus den, menschlich gesehen, absolut äußerlichen Angaben: die Frau, die zu Jesus kommt, ist eine Syrophönizierin; ob Jesus heilen soll oder nicht, wird das zentrale Thema des Gesprächs, und sogar die «Besessenheit» gilt im biblischen Sprachgebrauch als Chiffre des Heidenlandes. Um indessen zu einer solchen Betrachtung zu kommen, muß man zuerst gerade von all den Zügen abstrahieren, die diese Geschichte wirklich einladend und «missionarisch» machen, insbesondere von dem Sieg der Barmherzigkeit angesichts menschlicher Not – sogar über «theologische» Grenzen hinweg! Die Geschichte erzählt eben nicht einfach in einer anderen Spielform dasselbe, was bei historisch-kritischer Betrachtung auch Mk 5,1–20 in der Geschichte von dem Besessenen bei Gerasa aussagen wollte. Um die konkrete Gestalt der Frau zu verstehen, die hier zu Jesu kommt, muß man sich in die Not hineinversetzen, an der sie leidet: die Krankheit ihrer Tochter! Und dann ergibt sich hier wie bei fast allen Wundergeschichten des Neuen Testamentes eine sehr wichtige Einsicht. Unser Problem *heute* ist nicht mehr die Frage, wie wir uns von Israel her den «Heiden» zuwenden; aber wir sind von Jesus wie die Jünger damals dazu gesandt, die Kranken zu heilen und die «Dämonen» zu vertreiben. Wenn wir es nicht fertig bringen, die Kranken zu heilen und die «Dämonen» zu vertreiben. Wenn wir es nicht fertigbringen, die engen Fesseln der eigenen theologischen Lehrtradition zu sprengen und uns auf die Menschen einzulassen, die inmitten ihrer Not zunächst einfach «nur» «geheilt» werden wollen, werden wir ihnen mit dem ständigen Abverlangen christologischer Hoheitsformeln den Weg zu Jesus verstellen statt eröffnen. Gerade die im «Heidenland» spielenden Wundererzählungen lassen sich gar nicht «menschlich» und theologisch unprätentiös genug auslegen. Mit dem exegetischen Gerede von der Heidenmission damals wird keiner Frau heute geholfen, deren Kind seelisch zerstört am Boden liegt. Ins Stammbuch all derer, die immer wieder die Reflexionstheologie der christologischen Hoheitstitel in der «Mission» der «Urkirche» gegen eine «einfache» Auslegung menschlicher Einfühlung richtig möchten, läßt sich nichts Besseres schreiben, als was H. THIELICKE: Ich glaube, 30–31 vor Jahren ausführte: «... ich gehöre schon *zu* ihm (sc. zu Jesus von Nazareth, d. V.), wenn ich nur den ersten Hunger und Durst nach der Gerechtigkeit in mir habe. Und wenn ich auf ihn zutrete und zu ihm sage: ‹Herr..., Herr, hilf mir!› dann bin ich schon in seine Scharen eingereiht und gehöre ‹dazu›. – Darum lassen Sie die Gottessohnschaft Christi, lassen Sie Ostern und Himmelfahrt ruhig auf sich beruhn. Denn jede Lehre, so hat LUTHER einmal gesagt, hat ihr Alter, ihre Zeit und ihre Stunde... Nehmen Sie Jesus so, wie er Ihnen zunächst erscheint: als einen... Menschen, der nur geliebt hat. Nehmen Sie ihn so, wie Sie irgendeinen Menschen nehmen, der Sie durch Seelengröße anrührt. Wenn Sie das tun, haben Sie zweifellos sein Geheimnis noch nicht begriffen. Sie gleichen dann jener seltsamen und doch eindrücklichen Gestalt des Neuen Testamentes, die unter dem Namen des blutflüssigen Weibes bekannt ist... (sc. Mk 5,25–34, d. V.). Sie trat von hinten an den Herrn heran und rührte seine Kleider an, um gesund zu werden... Sie sah nur einen Magier, einen Zauberer in ihm und war der abergläubischen Meinung, daß der Kontakt mit seiner Ausstrahlung ihre Krankheit wegzaubern würde... Und doch drehte sich Jesus zu diesem kümmerlichen Weiblein herum und sah sie an und rühmte ihren Glauben und ließ sie wissen: Du gehörst dazu, obwohl du noch eine Anfängerin bist und obwohl es bei dir von Mißverständnissen nur so wimmelt. Du gehörst dazu. – Wenn Sie Jesus zunächst so nehmen, wie er Ihnen Eindruck macht, wenn Sie ihn also ganz ‹menschlich› verstehen und in ihm einen Menschenbruder sehen, der uneigennützig liebt, der ganz aus Liebe besteht und der seinen Auftrag, Menschen mit einem neuen Sinn ihres Lebens zu beschenken, so ernst nimmt, daß er dafür stirbt – wenn Sie ihn so verstehen, haben Sie ihn zwar noch nicht von Angesicht zu Angesicht gesehen, aber Sie haben wenigstens den Zipfel seines Gewandes in die Hand genommen. Und wer ihn so festhält am äußersten Ende, wer ihn so an der Peripherie erfaßt hat, zu dem wendet er sich um und sagt zu ihm: ‹Du gehörst zu mir, und nun begleite mich. Und wenn du mit mir gehst, wirst du von Tag zu Tag merken, wer ich bin.›» A. v. HARNACK: Das Wesen des Christentums, 140 hat weit kritischer, aber in gleichem Sinn, gegenüber den intellektualistischen Formeln der christlichen Dogmatik schon des 4. Jh.s eingewandt, daß sie das lebendige Bild Christi durch logische Prämissen ersetzen, die in theoretischen Sätzen zum Ausdruck gebracht werden, und er fügte mit dem Blick auf unsere Textstelle hinzu: «Selbst wenn die christologische Formel die theologisch zutreffende wäre – wie weit hat sich die Kirche vom Evangelium entfernt, die da behauptet, man könne zu Jesus Christus kein Verhältnis gewinnen, ja man versündige sich an ihm und werde hinausgestoßen, wenn man nicht allem zuvor anerkenne, daß er *eine* Person mit zwei Naturen und zwei Willensenergien, je einer göttlichen und einer menschlichen, gewesen sei? Bis zu solcher Forderung hat sich der Intellektualismus ausgebildet! Darf da noch das Evangelium vom kanaanäischen Weibe oder vom Hauptmann in Kapernaum gelesen werden?»

3 Vgl. oben S. 25–44.

4 Statt historisch-kritisch die «Besessenheit» für eine Chiffre des «Heidenlandes» zu erklären, käme es vielmehr darauf an, darüber nachzudenken, wie existentiell der Zustand der Gottesferne mit den Zuständen neurotischer und psychotischer Seelenverwüstung im Felde der Angst zusammenhängt. Vgl. E. DREWERMANN: Sünde und Neurose, in: Psychoanalyse und Moraltheologie, I 128–162. Es muß zum tausendstenmal auch hier gesagt werden: bei der hier vorliegenden Konzeption tiefenpsychologischer Bibelauslegung geht es gerade nicht darum, die Theologie in Psychologie aufzulösen, sondern ganz im Gegenteil: es geht als erstes darum, mit den Mitteln der Tiefenpsychologie zu verstehen, warum die Totalisierung der Angst inmitten einer buchstäblich gnadenlosen, gottfernen Welt seelisch einen Menschen zum Wahnsinn treiben kann und muß. Wer sich als Theologe weigert, diese Untersuchungen als *notwendigen* Teil der

Schriftauslegung mitzuvollziehen, der sorgt unter dem Deckmantel aller möglichen historischen Redewendungen lediglich dafür, daß das Christentum zu einer Form der Außenlenkung, der «Dämonie» entartet.

5 Eine solche Situation schildert unübertrefflich F. M. DOSTOJEWSKI: Schuld und Sühne, I 6, S. 69–82, wo DOSTOJEWSKI in der Gestalt des Studenten *Raskolnikow* die unentrinnbare Psychologie und Ideologie eines Mordes aus Selbstverachtung zeichnet.

6 Auch diese genial richtige Bemerkung entwickelt F. M. DOSTOJEWSKI: Die Brüder Karamasoff, XII 10, Bd. II 904–909. Freilich muß man erst einmal über eine solche Meisterschaft psychologischer Einfühlung, wie DOSTOJEWSKI selber sie besaß, verfügen, um seine Warnung vor dem möglichen Mißbrauch der Psychologie nicht als ein Alibi der «normalen» philiströsen Abgestumpftheit im Umgang miteinander zu gebrauchen.

7 M. CLAUDIUS: Brief an Andres, in: U. Roedl (Hrsg.): Matthias Claudius: Ernst und Kurzweil. Eine Auswahl aus den Sämtlichen Werken, München – Hamburg (Siebenstern Tb. 135) 1969, 171–175 beschreibt sehr eindringlich die *Situation der Frau*, die in diesem Evangelium bittend zu Jesus kommt: Sie «hörte nicht auf, hinter ihm her zu schreien. – ‹Und er antwortete ihr kein Wort.› Schon das hätte ihr hart scheinen können. Sie hatte von Christus gehört, daß er helfen könne und oft geholfen hatte; sie war ihm voll Hoffnung und Vertrauen über die Grenze nachgegangen und hatte ihn herzlich gebeten – und was sie bat, war nichts Unbilliges ... – Manche Mutter wäre hier vielleicht irre und kalt geworden; aber das Kanaanäische Weib wird nicht irre und kalt. Sie bleibt fest und unbeweglich in ihrem Glauben; er kann helfen und er wird helfen. – Bisher hatte sie ihm nur von ferne nachgeschrien; nun kam sie und fiel vor ihm nieder und sprach: ‹Herr, hilf mir!› – *‹Herr, hilf mir!›* – Man kann diesen Schrei eines zerrissenen Mutterherzens nicht ungerührt und ohne Teilnahme hören und erwartet aus dem ... Munde Christi ein gütiges und freundliches Wort für sie. – Aber er antwortete und sprach: ‹Es ist nicht fein, daß man den Kindern das Brot nehme und werfe es für die Hunde.› Wer je in Not und Verlegenheit war und in der Angst an jemand, zu dem er Vertrauen hatte, eine Bitte wagte und abschlägige Antwort erhielt, der weiß, wie eine solche Antwort tut, wenn sie auch mit Glimpf und guter Wendung gegeben wird. – Wenn man aber bei der Gelegenheit noch Unangenehmes und Hartes hören muß; das schmerzt und verwundet tief und hört sich nicht gelassen an. Hält man auch äußerlich die Empfindlichkeit zurück; so fühlt man sich doch in sich unwillig, niedergeschlagen und beleidigt. Auch der natürlich gutgesinnte Mensch kann nicht anders. Die *Natur* nimmt übel. – Bei dem Kanaanäischen Weibe nichts von alle dem. Ihr Herz ist gediegen und fix ... – Sie hört den Mann Gottes, den sie so herzlich gebeten hatte, die harten Worte aussprechen, und wird nicht beleidigt. Sie hatte geglaubt, daß ein solcher Mann für alle Menschen sei, und daß alle, die in Not sind und Hilfe brauchen, gleiches Recht an und zu ihm hätten. Nun das aber nicht ist, nun sie hört, daß die Juden die Kinder sind, und ihnen das Brot gehört; tritt sie gleich zurück. *Sie* kann denn kein Brot verlangen, verlangt auch kein Brot. – ‹Aber doch essen die Hündlein von

den Brosamen, die von ihrer Herren Tische fallen.› – Da antwortete Jesus und sprach: ‹O Weib, Dein Glaube ist groß; Dir geschehe, wie Du willst.› – Und Andres, es geschieht gewiß einem jedweden, wie er will, wenn er so gesinnt ist und wenn er so *glaubt.*»

8 Als Beispiel für eine solche Mutterliebe, die durch das Leid eher noch wächst als abnimmt, mag die berühmte Szene dienen, wie AUGUSTINUS gegen den Willen seiner Mutter nach Rom geht. Augustinus: Bekenntnisse, V 8, Werke VII 93–95; a.a.O., VI, Werke VII 105–106 schildert AUGUSTINUS das Vertrauen, das *Monika* in den Bischof *Ambrosius* von Mailand zur «Bekehrung» ihres Sohnes setzt.

9 Mt 15,22.23 stellt das Bild der Szene bei Markus in diesem Sinne dar: daß die Frau nicht nur Jesus zu Füßen fällt (Mk 7,25), sondern hinter Jesus herruft. R. BULTMANN: Die Geschichte der synoptischen Tradition, 38 fragt sich, ob Matthäus eine ältere Redaktion der Geschichte vor sich hat als den Markus-Text.

10 Vgl. G. GRIMM: Die Lehre des Buddho, XXXIV, der zeigt, daß in der altindischen Religion «Brahman» eigentlich «Gebet» heißt. Beten hieß Rückkehr in das Brahman, in die «Heimat» der Seele, eine Versenkung in die eigenen Tiefen. GRIMM zitiert dabei ANGELUS SILESIUS: «Frag nicht, was göttlich sei; denn so du es nicht bist, / so weißt du es doch nicht, ob du's auch hörst, mein Christ.» Bzgl. des *Buddhismus* vgl. a.a.O., 373 f.

11 Ich kenne keine verdichtete Darstellung, die das Gefühl der Einsamkeit und der Verlassenheit von allem, ob Gott, ob Mensch, so erschütternd darstellt, wie *die Erzählung der Großmutter* in G. BÜCHNER: Woyzeck, in: Ges. Werke, 141–166, S. 162: «Es war einmal ein arm Kind und hatt kein Vater und keine Mutter, war alles tot, und war niemand mehr auf der Welt. Alles tot, und es ist hingegangen und hat gesucht Tag und Nacht. Und weil auf der Erde niemand mehr war, wollt's in Himmel gehn, und der Mond guckt es so freundlich an; und wie es endlich zum Mond kam, war's ein Stück faul Holz. Und da is es zur Sonn gangen, und wie es zur Sonn kam, war's ein verwelkt Sonneblum. Und wie's zu den Sternen kam, waren's kleine goldne Mücken, die waren angesteckt, wie der Neuntöter sie auf die Schlehen steckt. Und wie's wieder auf die Erde wollt, war die Erde ein umgestürzter Hafen. Und es war ganz allein. Und da hat sich's hingesetzt und geweint, und da sitzt es noch und is ganz allein.» Auf diese Abgründe des Gefühls inmitten einer Welt, die so kalt und tot von unterst zu oberst gekehrt ist, daß jeder Gedanke an einen Gott, der unser Weinen hören würde, gar nicht mehr aufkommt, gilt es, *von innen her,* aus dem Zentrum der mitempfundenen Verzweiflung unserer Zeit zu antworten – oder unsere Art zu glauben stimmt nicht. Es hat keinen Sinn, christologische Formeln zu rezitieren, nur um sich mit vermeintlichen «Antworten» die Fragen zu ersparen, auf welche hin z. B. eine solche Geschichte wie die Erzählung von der Frau und ihrer besessenen Tochter zu sprechen beginnen könnte. BÜCHNERS Erzählung erinnert übrigens stark an das Märchen der BRÜDER GRIMM: Die sieben Raben (KHM 25) – eine Erlösungsgeschichte von grandiosem Format.

12 H. L. STRACK – P. BILLERBECK: Kommentar zum Neuen Testament aus Talmud und Midrasch, I 722–727 meint: «Es prägte sich ... die gehässigste Verach-

tung darin aus, wenn man einen Menschen einen Hund nannte.» (722) Das Wort diente zur Bezeichnung unwissender Menschen, dann aber vor allem der Gottlosen und Heiden (724–726).

13 In einem rabbinischen Gleichnis wird einmal die Situation der Hanna, die in 1 Sam 1,1–28 Gott um ein Kind bittet, in folgendem Gleichnis verglichen: «Mit einem König von Fleisch und Blut, der seinen Knechten ein Mahl veranstaltet. Ein Armer kam, stand an der Tür und sprach: Gebt mir ein Stückchen Brot; aber man nahm auf ihn keine Rücksicht. Da drängte er sich herzu, trat zum König und sprach: Mein Herr König, von dem ganzen Mahl, das du veranstaltet hast, sollte es zu schwer in deinen Augen sein, mir ein Stückchen Brot zu geben?» STRACK – BILLERBECK: A. a. O., I 726.

14 Es ist also ein Glaube, wie er, aus Not geboren, in allen Menschen lebt und leben kann; es ist durchaus kein spezifisch «christologischer» Glaube. Vgl. E. DREWERMANN: Tiefenpsychologie und Exegese, II 134–141. Der Unterschied zu Mt 15,22 ist deutlich; dort redet die Frau Jesus bereits mit «Sohn Davids» an. Dazwischen liegt ein langer Weg, den man nicht umkehren kann: Man kommt von der Not zu Jesus als «Sohn Davids», aber man kommt nicht von der Bekenntnisformel zu einem Glauben, der Wunder wirkt.

15 Es gilt, auch die Beschränkung Jesu auf Israel als Ergebnis einer *persönlichen* Entscheidung zu reflektieren und nicht einfach als historisches Faktum stehenzulassen.

16 Das *Plötzliche* als einen Grundzug des «Dämonischen» hat bes. S. KIERKEGAARD: Der Begriff Angst, 118–121 herausgearbeitet.

17 Zum Bild der *«Drehbühne»* vgl. L. SZONDI: Lehrbuch der experimentellen Triebdiagnostik, I 119–120.

18 Zur Dialektik von *Vorder-* und *Hintergänger* bei L. SZONDI bzw. von *Persona* und *Schatten* bei C. G. JUNG vgl. E. DREWERMANN: Strukturen des Bösen, II 260–261.

19 Sehr beliebt war vor Jahren als Meditation die Betrachtung von R. GRÄF: Ja, Vater, 9–13 (Dein Wille geschehe), der «die große Königstraße des Kreuztragens und der Nachfolge Christi» als Grundhaltung der Aszese empfahl. «Hier ist nichts zu studieren und einzusehen, hier gibt es nur das eine, seinen Willen dem göttlichen Willen jeden Augenblick unterordnen, zu jedem Augenblick Ja sagen.» (S. 13) Erst durch den Umgang mit der Psychoanalyse habe ich zu sehen begonnen, wieviel an Masochismus in solchen Formeln verborgen sein kann.

20 H. THIELICKE: Ich glaube, 52; er führt aus: «Wer seinen Gott in der Natur und im Kosmos sucht, begegnet im Grunde einem unwirklichen Gespenst. Dieser Gott ist so groß und so fern, daß er mich kaum noch angeht ... Nur weil Gott sich *kleiner* macht als die Milchstraßen, weil er in meinem kleinen Krankenzimmer ist, wenn ich keine Luft kriege, weil er meine kleinen Sorgen versteht, die ich auf ihn werfen darf, weil ihm die Bitte eines Kindes um einen Roller mit Ballonreifen nicht zu gering ist, weil Jesus Christus mein bißchen Angst und meine persönliche Schuld auf sich lädt, *darum* wird Gott für mich etwas, das mich angeht.»

1 Bes. F. NIETZSCHE: Also sprach Zarathustra, 3. Teil, Von den Abtrünnigen, 2, S. 139–141 verhöhnte die «Leisebeter» und «Leisetreter», die «Schnurr- und Knurrpfeifer» der Trübsal, diese «Nachtwächter und Lichtscheuchen» des Geistes. «Also redete Zarathustra in der Stadt, die er liebte und welche zubenannt ist ‹die bunte Kuh›. Von hier nämlich hatte er nur noch zwei Tage zu gehen, daß er wieder in seine Höhle käme und zu seinen Tieren; seine Seele aber frohlockte beständig ob der Nähe seiner Heimkehr.» Geschrieben zum Thema «Gebet» vor 160 Jahren! NIETZSCHE hatte viele psychologisch überaus berechtigte Gründe, dem Christentum und seinem Gottesbild die Leviten zu lesen; er hatte auch viele Gründe, die Mitleidsmoral SCHOPENHAUERS als (oft genug) heuchlerisch zu attackieren; was aber, wenn das Mitleid echt ist und, wie SCHOPENHAUER es wollte, den Menschen hineinnimmt ins Herz aller Dinge? Da ahnte NIETZSCHE das Richtige: dann wäre es unvermeidlich, Gott wiederzuentdecken. So oft man für sich selber auch den Tod als Schicksal oder Schicklichkeit hinnehmen mag – für einen anderen Menschen, den man liebt, kann man nur das Leben wollen, und zwar gegen alle Erfahrung im letzten das ewige Leben.

2 Vgl. E. DREWERMANN – I. NEUHAUS: Das Eigentliche ist unsichtbar, 50–58 (Von Liebe und Tod oder Das Fenster zu den Sternen).

3 Es gilt als die sicherste Grenze zwischen Neurose und Psychose, wenn die Einfühlbarkeit und Mitdenkbarkeit der Äußerungen eines anderen Menschen einfach zusammenbricht. Selbst wenn man jemanden jahrelang zu kennen geglaubt hat und ihn nun während eines psychotischen Schubes über Monate hin begleitet, ist man später, nach der Rückkehr des Ichs des anderen, immer wieder erschrocken und erstaunt, wie ganz verschieden von all dem, was man in der Zeit der Krankheit am anderen zu verstehen meinte, seine Erlebnisse, Ängste und Visionen in Wirklichkeit gewesen sind. Sehr lesenswert ist der kurze geschichtliche Abriß bei L. NAVRATIL: Schizophrenie und Sprache. Schizophrenie und Kunst, 27–41 über die Versuche, die seit der Aufklärung unternommen wurden, die Psychosen besser zu verstehen; vgl. auch E. DREWERMANN: Tiefenpsychologie und Exegese, II 228–231; 478–485.

4 Es nutzt nicht, die «Fernheilungswundergeschichte» einfach als «Glaubenszeugnis» der frühen Kirche zu erörtern und in gleichem Atemzuge stillschweigend vorauszusetzen, daß ein solches Wunder sich natürlich gar nicht zugetragen hat. Das Unglaubwürdige kann keinen Glauben begründen, und die historisch-kritische Exegese sollte an solchen Stellen des Neuen Testamentes zunächst einmal ihrer aufklärerischen Kritik geständig sein, ehe sie wortreich den Glauben der Urkirche an Jesus als der Heiden Heiland darlegt. Das Problem der vorliegenden Erzählung liegt zunächst einmal in der behaupteten Fernheilung selbst. Erzählungen über Wunder dieser Art gibt es in der Tat allerorten, ja, inzwischen treten sogar im Fernsehen Fernheiler auf, die ihre Kunst unter Beweis zu stellen suchen. Psychologisch spricht alles dafür, daß es solche Wirkungen des Vertrauens gibt – man braucht dafür durchaus nicht die Parapsychologie zu bemühen.

Dann aber geht es bei der Auslegung der vorliegenden Erzählung wesentlich um die Frage, wie denn das Vertrauen, das die kanaanäische Frau in der Begegnung mit Jesus gewinnt, auf ihre Tochter übertragen werden kann. Mittelbar ist das die Frage, die bei all dem Sprechen von «Mission» im Kern zur Debatte steht: wie kann ich einen anderen Menschen, der mir nahe steht und der womöglich vor Angst umkommt, mit meinem eigenen Vertrauen infizieren?

5 Es ist ähnlich wie in Mk 3,31, wo man aus der Nichterwähnung des Vaters Jesu wird schließen dürfen, daß er bereits tot, jedenfalls nicht anwesend ist, oder wie in Lk 7,11–17, in der Geschichte vom Jüngling von Nain, wo freilich das Motiv der einsamen Witwe und ihres einzigen Sohnes ausdrücklich herausgestellt wird. Es geht um die Beziehung zwischen Mutter und Tochter – in Krankheit wie Gesundheit, analog der Situation, die wir in Mk 5,22–24.35–43 in dem Verhältnis zwischen dem Synagogenvorsteher Jairus und seinem Töchterlein angetroffen haben (s. o.). Zu dem hermeneutischen Grundsatz von der *Symbolik der Umstände* bei der Auslegung der Wundererzählungen vgl. E. DREWERMANN: Tiefenpsychologie und Exegese, II 243.

6 Vor allem in den *Märchen* der Weltliteratur spielt die Darstellung der negativen und positiven Aspekte des Mutter-Tochter-Verhältnisses die größte Rolle; als Beispiel vgl. E. DREWERMANN: Rapunzel (KHM 12), in: Die kluge Else. Rapunzel, 51–95.

7 Vor allem H.-E. RICHTER: Eltern, Kind und Neurose, 94–103 hat die verschiedenen Rollenvorschriften der Eltern für das Kind, die durch eigene Konflikte motiviert sind, auf zwei Haupttypen zurückgeführt: das Kind als Substitut für einen anderen Partner; das Kind als Substitut für einen Aspekt des eigenen (elterlichen) Selbst.

8 Die Einsicht in das schizophrene Interaktionsmuster zwischen Mutter und Kind ist erheblich erweitert worden durch G. BATESON: Vorstudien zu einer Theorie der Schizophrenie, in: Ökologie des Geistes, 270–301, von BATESON die Theorie des *double bind* entwickelt.

9 Vgl. E. BORNEMAN: Das Patriarchat, 511–543: «Nichts fällt dem Manne schwerer, als sich mit der emanzipierten Frau abzufinden.» (537)

10 A. DE SAINT-EXUPÉRY: Der kleine Prinz, Kap. XXI, S. 72.

11 Der historische Vorstellungsrahmen dafür war zweifellos der Gedanke der Propheten von dem *heiligen Rest;* vgl. J. JEREMIAS: Neutestamentliche Theologie, I 167–170; aber: «Der Gegensatz zwischen Jesus und sämtlichen Versuchen zur Bildung von Restgemeinden bricht an einer ganz bestimmten Stelle auf, nämlich an der *Absonderung* von den Außenstehenden.» A. a. O., 171. Zudem: «Es bedarf nicht vieler Worte, um zu zeigen, mit welcher Schärfe Jesus alle Versuche, die Restgemeinde durch menschliche Anstrengungen und durch Absonderung zu realisieren, abgelehnt hat.» «Selbst ... der Täufer nimmt die Schuldigen an, *nachdem* sie ihre Bereitschaft, ein neues Leben zu führen, kundgetan haben; Jesus bietet den Sündern das Heil an, *ehe* sie Buße tun, wie Lk 19,1–10 besonders deutlich zeigt. – Immer wieder wird in den ersten drei Evangelien davon geredet, wie anstößig, erregend und aufwühlend es wirkte, daß Jesus die pharisäischen und

essenischen Sonderansprüche, den Heiligen Rest zu realisieren, ablehnte und sich gerade an die wandte, die von den Restgemeinden ausgeschlossen wurden. Was ihn von den Restgemeinden, auch vom Täufer trennt, ist die Botschaft von der *Grenzenlosigkeit* und Bedingungslosigkeit der *Gnade.*» A. a. O., 173–174. Man vergleiche mit dieser Haltung Jesu seine «Kirche» heute – in ihrer unvergleichlichen Bereitschaft zum Ketzermachen und Ausschließen, und man weiß, daß es eine wunderbare Sache sein kann, in historischen Wendungen zu erläutern, was Jesus wollte, aber daß es noch heute jeden umbringen wird, der versucht, davon etwas zu verwirklichen. S. KIERKEGAARD: Der Augenblick, Nr. 10, XIV 347; Werkausgabe, II 547–548 meinte vollkommen richtig: «Man hat Wälzer über Wälzer geschrieben, um zu erzeigen und zu erweisen, woran man erkennen könne, was wahres Christentum sei. – Das läßt sich auf eine weit einfachere Weise machen. – Das Dasein ist: hörsam. Achte nur darauf, was der Widerhall erwidert, und Du wirst sogleich wissen, woran Du bist. – Wenn da jemand das Christentum in dieser Welt dergestalt verkündigt, daß der Widerhall erwidert, ‹herrlicher, tiefer, ernsthafter Christ, Du mußt in den Fürstenstand erhoben werden usw.›: dann wisse, dies bedeutet daß seine Christentumsverkündigung, christlich, eine gemeine Lüge ist. Es ist nicht unbedingt sicher, daß jemand, der in Ketten geht, ein Verbrecher ist, denn man hat Beispiele, daß die bürgerliche Obrigkeit einen Unschuldigen verurteilt hat; aber das ist ewig sicher, daß der, welcher – durch Verkündigen des Christentums – alles Irdische gewinnt, daß der ein Lügner ist ... Wenn jemand das Christentum dergestalt verkündigt, daß der Widerhall erwidert, ‹er ist ein Narr›: dann wisse, dies bedeutet, daß es wichtige Merkmale wahren Christentums in seiner Verkündigung gibt, ohne daß sie indes das Christentum des Neuen Testamentes sind ... Aber wenn jemand das Christentum dergestalt verkündigt, daß der Widerhall erwidert, ‹weg aus der Welt mit diesem Menschen, er verdient nicht zu leben›: dann wisse, dies ist das Christentum des Neuen Testamentes.»

12 Vgl. G. DALMAN: Jesus – Jeschua, 1–34 (Die drei Sprachen Jesu), der (S. 21) meint: «Jesus unterschied sich von den Rabbinen dadurch, daß es ihm um die verlorenen Söhne vom Hause Israel zu tun war (Mt 15,24; vgl. 10,6) und daß er noch in anderer Weise als jene Anknüpfung an Erfahrung und Empfindung der Ungelehrten suchte. Selbst wenn er hebräisch zu reden vermochte, ist es undenkbar, daß er nicht in der Sprache zu seinen Zuhörern herabgestiegen wäre.» *Nota bene:* Es wäre die Pflicht der Theologen heute, schon aufgrund dieses einfachen sprachlichen Befundes «aramäisch» statt «hebräisch» zu reden – ihre Terminologie, die lediglich die Begriffsgeschichte ihres eigenen Faches, aber schon lange keine wirklichen Erfahrungen mehr reflektiert, zu verlassen und alles, was sie von Gott zu «verkündigen» haben, in normalen Worten auszudrücken. Es bedeutete das Ende der ganzen Schriftgelehrsamkeit! – Zur Frage des aramäischen Idioms, das Jesus gesprochen haben mag, vgl. G. DALMAN: Die Worte Jesu, 63–72; J. JEREMIAS: Neutestamentliche Theologie, I 14–19. – Zur Begrenzung des Wirkens Jesu auf Israel meint J. JEREMIAS: A. a. O., I 235–237: «nur zweimal hören wir, daß er (sc. Jesus, d. V.) Heiden geholfen hat, beide Male nach heftigem Sträuben

(sc. Mk 7,24–30; Mt 8,5–13, d. V.). Auch seinen Jüngern hat er die Weisung gegeben, die Grenzen Israels nicht zu überschreiten (Mt 10,5 f. 23). Gleichzeitig hatte er aber andererseits die Erwartung der Rache Gottes an den Heiden abgelehnt (Lk 4,16 ff.; Mt 11,5 f. par.) und immer wieder ausgesprochen, daß die kommende Königsherrschaft auch die Heiden einschließen werde.» (S. 235–236) Die Vorstellung, von der Jesus sich dabei leiten läßt, ist die prophetische Verheißung von der Völkerwallfahrt der Heiden am Ende der Tage. «Wir treffen ... auf eine zentripetale Vorstellung. Es ist nicht so, daß Missionare ausziehen, um den Völkern das Evangelium zu sagen. Vielmehr leuchtet Gottes Glanz den Völkern und ruft sie zum eschatologischen Heil.» M. a. W.: es müßte an und in der Kirche wesentlich die Art der Menschlichkeit im Umgang miteinander sein, die so überzeugend und anziehend wäre, daß die Menschen aller Zonen sich darin «endgültig» wiederfinden könnten; nicht eine neue «Lehre», die mit Feuer und Schwert, mit Angst und Strafen anderen aufgezwungen werden müßte, sondern eine tiefere und glaubwürdigere Form der Menschlichkeit war es, die Jesus seinen Jüngern als Botschaft des Heils in der Nähe Gottes auf den Weg gab.

13 Lk 23,5; vgl. dazu E. Schweizer: Das Evangelium nach Lukas, 233, der betont, daß in der Tradition vor allem *die Führer* als Gegner Jesu politische Unwahrheiten über ihn als Anklagegrund gegenüber Pilatus vorbringen.

14 J. Jeremias: Neutestamentliche Theologie, I 236 weist vor allem auf das große Gleichnis vom Endgericht hin, in dem *alle Völker* vor dem Richterstuhl Gottes stehen werden (Mt 25,32) und wo es die einzige Frage sein wird, ob wir mit den Ärmsten der Armen an unserer Seite uns so eingelassen haben, daß wir in ihrer Not, ohne es zu wissen (!), Christus begegneten, wie er wirklich war – und wollte, daß wir würden.

15 Es ist in der Psychotherapie und Eheberatung daher immer wieder nötig, die so oft und notvoll gestellte Frage besorgter Mütter, wie sie die Ängste, Störungen und Fehlverhaltensweisen ihrer Kinder korrigieren können, nach und nach in die Frage zu verwandeln, an welchen Ängsten sie selber leiden. Die beste Wohltat für ein Kind ist eine Mutter, die sich selber wohlfühlt; aber gerade dagegen richtet sich besonders in vielen kirchlich gebundenen Ehen die moralische Ideologie der «Hingabe» und «Verantwortung» und vor allem: die moralisch erzwungene Abhängigkeit des eigenen Ichs von den starren Normen eines vergöttlichten Überichs. Zu den *Verschlingungen* im Verhältnis von Mutter und Kind vgl. die äußerst lesenswerten Gesprächsstrukturen bei R. D. Laing: Knoten, 9; 14; 15; 17.

16 vgl. H.-E. Richter: Eltern, Kind und Neurose, 184–272 (Das Kind als Substitut für einen Aspekt des eigenen Selbst). Es ist sehr wichtig, zur Interpretation von Märchen, Mythen, Legenden, Wundererzählungen u. a. derartige Strukturen vorschweben zu haben, um den oft nur angedeuteten Beziehungen zwischen den einzelnen Personen die entsprechende Bedeutung zuordnen zu können.

(aus: E. Drewermann: Das Markusevangelium II, 322–329)

1 Vgl. U. WILCKENS: *stolä,* in: G. Friedrich (Hrsg.): Theologisches Wörterbuch zum Neuen Testament, VII 687–692, S. 691, der zu Mk 12,38 meint: «Der Vorwurf richtet sich nicht so sehr gegen bestimmte Auswüchse an persönlicher Eitelkeit und Geltungssucht, als vielmehr gegen den Anspruch der Rabbinen überhaupt, um ihrer Lehre willen, der sie unmittelbare Offenbarungsdignität beimaßen, eine herausgehobene Funktion in der Heilsgemeinde zu haben und deswegen vom Volk entsprechend gewürdigt zu werden.» – Zu den *«Mänteln»* vgl. H. L. STRACK – P. BILLERBECK: Kommentar zum Neuen Testament, II 31–33, die auf die besonderen Kennzeichen einer *Gelehrten-Tallith* hinweisen und den Spott referieren, mit dem man das komische Aussehen gewisser Pharisäer mit einem «umgestülpten Mörser» verglich. Das ist ähnlich boshaft und treffsicher, wie man manche Ordensschwestern ihrer exorbitanten Kopfbedeckung wegen als «Sturzkampfbomber» oder die Prälaten der Kirche der aparten Farbe ihrer Soutanen wegen mancherorts als «Rotwild» bezeichnet. – Es hat sich nichts geändert.

2 Zu Recht attackiert W. BÜHLMANN: Von der Kirche träumen, 224–231 die Machenschaften aus dem Jahre 1982 zur Wiedereinschärfung der Pflicht aller Kleriker, nur in Amtstracht in der Öffentlichkeit zu erscheinen; er fragt: «Was würde Jesus zu diesen ... kirchlichen Gesetzen über die Kleidung sagen, er, der die Kaste der Pharisäer mit ihrer religiösen Gewandung nicht ertragen konnte? ... Jesus hat doch nicht gesagt: ‹Daran wird man erkennen, daß ihr meine Jünger seid, daß ihr den römischen Kragen tragt›, sondern ‹daß ihr euch liebt›.» – Hinzu kommt die *«Begrüßung»* und öffentliche Ehrung. Vgl. dazu: H. WINDISCH: *aspazomai,* in: G. Kittel (Hrsg.): Theologisches Wörterbuch zum Neuen Testament, I 494–500, S. 496: «Wenn Jesus den Anspruch der Rabbinen ... (sc. *zuerst* gegrüßt zu werden, d. V.) tadelt, will er, daß seine Jünger die Ehrung durch den Gruß nicht begehren, vielmehr mit ihrem Gruß den anderen zuvorkommen; daß letzterer Grundsatz auch von manchen Rabbinen gelehrt wurde, vor allem von Jochanan ben Sakkai, ist bekannt.» Vgl. dazu H. L. STRACK – P. BILLERBECK: Kommentar zum Neuen Testament aus Talmud und Midrasch, I 382: Von Jochanan berichtete man, «daß ihm nie jemand mit dem Friedensgruß zuvorgekommen sei, selbst nicht ein Goi auf der Straße». FLAVIUS JOSEPHUS: Jüdische Altertümer, XI 8,5, Bd. 2, S. 54 erzählt demgegenüber, wie sogar *Alexander d. Gr.* beim Einzug in Jerusalem «den Hohenpriester zuerst» begrüßt und dazu erklärt habe: «Nicht ihn habe ich angebetet, sondern Gott, dessen höchste Priesterwürde er bekleidet.» – Es bedeutet nicht mehr und nicht weniger als das Ende des gesamten hierarchischen Denkens, wenn Jesus gerade mit Berufung auf Gott die Grußpflicht gegenüber den Schriftgelehrten (und Hohenpriestern) ablehnt. Der Gott Jesu wird angebetet, indem Menschen einander brüderlich begegnen, nicht indem sie einander nötigen, sich als Träger eines Amtes zu betrachten, in welchem Gott selber zur Erscheinung komme. – Wie die Parallelen zu Mk 12,38–40 in der Logienquelle Q

zeigten (Mt 23,4.6.13.23.25.27.29; Lk 11, 43.46.52.42.39.44.47), hat es schon recht früh «eine schriftstellerische, d.h. eine Komposition» gegeben, «die als solche sekundär ist, wie man aus der Siebenzahl schließen muß». «Daß die Weherufe ursprünglich gegen die Musterfrommen, die Pharisäer und Schriftgelehrten ... gerichtet waren, sichert ihr Inhalt.» R. BULTMANN: Die Geschichte der synoptischen Tradition, 119. Die Form der Weherufe in der Logienquelle war gewiß ursprünglicher als die Form der Warnung bei Markus. – Zu den *«Ehrenplätzen»* in der Synagoge und bei den Gastmählern vgl. STRACK – BILLERBECK: A. a. O., 1914–916, die bes. auf die historische Glaubwürdigkeit dieser Kritik hinweisen (S. 116). Vgl. auch W. MICHAELIS: *protos, protokathedria* u. a., in: G. Friedrich (Hrsg.): Theologisches Wörterbuch, VI 866–883, S. 871–872: «Jesus rügt in dem Logion von Mk 12,39 ... die selbstgefällige und eitle Art der Pharisäer.»

3 H. L. STRACK – P. BILLERBECK: Kommentar zum Neuen Testament aus Talmud und Midrasch, II 37–45, S. 44 freilich verwerfen die Ansicht, die Spenden hätten der Armenpflege gedient. «Freiwillige Almosen wurden von den Almosenpflegern in der Armenbüchse gesammelt, und wer im Tempel der Armen gedenken und eine Gabe für sie spenden wollte, dem war dazu in einer besonderen Schatzkammer Gelegenheit geboten.» Statt dessen denken sie sich als Schauplatz der Handlung den 13. Geldbehälter, «der ganz allgemein für freiwillige Gaben bestimmt war, d. h. für Gaben, bei denen eine Zweckangabe fehlte». Offenbar handelte es sich um Gaben, die «auf irgendeinem Gelöbnis ihres Spenders beruhten. Das machte ... eine Verhandlung zwischen dem Priester und dem Spender nötig: Dieser hatte die Höhe der von ihm angelobten Geldsumme zu nennen, und jener stellte fest, ob das überreichte Geld dieser Summe entsprach; dann erst wanderte das Geld in seinen Behälter. Bei der anderweit bezeugten Sucht, freiwillige Spenden, besonders wenn sie große Summen bedeuteten, möglichst allgemein bekannt werden zu lassen (... Mk 6,2 ...), werden die reichen Spender auch am 13. Geldbehälter ihre angelobten Summen gewiß meist mit kräftiger Stimme dem Priester genannt haben. Natürlich hatte auch der, dem die Entrichtung einer geringen Summe infolge eines Gelübdes oblag, deren Höhe anzugeben. So konnte es geschehen, daß einmal eine Frau wegen ihrer kleinen Gabe sogar spitzige Spottreden vom Priester vor allem Volk hinnehmen mußte.» (43–44). J. JEREMIAS: Jerusalem zur Zeit Jesu, 127 ff. weist darauf hin, daß es den *Schriftgelehrten* an sich verboten war, sich für ihre Tätigkeit bezahlen zu lassen. Gleichwohl lebten sie von Unterstützungen, und so dürfte bei dem *«Fressen der Häuser der Witwen»* in erster Linie an «die schmarotzerische Ausnützung der Gastlichkeit durch die Schriftgelehrten» gedacht sein (130). FLAVIUS JOSEPHUS: Jüdische Altertümer, XIII 15,5 Bd. 2, S. 196 erzählt sogar, daß *Alexander Jannäus*, als er 76 v. Chr. im Sterben lag, seine Frau noch vor den Pharisäern gewarnt und sie zu ihrem eigenen Schutz gebeten habe, ihnen irgendein Vorrecht einzuräumen.

4 So meinte J. BURCKHARDT: Weltgeschichtliche Betrachtungen, 57 von dem *Untergang* einer Religion: «Eine Religion gründet z. B. früh ein heiliges Recht, d. h. sie verschlingt sich enge mit einem ganzen, von ihr garantierten öffentlichen

Zustand, oder sie gründet ihre Hierarchie neben den Staaten, aber im politischen Rapport mit ihnen. Diese ihre äußeren Einrichtungen, enge mit allem Materiellen verflochten und auf die Massen und deren Gewöhnung gestützt, können eine solche Religion unendlich lang äußerlich aufrecht erhalten, wie alte Bäume, innen ganz morsch, von ihrer Rinde und ihren Blättern leben und noch große Figur damit machen; der Geist aber ist schon lange teilweise daraus gewichen.»

5 Vgl. demgegenüber M. BUBER: Der Weg des Menschen nach der chassidischen Lehre, in: Werke, III 713–738, bes. S. 735–738: «Die Umwelt, die ich als die natürliche erfahre, die Situation, die mir schicksalhaft zugeteilt ist, was mir Tag um Tag begegnet, was mich Tag um Tag anfordert, hier ist meine wesentliche Aufgabe und hier die Erfüllung des Daseins, die mir offensteht ... Denn hier, wo wir stehen, gilt es das verborgene göttliche Licht aufleuchten zu lassen.»

6 Zur Stellung der *Witwen* vgl. J. JEREMIAS: Jerusalem zur Zeit Jesu, 150; 175; 408. Es muß als eine wichtige soziale Maßnahme betrachtet werden, daß man in Jerusalem testamentarisch festzulegen pflegte, daß eine Witwe «für die Dauer ihrer Witwenschaft im Hause des Mannes wohnen bleiben und von seinem Vermögen leben durfte». (150) Wenn die Frau *ihren ganzen Lebensunterhalt* in Form von *«zwei Lepta»* in den Opferkasten wirft, muß man voraussetzen, daß sie (inzwischen) vom Betteln lebt. – Zur Bedeutung des *Almosens* für Bettler vgl. H. DANIEL-ROPS: Die Umwelt Jesu, 399.

7 Vgl. zur Stelle E. SCHWEIZER: Das Evangelium nach Matthäus, 96–97.

8 A. a. O., 97: «So richtet sich die Bitte (sc. des Vaterunsers, d. V.) ... darauf, daß man zwar nicht im Überfluß und nicht gesichert gegen alle Notzeit, aber doch ohne Sorgen schlafen kann, weil für den kommenden Tag vorgesorgt ist.»

9 A. a. O., 49–51.

10 Vgl. E. DREWERMANN: Das Markusevangelium, I 161–171, S. 164–165, Anm. 4. Vgl. aber E. STAUFFER: Die Botschaft Jesu damals und heute, 86–94.

11 Vgl. E. DREWERMANN: Das Markusevangelium, I 502–506, S. 504, Anm. 5.

12 So sagt sehr schön E. SCHWEIZER: Das Evangelium nach Markus, 142: «So preist die kleine Geschichte jene stille, selbstverständliche und ganze Hingabe, die von ihrer Tat keine Geschichte macht, in der der Mensch aber sehr praktisch sich selbst und alle seine Sicherungen fahrenläßt und sich ganz Gottes Barmherzigkeit ausliefert.» Vgl. auch H. L. STRACK – P. BILLERBECK: Kommentar zum Neuen Testament aus Talmud und Midrasch, II 45: «Speziell die Wohltätigkeit sollte sich nach der Leistungsfähigkeit des Wohltäters richten. Vor allem aber sollte der Geber, ob er viel oder wenig gab, aus lauterer Gesinnung, um Gottes willen geben; denn auch das Speiseopfer der Armen sieht Gott so an, als hätte dieser sein Leben dargebracht. Anders haben darüber habsüchtige Priester gedacht. Es mag sein, daß Jesu Worte Mk 12,43 f. auch gegen solche Priester gerichtet sind, die geringfügige Gaben verachten.» Das Wort: sie gab «ihr ganzes Leben» besagt natürlich: ihren ganzen Lebens*unterhalt;* vgl. Spr. 27,27; aber mitgemeint ist gewiß doch auch die Hingabe des ganzen *Lebens;* deshalb scheint es richtig, das griech. *bios* an dieser Stelle «wörtlich» zu übersetzen.

13 Vgl. zur Stelle E. SCHWEIZER: Das Evangelium nach Matthäus, 89.

14 Zu Mt 5,45 vgl. a. a. O., 81–82.
15 Vgl. ST. ZWEIG: Drei Dichter ihres Lebens, 151–255; TATJANA TOLSTOI: Ein Leben mit meinem Vater, München–Zürich 1980.
16 I. LISSNER: Wir sind das Abendland, 488–499, S. 491.
17 Vgl. K. HAMBURGER: Tolstoi. Gestalt und Problem, 73–94 (Der Kampf um den Glauben).
18 Zu dem Problem der *«Schatzkammer»* vgl. H. L. STRACK – P. BILLERBECK: Kommentar zum Neuen Testament aus Talmud und Midrasch, II 37–45. FLAVIUS JOSEPHUS: Jüdische Altertümer, XIX 6,1, Bd. 2, 621 erzählt wie *König Agrippa* eine goldene Kette «innerhalb des Tempels über der Schatzkammer aufhängen» ließ, als Zeugnis für alle. Daraus folgt, daß es nicht nur eine Mehrheit von Schatzkammern gab, sondern eine, die besonders hervorgehoben war und offenbar im Frauenvorhof des Tempels lag, da sie sonst nicht allen zugänglich gewesen wäre. – Dem geistigen Gehalt nach erinnert die Szene stark an die Frömmigkeit des *Sokrates,* die XENOPHON: Memorabilien, I 3, S. 31 beschreibt: «Die Opfer, die er darbrachte, waren klein wie auch sein Vermögen; aber er glaubte darum denen nicht nachzustehen, die von einem großen Vermögen große Opfer darbrachten. Denn der Götter, meinte er, wäre es unwürdig, wenn sie an den großen Opfern größeres Wohlgefallen hätten als an den kleinen; oftmals müßten ihnen dann die Gaben schlechter Menschen angenehmer sein als die der rechtschaffenen; und für die Menschen wäre das Leben nicht mehr lebenswert, wenn die Opfer der Bösen den Göttern willkommener wären als die der Guten.» – H. HAAS: Das Scherflein der Witwe und seine Entsprechung im Tripitaka, 1922 hat auf die *buddhistische* Parallele hingewiesen, in der ein Mädchen zwei Geldstücke opfert. Daß diese Geschichte deswegen aber in traditionsgeschichtlichem Sinne der Erzählung bei Markus als Vorbild gedient habe, ist durchaus nicht nötig anzunehmen (gg. R. BULTMANN: Die Geschichte der synoptischen Tradition, 32–33). Es handelt sich vielmehr um die Erfahrung einer Wahrheit, die allgemeinmenschlich ist und sich in allen Religionen in analoger Weise finden läßt. Diese allgemein menschliche Wahrheit bildet den Abschluß der Lehrreden Jesu vor seiner Passion! Dies ist der Inhalt, für den er leidet! Die Stelle hat bei Markus daher eine ähnliche Funktion wie das Gleichnis vom großen Weltgericht in Mt 25,31–46 bei Matthäus. – Wie die Wahrheit dieser Erzählung in der Form eines *Märchens* (statt einer Legende) erscheinen kann, zeigt die Geschichte der Brüder Grimm: Die Sterntaler (KHM 153).

Die Salbung Jesu in Bethanien: Die absichtslose Güte

(aus: E. Drewermann: Das Markusevangelium II, 412–421)

1 Im folgenden soll die Passionsgeschichte Jesu entlang dem Auftreten ihrer Hauptgestalten betrachtet werden; einzelne Details der Handlung, die für die

Personenzeichnung unerheblich sind, werden lediglich in den Fußnoten erwähnt. – Die Erzählung von der *Salbung in Bethanien* «unterbricht den Zusammenhang von 14,1f. zu 14,10f.; ... Markus gewinnt damit eine eindrückliche Kontrastwirkung zwischen dem Anschlag der Behörden und der im tiefsten Sinne verstehenden Liebe der Frau aus dem Volke.» E. SCHWEIZER: Das Evangelium nach Markus, 158. Insgesamt sind es *Frauen*, die mit ihrer Liebe und Treue die Leidensgeschichte Jesu buchstäblich von Anfang bis Ende begleiten (Mk 15,40–41.47); ja, die Passionsgeschichte Jesu vollzieht sich überhaupt nur, indem das Tun der *Männer* die Gegenwart dieser Frauen förmlich verdrängt. P. KETTER: Christus und die Frauen, 269–272, S. 271 spielte auf diesen Kontrast an, als er vor über 50 Jahren mit Bezug zu der Salbung in Bethanien schrieb: «Nüchterne Verstandesmenschen haben oft wenig Verständnis für Marias Tat... Ihnen ist auch Religion und Gottesdienst eine Rechenaufgabe, bei der etwas herausspringen muß... Jesus hat... seine treue Jüngerin vor den nörgelnden Männern in Schutz genommen.» Freilich nennt erst Joh 12,3 die Frau, die Jesus salbt, mit Namen: Maria, und erst durch eine Verwechslung dieses Namens mit Maria von Magdala sowie durch eine Vermischung der Geschichte mit der Szene von Lk 7,36–50 ergab sich das Bild der «büßenden» Maria von Magdala. Nach allgemeiner Meinung ist Mk 14,9 «erst zugefügt worden, als schon die Weltmission selbstverständlich wurde (Apg 8,1; 11,19f.) und man den Namen der Frau nicht mehr wußte.» E. SCHWEIZER: A. a. O., 157–158. Gegen diese Ansicht aber spricht die Beobachtung von E. LOHMEYER: Das Evangelium des Markus, Göttingen [16]1963, 295f., der das «Verkündigen» des «Evangeliums» «an die ganze Welt» «von der eschatologischen Tatsache der Verkündigung vor allen Völkern» her verstand und das «Gedenken» als ein «Gedenken Gottes» deutete: «Wie die Gebete der Gläubigen aufsteigen, daß Gott ihrer gedenke, so hier die Verkündigung dessen, was die namenlose Frau an ihm tat.» J. JEREMIAS: Markus 14,9; in: Abba, 115–120, stellte die These auf, daß zwar der Nebensatz («wo immer die Heilsbotschaft verkündet wird in der ganzen Welt») «erst im hellenistischen Bereich», ja, vermutlich von Markus selbst «in Anlehnung an Mk 13,10 eingefügt» worden sei, daß aber das Wort ursprünglich streng eschatologisch gemeint gewesen sei: «Amen, ich sage euch: auch das, was sie getan hat, wird man (vor Gott) sagen, damit er (sc. im Endgericht, d. V.) ihrer (gnädig) gedenke.» DERS.: Die Abendmahlsworte Jesu, 229–246 schlägt demgemäß für 1 Kor 11,24.25; Lk 22,19 dasselbe Verständnis vor: die Eucharistie geschehe, «damit Gott meiner gedenke (durch Herbeiführen der Parusie)». J. JEREMIAS: Die Salbungsgeschichte Mk 14,3–9, in: Abba, 107–115 hat zudem gezeigt, daß bereits rein sprachlich die zahlreichen Semitismen gegen die Annahme von R. BULTMANN: Die Geschichte der synoptischen Tradition, 64 sprechen, der einen «hellenistischen Ursprung des ganzen Stücks» vermutete. Für fundamental zum Verständnis der Perikope hält J. JEREMIAS: A. a. O., 109–115 die Unterscheidung des Spätjudentums von *Almosen* und *Liebeswerken*. Vgl. H. L. STRACK – P. BILLERBECK: Kommentar zum Neuen Testament aus Talmud und Midrasch, IV 1, 559–610, S. 559: «Streng genommen gehörten natürlich auch die Almosen (Werke der Wohltätigkeit) zu den ‹Liebeswerken›; doch hat auch ihre Unterscheidung voneinander ihren guten Grund. Dem altjüdischen Almosenwesen haftete weit mehr Gesetzescharakter an als den Liebeswerken; schon deshalb empfahl sich ihre Auseinanderhaltung ... Almosen geschehen nur mit Geld, Liebeswerke auch mit der eigenen Person; jene gelten nur den Armen und den Lebenden, diese auch den Reichen und den Toten.» Die wichtigsten Liebeswerke waren bereits in Jes 58,6–7 zusammengestellt. Angewandt auf Mk 14,3–8, bedeutet diese Unterscheidung: in 14,4–5 sagen einige: «Was die Frau tut ist Sünde. Der vergeudete Wert hätte zu *Almosen* verwendet werde können.» Dagegen weist Jesus in Mk 14,6–8 den Vorwurf zurück: die Frau hat (14,6) «ein gutes Werk», d. h. ein *Liebeswerk* getan, zu dem bald schon keine Gelegenheit mehr bestehen wird. Es scheint, als habe Jesus (gemäß Jes 53,9) erwartet, nach seiner Hinrichtung in ein Verbrechergrab geworfen zu werden, so daß zu einer Totensalbung dann keine Gelegenheit mehr bestehen werde; J. JEREMIAS: Die Salbungsgeschichte, in: Abba, 114, Anm. 45 meint, daß diese Erwartung Jesu «zu den unerfüllten Weissagungen» gehörte und «ganz altertümlich» sei. Von daher ist die gesamte Stelle wesentlich von dem *Gegensatz* zwischen Liebe und Tod, Zärtlichkeit und Zerstörung her zu interpretieren. Auch das Motiv, daß einzig die «Liebeswerke» (im Endgericht) bei Gott «zählen», ist in den Mittelpunkt der Auslegung zu stellen. Hinzu kommt der Gedanke, der sich mit der Person Jesu besonders verbindet und auf den E. SCHWEIZER: Das Evangelium nach Markus, 157 aufmerksam macht: «Jesu Zeit ist herausgehobene Zeit, die Zeit des ‹Bräutigams› (2,19), in der die religiösen Pflichten des Fastens (2,19) und Almosengebens (14,5 ...) nicht mehr die allerwichtigste Stelle einnehmen können; denn Jesus gegenüber gibt es ein Handeln, das die Maßstäbe des gewöhnlichen Alltags überschreitet. Freilich muß dann das Mißverständnis, als ob Liebestätigkeit überflüssig wäre, abgewehrt werden, was durch Einfügung von V. 7b erfolgt (sc. durch den Zusatz: und wann immer ihr wollt könnt ihr ihnen wohltun, d. V.). Auch sonst sind Worte Jesu, die den besonderen Charakter, die Einmaligkeit seiner Zeit betonen, nachträglich umgeformt worden, weil für die Gemeinde die ethischen Fragen wichtiger wurden ... In V. 8a scheint eine neue Andeutung der Tat der Frau im Sinne von 12,44b zu liegen: sie hat alles weggeschenkt, was sie hatte.» Man muß freilich hinzufügen, daß es im Sinne der *Gleichzeitigkeitsregel* der Auslegung gerade darum geht, das «Besondere» der Situation Jesu als das Gegenwärtige zu setzen; es geht um den *ständigen*, den *wesentlichen* Vorzug der Liebe vor allen anderen Rücksichtnahmen; es geht niemals (nur!) um «Ethik»; und über dem Haupt eines jeden schwebt bereits der Schatten des Todes; jedes «Liebeswerk» ist eine «Salbung» des «Leibes» für das «Begräbnis». – Insofern ist die *Rahmung* von Mk 14,1–2 besonders wichtig, die den mitgeteilten Vorgang auf den Mittwoch vor dem «Passahfest» ansetzt, d. h. vor der Feier, die am Donnerstagabend begann und am Freitag begangen wurde (Mk 14,12; 15,42). Die Zeit der ungesäuerten Brote bezeichnet die Zeit vom 15.–21. Nisan, wurde aber mit dem Passahfest gleichgesetzt. Die Doppelbezeichnung ist im AT üblich

(2 Chr 35,17), verweist hier aber besonders eindringlich auf den Todestag Jesu und damit symbolisch auf die Bedeutung seines Sterbens. Vgl. R. PESCH: Das Markusevangelium, II 319–320. Unterstrichen wird zudem die Niedertracht der Hohenpriester und Schriftgelehrten, die das Volk fürchten und nur mit Hinterlist ihren Todesbeschluß durchsetzen können. Vor diesem Hintergrund und mit dem Blick auf Mk 16,1 erhält die Szene der *Salbung in Bethanien* auch bereits prophetischen Charakter: immer wieder wird man die Liebe zu töten suchen, aber immer wieder wird man erleben, daß die Liebe die Gräber öffnet.

2 Vgl. P. SHRI S. NEHRU: Mahatma Gandhi, 85–127. Der Zentralbegriff des Denkens Gandhis war *Satyagraha* – die Wahrheit des Seins, die für ihn identisch war mit der Anerkennung der Vielfalt der menschlichen Personen: «Die Wahrheit von einigen wenigen wird von Gewicht sein, die Unwahrheit von Millionen wird wie Spreu vor dem Winde verweht werden.» (93)

3 H. KÄUTNER (Regisseur): Die letzte Brücke. Österreich–Jugoslawien 1953.

4 SCH. BEN-CHORIN: Bruder Jesus, 101–102 schlägt vor, die Salbung Jesu im Zusammenhang mit dem jüdischen Midrasch *Genesis-Rabba 39* zu sehen, «in welchem Abraham mit einer Flasche kostbaren Parfüms verglichen wird, die verschlossen im Winkel stand.» «Jesus wird als der neue Adam, der neue Moses und der legitime Nachfolger Davids im Neuen Testament gesehen; in dieser Salbungsszene aber auch als der neue Abraham, der neue Vater des Glaubens, oder der Vater des neuen Glaubens.» «Dabei scheint es mir nun wichtig und typisch, daß zarte Frauenhände diesen neuen Abraham salben, so wie ja auch Abraham selbst in der Gesellschaft seiner besonders schönen Gattin und Halbschwester Sara gesehen wird.» Man muß freilich den Inhalt dieses «neuen Glaubens» präzisieren: es geht um die Treue Gottes zu einem, der bereit ist, für seine Wahrheit in den Tod zu gehen; das ist der «Wohlduft» «Abrahams»!

5 Vgl. R. PESCH: Das Markusevangelium, II 32.

6 Zur Problematik der *Armen* in Israel vgl. E. BAMMEL: *ptochos,* in: G. Friedrich (Hrsg.): Theologisches Wörterbuch zum neuen Testament, VI 888–915, S. 902–903, der mit Blick auf Mk 14,5.7 meint, es werde hier die Almosenpflicht geradezu abgewertet. «Markus hat aus den unwilligen Jüngern seiner Vorlage eine unbestimmte Gruppe (sc. «einige», d. V.) gemacht und dadurch das Jesus gestellte Problem von den Zwölfen und damit der christlichen Gemeinde abgehoben. Auch dieser Zug zeigt: Markus ist das Problem der Armut ferngerückt.» Ob man daraus freilich mit R. SCHNACKENBURG: Die sittliche Botschaft des Neuen Testamentes, 93 folgern kann, auch *Jesus* habe «die Besitzverhältnisse ... in keiner Weise angetastet», ist mehr als fraglich, vor allem wenn die vermeintlich «realistische», «illusionslose» Weltsicht von Mk 14,7 (Arme habt ihr allzeit bei euch) zu einem «einzigartigen Beitrag» zur «Überwindung der sozialen Unterschiede» hochstilisiert wird, wie SCHNACKENBURG es tut.

7 Die Nuancen dieses Kontrastes von Zärtlichkeit und Zerstörung gehen bis in die Details, so wenn Mk 14,3 eigens das Zerbrechen des (versiegelten) Verschlußdeckels des Nardenfläschchens erwähnt. «Nicht darauf liegt der Nachdruck, daß die *ganze* Flasche verwendet wurde, sondern darauf, daß es sich um ein völlig

neues, unangebrochenes Gefäß handelte. Und diese Feststellung ist dem Erzähler deswegen wichtig, weil man daraus erstens auf die absolute Reinheit und Unverfälschtheit des kostbaren Nardenöls schließen konnte..., und weil man zweitens daraus ersah, daß dieses zur Ehrung des Herrn verwendete Öl nicht schon irgendwelchen anderen profanen Zwecken gedient hatte.» J. BLINZLER: Der Prozeß Jesu, 303. In gleichem Sinne berichtet Mk 15,46, daß Josef von Arimathäa eigens *neue* Leinwand kauft, um den Leichnam Jesu beizusetzen – in einem noch *unbenutzten* Grab, wie Mt 27,60; Joh 19,41 ergänzt. – Zur *dichterischen* Ausdeutung der Stelle vgl. G. BERNANOS: Das Tagebuch eines Landpfarrers, 72–73; sowie E. SCHAPER: Das Leben Jesu, 178: «Maria... wußte alles: daß er sie und das Licht der Welt an diesem Tage zu einem der letzten Male gesehen. Nun brach die Nacht herein. Die erste Hand, die Abschied nehmen wollte, war schon ausgestreckt; sein Leib, obgleich noch lebend, empfing die Weihe des Todes.»

8 Zu dem Ausspruch vgl. H. L. STRACK – P. BILLERBECK: Kommentar zum Neuen Testament aus Talmud und Midrasch, I 987–988. Zur sozialen Fürsorge gegenüber den Armen vgl. J. JEREMIAS: Jerusalem zur Zeit Jesu, 142–150, der S. 142 Rabbi *Hillel* mit dem Satz zitiert: «Viel Almosen, viel Frieden» und das Sprichwort hinzufügt: «Das Salz des Vermögens ist die Liebestätigkeit.» Von einem Mann wie *Rabbi Jochanan* wurde berichtet, daß er all seinen Bodenbesitz verkaufte, «ohne etwas für seine Versorgung im Alter zurückzuhalten», «um des Studiums der Tora willen» (S. 143).

9 Es kommt in diesem Sinne nicht darauf an, etwas zu bewirken, sondern darauf, so zu sein, wie es einem selbst und der jeweiligen Situation entspricht. Dann gilt die wunderbare Lehre des LAOTSE: Tao te king, Nr. 78, S. 121: «Auf der ganzen Welt gibt es nichts Weicheres und Schwächeres als das Wasser. Und doch in der Art, wie es dem Harten zusetzt, kommt ihm nichts gleich. Es kann durch nichts verändert werden. Daß Schwaches das Starke besiegt und Weiches das Harte besiegt, weiß jedermann auf Erden, aber niemand vermag danach zu handeln. Also auch hat ein Berufener gesagt: ‹Wer den Schmuck des Reiches auf sich nimmt, der ist der Herr bei Erdopfern. Wer das Unglück des Reiches auf sich nimmt, der ist der König der Welt.› Wahre Worte sind wie umgekehrt.»

10 Vgl. die Ermahnungen des greisen *Sosima* in: F. M. DOSTOJEWSKI: Die Brüder Karamasoff, 1. Teil, 2. Buch, 4. Kap.: Die kleingläubige Dame, 1. Bd., 68–76.

Das Kreuz und die Frau des Pilatus

(aus: E. Drewermann: Das Markusevangelium II,
Von der Überwindung des Kreuzes, 665–668)

1 Vgl. M. WEBER: Der Beruf zur Politik, in: J. Winckelmann (Hrsg.): Max Weber: Soziologie. Weltgeschichtliche Analyse. Politik, 175–177; E. DREWERMANN: Der Krieg und das Christentum, 158, Anm. 58.

2 Vgl. E. H. ERIKSON: Gandhis Wahrheit, 473–489: Homo religiosus; P. SHRI

S. NEHRU: Mahatma Gandhi, 87–127 zitiert S. 72–93 *Gandhi* mit den Worten: «Der Weg der Wahrheit ist auch der Weg des Friedens. Die Lüge dagegen ist die Mutter der Gewaltsamkeit. Ein nach der Wahrheit strebender Mensch kann auf die Dauer nicht gewaltsam sein. Er wird auf seinem Weg bald erkennen, daß er die Gewalt überhaupt nicht benötigt, und er wird weiterhin entdecken, daß, solange die geringste Spur von Gewalttätigkeit in ihm steckt, seine Suche nach der Wahrheit ergebnislos bleiben wird.» Vgl. M. GANDHI: Freiheit ohne Gewalt, 164–165.

3 Siehe oben zu Mk 15,16–20a: Soldaten, Anm. 14; 17–19; S. 604; 605 f.

4 Siehe oben zu Mk»315,16–20a: Soldaten, Anm. 18; 20, 22; S. 605; 606 f.

5 Vgl. E. DREWERMANN: Der Krieg und das Christentum, S. 48, Anm. 4; S. 53.

6 Zur Gestalt der *Frau des Pilatus* vgl. E. SCHWEIZER: Das Evangelium nach Matthäus, 332: «Durch das Zeugnis der Frau des Statthalters wird das Groteske der Entscheidung gegen Jesus Christus und für Barabbas noch verstärkt... Später nennt man auch den Namen der Frau, Procula Claudia; in der griechischen und äthiopischen Kirche wird sie sogar zur Heiligen.» Tiefenpsychologisch ist es wichtig zu sehen, daß mit der Welt der *Frau* des Pilatus und ihrem *Traum* konsequent eine Gegenwelt zu der Verstandesherrschaft der Männer auftritt. W. LEIERSEDER: Die Frau des Pilatus, in: W. Leierseder (Hrsg.): Jesu Leidensweg – Menschen am Rande, 26–34 meint (S. 33–34) sehr schön: «Die Frau des Pilatus... legt als Heidin Zeugnis für Christus ab. Sie steht dadurch in enger Beziehung zum Centurio in Kafarnaum und zum Hauptmann unter dem Kreuz. Diese Heiden erkennen Jesus und bezeugen ihn. Die vermeintlich Frommen – sein Volk – verwerfen ihn... Es könnte doch sein, daß es auch heute Menschen gibt, die wir nicht zu den Frommen zählen und die dennoch ein feines Gespür dafür haben, wo Gott heute wirkt und gegenwärtig ist. Und es wäre doch denkbar, daß diese Menschen heute genauso wie jene Heiden damals, die Frommen beschämend, die Gegenwart Gottes erkennen und bezeugen.»

7 F. M. DOSTOJEWSKI: Schuld und Sühne, I 5, S. 60–65; vgl. E. DREWERMANN: Vom Problem des Selbstmords oder von einer letzten Gnade der Natur, in: Psychoanalyse und Moraltheologie, III 98–173, S. 157; DERS.: Tiefenpsychologie und Exegese, I 157, Anm. 124.

Die Frauen bei der Kreuzigung Jesu

(aus: E. Drewermann: Das Markusevangelium II; Die Kreuzigung oder: Warum der Messias sterben mußte, 637–642)

1 Zu den Namenlisten der Frauen s. o. Anm. 13. Vgl. auch R. PESCH: Das Markusevangelium, II 503–509, der bes. die Rolle *Magdalenas* hervorhebt, «deren Rang in ihrer überwiegenden Erstplazierung und durchgängigen Nennung in den Frauenlisten... gespiegelt ist... Ihre frühere Krankheit (Lk 8,2...) könnte verständlich machen, daß sie unverheiratet war und deshalb im Unterschied zu den

übrigen Frauen durch die Herkunftsbezeichnung identifiziert wird.» (505–506) Die entscheidende Frage stellt sich freilich psychologisch, nicht historisch: Wer *ist* Jesus von Nazareth, wenn seine Gestalt und Botschaft gerade auf *Frauen* eine solche Faszination ausübt, während sie die Männer in tödliche Rechthaberei und ängstliche Flucht treibt? Und von welcher Art müßte *eine Kirche* sein, die vorgibt, sich auf den Mann Jesus zu gründen? Zu dem Patriarchalismus der Kirche mit ihrer strukturellen Friedensunfähigkeit und Gewalttätigkeit vgl. E. DREWERMANN: Der Krieg und das Christentum, 232–254.

2 Zur Problematik und zum Wert solcher Sprechweise vgl. B. J. HILBERATH – TH. SCHNEIDER: Opfer, in: P. Eicher (Hrsg.): Neues Handbuch theologischer Grundbegriffe, III 287–298, bes. S. 293–295.

3 Vgl. E. DREWERMANN: Das Markusevangelium, I 45–80.

4 Der *Mangel an Individualität* scheint in der Gefangenschaft der Angst stets als das Grundübel im Kern alles Bösen. Es ist ein schlimmer theologischer Übelstand, daß in der kirchlichen Sprechweise immer noch so getan wird, als sei gerade das Selbst-sein-Wollen der Inbegriff der Sünde. Der entscheidende Punkt, um den es geht, wurde schon vor 100 Jahren von H. IBSEN: Peer Gynt, in: Dramen, I 419–564, 2. Akt, S. 456 mit der Frage erörtert: «Wodurch unterscheiden sich Mensch und Troll?» Antwort: «Draußen im Sonnenstrahl ruft man sich zu / Als heimlichste Weisheit: ‹Mensch, sei du!› / Hier aber unter uns Trollen heißt klug / Geredet: ‹Troll, sei du – dir genug!›» Man muß schon die Logik der «Trolls» auf das Leben loslassen, um den Wagemut der Selbstfindung (das ganze Drama *Peer Gynts!*) mit der Selbstgenügsamkeit des Spießers zu verwechseln!

5 Zu dem *exemplarischen* Durchleiden der Angst s. o. zu Mk 14,26–42: Die begnadete Angst; S. 482f.

6 Zur Gestalt der *Niobe* vgl. K. KERÉNYI: Apollon und Niobe, 264–278: «Als Mondgöttin, bei welcher der düstere Aspekt vorwog, gehörte Niobe nach Kleinasien, wo sich die Spuren ihres Kultes erhielten und wo auch ihr Name seine sprachlichen Parallelen hat. Die Griechen aber erkannten in ihr die Ur-Menschenmutter, einen Aspekt des Weiblichen im Menschen: jenes Weibliche, das die Leiden auf der Erde als die Leiden einer Mutter, doch nicht als Geburtswehen, sondern als Seelenleiden trägt.» Vgl. HOMER: Ilias, XXIV 605–612, übers. v. *W. Schadewaldt*, S. 418.

7 Zu der sumerischen Muttergöttin *Inanna* (der akkadischen *Ischtar*), die in die Unterwelt geht, um den Geliebten *Dumuzi (Tammuz)* zu erlösen, vgl. D. O. EDZARD: Die Mythologie der Sumerer und Akkader, in: H. W. Haussig (Hrsg.): Wörterbuch der Mythologie, I 17–140, S. 81–89, bes. S. 87–89.

8 Zur Gestalt des babylonischen und syrischen *Tammuz* vgl. W. W. BAUDISSIN: Adonis und Esmun, 94–111; vgl. bes. H. GESE: Die Religionen Altsyriens, in: H. GESE – M. HÖFNER – K. RUDOLPH: Die Religionen Altsyriens, Altarabiens und der Mandäer, 3–232, S. 149–165, bes. 156–160 zu der Göttin *Anat*.

9 Zu der Gestalt der ägyptischen *Isis* und ihrer Trauer um den ermordeten Gatten und Bruder (Geliebten) Osiris vgl. G. ROEDER: Urkunden zur Religion des Alten Ägypten, 15–45.

10 Vgl. J. G. Frazer: Der goldene Zweig, 472–506 zum Kult des *Adonis.*
11 Zu der Formel *«für uns»* vgl. F. Hahn: Christologische Hoheitstitel, 55–57, 60–61; 62–66, der bes. den Anschluß an Jes 53 für den Gedanken stellvertretender Sühne zur Deutung des Todes Jesu hervorhebt.
12 Eine vortreffliche tiefenpsychologische Interpretation von Ps 22 hat E. Fromm: Ihr werdet sein wie Gott. Eine radikale Interpretation des Alten Testaments und seiner Tradition, in: Gesamtausgabe VI 83–226, S. 213–217; 223–226 vorgelegt, der zu Recht betont, daß Jesus in Mk 15,34 gerade nicht als ein Verzweifelter stirbt, sondern als jemand, der diesen Psalm der «Errettung» (215) auf den Lippen trägt, als er stirbt. Natürlich ist das Gebet Jesu am Kreuz eine «Legende», aber auch die Erzählform der Legende besitzt ihre *typische* Wahrheit. «So berichtet zum Beispiel der Talmud von Rabbi Akiba, er habe gelächelt, während man ihn folterte, und als der römische General ihn fragte, weshalb er lächelte, habe er geantwortet: ‹Ich habe mein ganzes Leben lang gebetet: Du sollst den Herrn, deinen Gott von ganzem Herzen, mit deiner ganzen Seele (was *Leben* bedeutet) und mit all deiner ganzen Kraft lieben. Ich konnte ihn bis zu diesem Augenblick nie ‹mit meinem ganzen Leben› lieben. Deshalb bin ich glücklich.›» (S. 223) Vgl. R. Mayer: Der babylonische Talmud, 384–385 (*Brachot* 61b).

Maria von Magdala am Grab: «Gesehen habe ich den Herrn»

(aus: E. Drewermann: Ich steige hinab in die Barke der Sonne, Walter-Verlag 1989, 155–182)

1 Zu der «vergegenwärtigten Eschatologie» des *Johannes*evangeliums vgl. R. Schnackenburg: Das Johannesevangelium, I 140–141.
2 Richtig spricht R. Bultmann: Theologie des Neuen Testamentes, 430, im *Johannes*evangelium vom «Glauben» als «Eschatologischer Existenz»: «Der Glaubende ist innerhalb der Welt dem weltlichen Sein entnommen ... er hat den Tod schon hinter sich gebraucht (8,51; 11,25 f.); er hat schon das Leben (3,36; 6,47 ...).»
3 Vgl. R. Bultmann: A. a. O., 297–298, wo auf die Analogie zu den Mysterienreligionen und auf die Verwendung gnostischer Kategorien in der Interpretation von Tod und Auferstehung Jesu bereits in der Theologie des Paulus hingewiesen wird.
4 Zu Joh 11,25 vgl. R. Bultmann: Das Evangelium des Johannes, 307: «Jesu ‹ich bin das Leben› beschreibt nicht seine metaphysische Wesenheit, sondern seine Gabe für den, der zum Glauben kommt und damit ‹aufersteht›.» Speziell zu der Auferstehungsgeschichte in Joh 20 muß man sagen, daß sie nicht «der Gattung protokollarischer Berichte zuzuordnen» ist, aber auch keine haggadisch-apokalyptische Darstellung wie Mk 16,1–8» bietet, sondern daß sie «in erzählen-

der... Weise die Bedeutung der Taten Jesu als Offenbarung seiner lebenspendenden Macht» aufzeigen will. J. KREMER: Die Osterevangelien, 178.

5 Von daher kommt der Person des historischen Jesus die entscheidende Bedeutung zu, wobei freilich zu beachten ist, daß sich über die Wirklichkeit einer Person bzw. über die Bedeutung personaler Erfahrungen gerade nicht in historischen Berichten nach der Art moderner Geschichtsschreibungen referieren läßt, sondern im Grunde nur in Form verdichteter traumnaher Bilder Kunde geben läßt. Von daher ist die Aussagerichtung durchaus berechtigt, die W. MARXSEN: Die Auferstehung Jesu als historisches und als theologisches Problem, in: W. Marxsen, U. Wilckens, G. Delling, H. G. Geyer: Die Bedeutung der Auferstehungsbotschaft für den Glauben an Jesus Christus, Gütersloh [5]1967, 11–39, vorgeschlagen hat, indem er sich die Frage vorlegte, wie denn die Jünger Jesu dazu kamen, das Interpretament «Auferstehung von den Toten» zur Deutung der Osterwiderfahrnisse zu verwenden; es sei, meint MARXSEN (S. 32), auf diese Weise das «funktionale Jesuskerygma» in ein «personales Christuskerygma» umgewandelt worden, es sei der «Bringer des Heils ... zum Gegenstand des Heils» geworden, der «Verkündiger» sei «zum Verkündigten» geworden. Daraus folgerte er S. 37: «Nicht die Auferstehung ist das entscheidende Datum ..., sondern Jesus war das ‹Datum›, sein Reden und Tun.» Insbesondere gehe es nicht an, ein damals aus der Religionsgeschichte verständliches Interpretament zu historisieren. «So ist also die Frage nach der Auferstehung Jesu zuletzt keine Frage nach einem Ereignis nach Karfreitag, sondern es ist die Frage nach dem irdischen Jesus und (unlösbar damit verbunden!) die Frage, wie seine Sache später erfahrene Wirklichkeit wurde und heute erfahrbare Wirklichkeit werden kann.» (S. 39) Vgl. DERS.: Die Auferstehung Jesu von Nazareth, Gütersloh 1968. In dem Ausgang von der Botschaft des Jesus von Nazareth ist W. MARXSEN gewiß zuzustimmen, ebenso in der Ehrlichkeit der historisch-kritischen Analyse der Ostertexte; nicht zustimmen aber kann man ihm in der Trennung, die er zwischen der Person und der Botschaft Jesu vornimmt; nicht die «Funktion» Jesu ist das entscheidende, sondern von Anfang an seine Person; sie erst ermöglicht das Verständnis seiner Worte – es gibt gerade keine Reduktion auf ein «Offenbarungswort», es geht entscheidend um das Gegenüber einer Person, die imstande ist, den Selbsteinschluß der Angst der menschlichen Existenz im Felde der Gottesferne wieder auf Gott hin zu öffnen. Und dann wiederum gibt es keinen Zugang zu der Person eines anderen ohne die vermittelnden Schemata des Wünschens, Sehens, Hoffens, Vorstellens und Träumens. Es geht weder tiefenpsychologisch noch dogmatisch an, die großen Bilder der Religionsgeschichte der Menschheit als rein zeitgeschichtlich bedingte Interpretamente zu entwerten, es kommt vielmehr umgekehrt alles darauf an, die Wahrheit dieser Bilder tiefenpsychologisch und theologisch einfühlbar und in ihrer Gültigkeit zur Deutung menschlicher Existenz evident zu machen. Erst dann wird man zugleich verstehen, von welch einem Glauben Jesus getragen war, wenn er die Zuversicht in die «Auferstehung von den Toten» vor unseren Augen zu leben versuchte. Vgl. E. DREWERMANN: Das Markusevangelium, II 270–283, zu Mk 12,18–27. Dasselbe gilt gegenüber

H. R. Schlette: Epiphanie als Geschichte, München 1966, 61–75, der in etwa dem Standpunkt von W. Marxsen folgt. Damit ist freilich auch gesagt, daß es nicht angeht, die Wahrheit der Symbole der Ostererzählungen am Ende doch wieder, zumindest negativ, in der «objektiven» Wirklichkeit einer nachprüfbaren Historie suchen zu wollen, wie F. Mussner: Die Auferstehung Jesu, München 1969, 189–195, dies geradezu verzweifelt mit dem Argument von der «unaufhebbaren Einheit» von Geist und Materie (S. 194) unternimmt. Als ob nicht schon die Begriffe «Geist» und «Materie» heute philosophisch fragwürdig geworden seien, geht es ihm schließlich um die Rettung nicht mehr des neutestamentlichen Auferstehungsglaubens, sondern um dessen aristotelisch-thomistische Interpretation in der katholischen Dogmatik. Welch ein biologistisches, objektivistisches Denken hier nachwirkt, zeigt J. Brinktrine: Die Lehre von der Mutter des Erlösers, 64, der noch im Jahre 1959 aus Konzils- und Vätertexten bewies, daß die wunderbare Jungfräulichkeit der Geburt Jesu *(Virginitas in Partu)* gestützt werde durch «die Auferstehung des Herrn aus dem verschlossenen Grabe... und sein Hindurchgehen durch verschlossene Türen (Joh 20,19).»

6 Vgl. zur Stelle E. Schweizer: Das Evangelium nach Lukas, 93, der diskutiert, ob vielleicht erst Lukas «durch 8,1–3 festgehalten (hat), daß auch sie (sc. die hier aufgezählten Frauen, d. V.) als Zeuginnen der Auferstehung (23,55; 24,1.6–8) schon beim irdischen Wirken Jesu dabei waren wie die Apostel (Apg 1,21 f.)»? Man müßte dann, wie im *Johannes*evangelium, auch schon bei Lk betonen, daß man zur Erfahrung der «Auferstehung» Jesu nur kommen kann durch die Begegnung mit der Person des irdischen Jesus von Nazareth. Völlig legendär und biblisch ohne jede Grundlage ist die Verknüpfung der Gestalt der *Maria Magdalena* mit der «Sünderin» von Lk 7,37. H. L. Strack – P. Billerbeck: Kommentar zum Neuen Testament aus Talmud und Midrasch, I 1047, erwähnen zwar einen Ort *Magdala*, der «wegen Unzucht» zugrunde gegangen sei, doch ist dies das «Magdala der Färber», nicht das galiläische Magdala. Psychologisch dürfte L. Rinser: Mirjam, 15, recht haben, wenn sie die Legende von der «Hure» Magdalena auf den mythischen Archetyp des größten Kontrastes: des Heiligen und der Sünderin (bzw. umgekehrt: der Schönen und des Tieres) zurückführt und an die Geschichte von *Simon Magus* und seiner Frau *Sophia* erinnert: «Das Urmuster (sc. von Geschichten dieser Art, d. V.) ... war dies: einem der hohen Götter war die Braut geraubt worden, Sophia, die Weisheit, und er mußte sie suchen. Sie sei in der Unterwelt, bei den Schatten sei sie. Aus der Unterwelt wurde das Bordell. Der Gott suchte seine Sophia unter den Huren. Sie war selbst zur Hure geworden. Der Gott und die Hure. Der Reinste und die Unreinste zusammen erst: das Hohe Paar... Ich mußte eine Hure sein, damit ich ins mythische Bild paßte.» In der Tat prägt sich in der Legende der *Maria von Magdala* das Bild der verdrängten *anima*, des «christlichen» Unbewußten aus; mit der Gestalt des Christus an sich aber hat das so wenig zu tun wie mit der Person seiner Begleiterin.

7 L. Rinser: Mirjam, 11, hat die Idee aufgebracht, die «Besessenheit» der *Maria von Magdala* habe darin bestanden, daß sie schon als Mädchen sich zu einer emanzipierten Frau entwickelt habe, die sich unter dem patriarchalischen Vor-

bild der Ehe ihrer Eltern weigerte zu heiraten. Diese Vorstellung scheint in manchen Kreisen so beliebt zu sein, daß CH. FRIEBE-BARON: Ferne Schwestern, ihr seid mir nahe, 111–118, S. 112, den Gedanken, freilich ohne Herkunftsangabe, ohne weiteres aufgegriffen hat. Nun kann zum Stichwort «Besessenheit» sich inhaltlich gewiß ein jeder seinen eigenen Phantasien aus dem Bereich der Psychiatrie und der Psychopathologie hingeben; eines aber kann er sicher nicht, solange er noch daran interessiert ist, die biblische *Maria von Magdala* zu verstehen: er kann nicht aus einer schweren seelischen Erkrankung eine bessere Form seelischer Gesundheit machen und damit im Grunde das Problem der radikalen Erlösungsbedürftigkeit des Menschen aus der Existenz des Menschen weg an die (patriarchalische) Gesellschaft delegieren. Ohne Zweifel: das Patriarchat, solange es dauert, schafft Krankheiten aller Art; aber Lk 8,2 schildert *Maria von Magdala* als eine seelisch Zerbrochene, als eine innerlich Zerrissene, und zwar nicht im Sinne einer fehlerhaften Bewertung von seiten «der» Männer ihrer Umgebung, sondern allenfalls als das inzwischen völlig wehrlose, hilflos ausgelieferte Opfer solcher fremden und zerstörerischen Bewertungsmaßstäbe. Noch weit abwegiger wird L. RINSERS Mutmaßung, wenn sie *Maria von Magdala* zu einer Tochter aus dem Stamme der *Makkabäer* erklärt, die nicht nur gegen die Männer-, sondern auch gegen die Römerherrschaft habe kämpfen wollen, bis sie von der Liebe Jesu besiegt worden sei. – Zum Thema der *«Besessenheit»* in den Heilungsgeschichten des Neuen Testamentes vgl. E. DREWERMANN: Tiefenpsychologie und Exegese, II 228–231. Die seelische Ursache psychotischer Erkrankungen liegt gewiß nicht einfach in einem gesellschaftlichen «System» begründet, sondern besteht in der Doppelbödigkeit und inneren Widersprüchlichkeit der zentralen frühkindlichen Kontaktpersonen. Vgl. P. WATZLAWICK: Wesen und Formen menschlicher Beziehungen, in: H. G. Gadamer – P. Vogler (Hrsg.): Neue Anthropologie, VII 2, S. 103–131, bes. S. 116–121; vgl. E. DREWERMANN: Von der Zerstörung der religiösen Rede, in: Psychoanalyse und Moraltheologie, III 174–198, S. 185–187, Anm. 20.

8 R. D. LAING: Das geteilte Selbst, 62.

9 BRÜDER GRIMM: Kinder- und Hausmärchen, Nr. 50. In diesem Märchen geht es auf geradezu klassische Weise um die Versteinerung aller seelischen Antriebe und Gefühlsregungen unter dem Diktat der Angst – der Sexualangst speziell.

10 Es gibt bei den Synoptikern eine gewisse Parallele zu der Gestalt der *Maria von Magdala* und ihrem Bekenntnis vom Sieg des Lebens über den Tod in der Gestalt *des Besessenen von Gerasa*, der von einer «Legion» böser Geister heimgesucht war, ehe Jesus ihm entgegentrat und ihn heilte; er ist der erste und einzige im *Markus*evangelium, der sich schon vor dem Tode Jesu implizit zu der «Gottheit» seines Retters bekennt. Zu der Stelle Mk 5,1–20 vgl. E. DREWERMANN: Tiefenpsychologie und Exegese, II 247–277; DERS.: Das Markusevangelium, I 360–365.

11 Gerade in der Auslegung der *johanneischen* Sprechweise von der «Gottessohnschaft» Jesu kommt es entscheidend darauf an, nicht von dem «fertigen»

Glaubenssatz auszugehen, sondern die Erfahrungen zu schildern, die den Menschen Jesus von Nazareth einzelnen unter seinen Mitmenschen für ihr Leben so wichtig machten, daß er ihnen zum «Gott» werden konnte: zum Zentrum, zum Wendepunkt, zum Halt und zum neuen Inhalt ihres ganzen Daseins. Recht hat P. TILLICH: Wesen und Wandel des Glaubens, 9: «Glaube ist das Ergriffensein von dem, was uns unbedingt angeht.» Im Sinne dieser «Definition» muß es wesentlich darum gehen, zu zeigen, wieso diese in sich völlig zerstörte Frau aus Magdala in Jesus demjenigen begegnete, der sie «unbedingt» anging; und dann muß man einen Eindruck davon vermitteln, was es bedeutet, wenn einem Menschen dieser unabdingbare Fixpunkt seiner gesamten Existenz (wie am Karfreitag) mutwillig zerschlagen wird.

12 Im Sinne der Mariologie der katholischen Dogmatik ist *Maria*, die Mutter des Erlösers, über alle Geschöpfe erhoben worden und überragt durch ihre Gottesmutterschaft alle Kreaturen; vgl. J. BRINKTRINE: Die Lehre von der Mutter des Erlösers, 27. Es fällt dann schwer zu glauben, daß dieselbe Frau die gesamte erlösungsbedürftige Menschheit repräsentieren soll (a. a. O., 103); anders die Gestalt der *Maria Magdalena;* sie ist eine «Heilige» ganz und gar nach dem Typ der «Legenden der Unfertigen»; vgl. E. DREWERMANN: Tiefenpsychologie und Exegese, I 429–443.

13 Vgl. J. BRINKTRINE: Die Lehre von der Mutter des Erlösers, 31–51.

14 Vgl. E. DREWERMANN: Das Markusevangelium, I 236–247, zu Mk 2,13–17.

15 Vgl. zu der Einheit von Gottfindung und Selbstfindung, von Glaube und personaler Integration die vorzüglichen Ausführungen bei P. TILLICH: Wesen und Wandel des Glaubens, 121–128.

16 Vgl. dazu E. DREWERMANN: Das Markusevangelium, II 684–696.

17 Richtig weist J. KREMER: Die Osterevangelien – Geschichten um Geschichte, 165, darauf hin, daß die Zeit der Dunkelheit «schlecht zu den damaligen Gegebenheiten» passe und eine «symbolische Bedeutung (vgl. 1,5; 6,17; 12,35.46)» besitze: «die Besucherin des Grabes weilt nicht in der Helle dessen, der selbst das Licht ist (vgl. 1,9; 8,12)». Das Problem dieser Interpretation liegt in dem ständigen Verdrängen der psychischen Bedeutung der biblischen Symbolsprache selbst bzw. in der pflichtgemäßen Ersetzung wirklicher menschlicher Gefühle durch theologische Redensarten. So ist die «Bedeutung für den Leser» nach KREMER (a. a. O., 180) bei der *Dunkelheit* darin zu sehen, daß hier «einerseits ein Symbol für die Finsternis der Sünde und der Bosheit der Welt» vorliege, «andererseits (ein Symbol) für die Situation der Jünger Jesu, wenn Jesus nicht bei ihnen weilt (vgl. 6,17).» Dann wieder, aber leider ohne es auszuführen und existentiell verbindlich zu machen, sagt J. KREMER ebenso richtig wie schön: «In der Finsternis der Welt und der Dunkelheit ihres Herzens eilt Maria zum Grab.» *Verzweiflung* ist der Ausdruck, der im Deutschen den entsprechenden Gefühlszustand beschreibt.

18 Es gilt, derartige «Wege» als Richtungen der Existenz, als Ausdruck der gesamten Daseinseinstellung zu deuten. Wenn die Zeitangabe ein Symbol ist, so natürlich auch die Ortsangabe. M. a. W.: die Frage muß lauten, wie das Leben eines

Menschen beschaffen ist, dessen einziges Ziel buchstäblich nur noch das Grab ist und sein kann. – Indem *Maria von Magdala* hier als die Frau eingeführt wird, die den Leichnam Jesu salben will, ist sie natürlich nicht identisch mi der *Maria* aus Joh 12,1–8, der Schwester des Lazarus in Bethanien, wie L. RINSER: Mirjam, 243, vorschlägt, indem sie die Szene zugleich mit der Fußwaschung von Joh 13,1 ff. zusammenzieht. Zudem ist bereits CH. BEN CHORIN: Bruder Jesus, 132, aufgefallen, daß Jesus, abweichend von dem Ritual der Seder-Feier, aber vielleicht unter dem Einfluß von Qumran, in den Abendmahlssaal Frauen nicht mitgenommen hat; vgl. E. DREWERMANN: Das Markusevangelium, II 455, Anm. 7. Immer wieder ist das Jesus-Bild sperriger, als man es zugunsten einfacher Ideologisierungen und stereotyper Projektionen gerne hätte. Sucht man hingegen nach einem *archetypischen* Vorbild dieser Frau am Grabe, so müßte man an den Typ der griechischen *Antigone* erinnern; vgl. E. DREWERMANN: Tiefenpsychologie und Exegese, II 653–654, zu 2 Sam 21. – Wie weit weg von den Gefühlen radikaler Trauer und Einsamkeit eine Exegese historisch-kritischer Provenienz sich selbst am Grabe Jesu noch aufhalten kann, demonstriert R. SCHNACKENBURG: Das Johannesevangelium, III 362, wenn er meint: «Joh erreicht mit der Weglassung anderer Personen (sc. die bei den Synoptikern erwähnt werden, d. V.) einen stärkeren dramatischen Effekt, da die gleiche Frau, die voll Schrecken vom offenen Grab wegeilt, dann durch den Anruf und durch die Offenbarung des Auferstandenen überwältigt wird.» Aus Fragen existentieller Betroffenheit werden bei solcher Interpretation Stilfragen schriftstellerischer Dramaturgie. Was es für *Maria Magdalena* bedeutet, das Grab leer zu sehen, davon kein Wort.

19 Es ist merkwürdig unlogisch, wenn J. KREMER: Die Osterevangelien – Geschichten um Geschichte, 169, meint, der Evangelist bringe mit den beiden Engeln «zum Ausdruck, daß sie das leere Grab bezeugen». In solchen Wendungen, die aus R. SCHNACKENBURG: Das Johannesevangelium, III 371, übernommen sind, werden ganz einfach die Ebenen der Erfahrung vertauscht: um zu sehen, daß ein Grab in äußerem Sinne leer ist, bedarf es keiner Engel als «Indizien» (so im Ernst R. SCHNACKENBURG, III 372), sondern nur guter Augen; «Engel» selbst aber kann man nur mit den Augen des Herzens sehen, sie sind ganz und gar Teil einer inneren Erfahrung. Genau so aber, als symbolische Beschreibung einer inneren Erfahrung, ist die ganze Erzählung vom Ostermorgen zu lesen. – Zur Gestalt des *Engels* im Grab bei Mk 16,1–8 vgl. E. DREWERMANN: Das Markusevangelium, II 697–722, S. 713–718. – Ganz unglaublich ist es, wenn R. SCHNAKKENBURG: Das Johannesevangelium, III 371, darüber hinaus erklärt, die «Engelsszene» werde «durch das Sich-Umwenden Marias (V 14)» «abgebrochen und bleibt ohne Bedeutung für den Fortgang»; ja, es ist für ihn überhaupt nur «zufällig» (a. a. O., III 372), daß *Maria Magdalena* die Engel «sieht». Demgegenüber muß man sagen, daß es ohne die Vision und die Frage der Engel niemals einen «Fortgang» in der ganzen Geschichte der Auferstehung geben könnte. Es zeugt von einem fatalen Mißverständnis in der Interpretation symbolischer, traumnaher Erzählungen, wenn R. SCHNACKENBURG an diesem entscheidenden *Wendepunkt* einer ganzen Lebenseinstellung erneut meint, konstatieren zu können:

«Erzählerisch kann durch die doppelte Klage Marias eine Steigerung beabsichtigt sein: Der dramatische Effekt in der Anrede Jesu und die Betroffenheit Marias werden verstärkt.» – Zur Interpretation von *Visionserzählungen* vgl. E. DREWERMANN: Tiefenpsychologie und Exegese, II 329–346. Zur Gestalt des *«Engels»* vgl. M. CACCIARI: Der notwendige Engel, 137–149, der (S. 149) sehr schön sagt: «Der Engel reflektiert in dem reinen Augenblick seines Lobgesanges das Wort, das er gesehen hat und das unseren Blick in übervoller Leere erfüllt, er reflektiert die Erinnerungen, von denen er uns gebeugt gesehen hat, während er uns ins Freie zog.»

20 Die genaue Angabe der Stelle, an welcher die Engel im Grab sich aufhalten, ist nach R. SCHNACKENBURG: Das Johannesevangelium, III 371, «für die erzählerische Steigerung ohne Belang» und soll lediglich bezeugen, daß das Grab leer ist. J. KREMER: Die Osterevangelien – Geschichten um Geschichte, 169, findet die Beschreibung ihres Platzes «umständlich». Doch mit Verlaub: derart respektlos lassen Engel sich nicht zur Bühnendekoration entwerten. Innerhalb einer Vision, in welcher allein sich «Engel» auf Erden zu «sehen» geben, ist es keinesfalls egal, an welcher Stelle sie sich aufhalten, und gerade der Ort zu Häupten und zu Füßen eines Toten ist, wie wir sahen (S. 143), das klassische Bild des ägyptischen Totenbuches, wie *Isis* und *Nephthys* am Katafalk des Verstorbenen knien. Es ist dieses Bild, das hier zugleich beschworen und überwunden wird: wir leben nicht (erst) in den Gräbern, wir dürfen und müssen von dem leeren Grab uns zurück ins Leben wenden.

21 Sehr schön spricht J. KREMER: Die Osterevangelien – Geschichten um Geschichte, 182: «Es ist das Weinen (sc. Mariens, d. V.) der Braut, die ihren Bräutigam verloren hat und sucht (vgl. Hld 3,1–3; 6,1). Ihr Kummer macht sie blind ... auf die Frage der Engel nach dem Grund ihres Leides wiederholt sie nur ihre Erklärung für das Fehlen des Leichnams. Sie vermißt schmerzlich den, der ihrem Leben einen neuen Inhalt gegeben hat, und ist so von Trauer erfüllt, daß sie keine Auskunft von den beiden himmlischen Boten erwartet und vernimmt.» Lediglich die letzte Bemerkung trifft ganz und gar nicht zu; denn es sind gerade die Worte der Engel, die jene *«Wende»* einleiten, die auch J. KREMER (a. a. O., 182) für ganz entscheidend hält. Der Irrtum geht schon auf R. BULTMANN: Das Evangelium des Johannes, 531, zurück, der meinte, der Dialog zwischen den Engeln und Maria werde «abgebrochen durch die Erscheinung des Auferstandenen selbst (V. 14), den Maria, plötzlich rückwärts gewendet, draußen vor dem Grabe stehen sieht». In dieser Auffassung bleibt konsequent alles äußerlich und erscheint mithin im Grunde als eine Folge unverständlicher, willkürlicher Einzelszenen; durchaus inkonsequent aber ist es, mit J. KREMER die Rückwendung *Mariens* einerseits ganz richtig als eine *symbolische* Bewegung zu deuten und trotzdem auf der anderen Seite nach BULTMANNS bzw. SCHNACKENBURGS Vorbild das Gespräch mit den Engeln für folgenlos zu erklären. SCHNACKENBURG (III 373) erscheint schließlich das Auftreten der Engel überhaupt nur noch als ein traditionsgeschichtliches Verwirrspiel, indem er meint, man dürfe für *Johannes* «eine Erinnerung an die syn. Darstellung vermuten, und zwar primär für das Gespräch

Marias mit Jesus (Motiv des Suchens)» – doch gerade die Engelserscheinung ist in Mk 16,1–8 *primär*, und von einem Gespräch mit dem Auferstandenen ist dort, bei der Überlieferung vom leeren Grab, gerade *nicht* die Rede. Weiter meint SCHNACKENBURG: «Man kann sich die Weiterentwicklung bzw. Abwandlung der Tradition etwa so vorstellen: die joh. Quelle erzählte statt von einer Engelerscheinung sogleich von der Begegnung Jesu mit Maria Magdalena. Sie verband damit traditionelle Motive, übertrug aber die Offenbarung des Ostergeheimnisses auf den Auferstandenen selbst. Der Evangelist übernahm diese Darstellung und setzte nur stärkere christologische Akzente. Ein Redaktor brachte wieder die Engel ein, die ursprünglich den Frauen die Osterbotschaft verkündigten, aber bei Johannes diese Aufgabe nicht beibehalten können.» Warum aber sollte ein Redaktor die inzwischen derart obsolet gewordenen Engel wieder einführen? In Wahrheit gehört die Engelvision von Anfang an zur Tradition der Ostergeschichten vom leeren Grab, und erst *sekundär* werden die Erzählungen von Begegnungen mit dem Auferstandenen mit ihnen verbunden. Das Entscheidende an den Visionserzählungen aber läßt sich durchaus nicht traditionsgeschichtlich erklären, sondern gehört zu ihrem inneren Wesen: die Schwierigkeit, die Gestalt der Erscheinung mit der Person des Jesus von Nazareth zu identifizieren. Die Erscheinung *der Engel* bei *Johannes* stellt in der jetzigen Form den ersten Schritt im Leben Maria Magdalenas auf dem langen Weg eines langsamen Verstehens dar; sie ist die unerläßliche Anfangsbedingung für alles Weitere.

22 Richtig meint J. KREMER: Die Osterevangelien – Geschichten um Geschichte, 170: «Jesus ist ihr Herr..., auf ihn hat sie ihre Hoffnung gesetzt.»

23 Die «Rückwärtswendung» *Mariens* in Joh 20,14 erscheint in historisch-kritischer Sicht einfachhin als störend. Für R. SCHNACKENBURG: Das Johannesevangelium, III 373, «verrät» sich hier lediglich «die künstliche Einfügung der Engelszene, die damit beendet wird. Warum sollte Maria, die doch von den Engeln eine Auskunft erwartet, sich von ihnen abwenden?» Die Antwort kann nur lauten: weil die Frage bzw. die Infragestellung seitens der Engel gerade diese Bewegung «nach rückwärts» in Gang setzt! Das Problem liegt nicht in der vermeintlichen Unausgeglichenheit verschiedener Traditionen, sondern in der Unfähigkeit der historisch-kritischen Betrachtungsweise, die zwar in Joh 20,11–18 die «Gattung» einer «Offenbarungsgeschichte» konstatiert, dann aber das Auftreten von Engeln interpretiert wie das «Erscheinen» eines Auskunftsbeamten im IC-Zug München–Hamburg. Im folgenden Vers Joh 20,16 hilft sich SCHNACKENBURG schließlich einfach mit einer Fehlübersetzung: «Sie (Maria Magdalena) wandte sich um» – daraus wird bei ihm: «Sie wendet sich ihm zu – eine äußere Geste, die zugleich ihre innere Erfüllung und gläubige Offenheit für den auferstandenen Herrn ausdrückt.» Die zweifache Umwendung bedeutet gewiß eine «innere Öffnung», aber eben nicht als «äußere Geste». Zudem ist es ausgeschlossen, dasselbe Wort («sie wandte sich um») an der gleichen Stelle (Joh 20,14.16) einmal rein räumlich, dann wieder halb innerlich, in einem ganz verschiedenen Wortsinn zu interpretieren. Es hilft nichts: es gilt, die räumlichen Gegebenheiten und Bewegungen bei Visionserzählungen *insgesamt* als *symbolische* Chiffren innerer

Wahrnehmungen und Prozesse zu deuten, und es ergibt nichts als eine Reihung von Mißverständnissen, Widersprüchen und willkürlichen Setzungen, stets zwischen der äußeren und der inneren Ebene der Realität hin und her zu springen.

24 Symbolisch ist insofern auch das Osterlied aus dem Jahre 1777 zu verstehen: «Das Grab ist leer, der Held erwacht, der Heiland ist erstanden; da sieht man seiner Gottheit Macht, sie macht den Tod zuschanden. Ihm kann kein Siegel, Grab noch Stein, kein Felsen widerstehen; schließt ihn der Unglaub selber ein, er wird ihn siegreich sehen.» *Gottes Lob*, Paderborner Anhang, Nr. 848.

25 Ingeniös war diesbezüglich die Interpretation, die G. W. F. HEGEL: Vorlesungen über die Philosophie der Religion, 2. Bd., Sämtliche Werke, XVI 298–303, dem «leeren Grab» als einem Symbol für die «Tötung des Todes», für die Negation der Negation, gegeben hat: indem das Christentum die Hohlheit und Leere der bestehenden irdischen Weltherrschaft, «alle Tugend, Recht, Ehrwürdigkeit von Instituten und Verhältnissen, die Majestät von Allem, was für die Welt gilt, in den Koth gezogen» habe, sei der bestehenden Ordnung «nur die ganz äußerliche, kalte Gewalt, der Tod», übriggeblieben, «den das entwürdigte Leben, das sich im Innern unendlich fühlte, nun freilich nicht mehr scheute» (S. 299–300). Es ist HEGEL unbedingt zuzugeben, daß die Botschaft Jesu gerade darin ihre geistige Mitte besaß, dem Individuum, dem einzelnen Bewußtsein, gegenüber aller «Welt» und aller «Macht» eine absolute Bedeutung zuzusprechen, und daß eben dadurch ein absoluter, tödlicher Konflikt aufbrechen mußte. Auf der Ebene der theologischen *Lehre* wird man über den HEGELschen Ansatz gewiß nicht hinausgehen können. Den entscheidenden Punkt der Kritik an HEGEL hat S. KIERKEGAARD formuliert: Person und Existenz sind kein Gegenstand der philosophischen Spekulation! Vgl. E. DREWERMANN: An ihren Früchten sollt ihr sie erkennen, 21–26. – G. W. F. HEGEL: Philosophie der Geschichte, 531, deutete *das Symbol des leeren Grabes* speziell gegenüber der Nichtigkeit der mittelalterlichen Kreuzzüge als die Entdeckung der Ungültigkeit von allem Äußerlichen in der Religion. Die Frage der Engel: «Was sucht ihr den Lebendigen bei den Toten» (Lk 24,5) bedeutete für ihn: «Das Prinzip eurer Religion habt ihr nicht im Sinnlichen, im Grabe bei den Toten zu suchen, sondern im lebendigen Geist bei euch selbst. Die ungeheure Idee der Verknüpfung des Endlichen und Unendlichen haben wir zum Geistlosen werden sehen, daß das Unendliche als *Dieses* in einem ganz vereinzelten äußerlichen Dinge gesucht worden ist. Die Christenheit hat (sc. bei den Kreuzzügen in Jerusalem, d. V.) das leere Grab, nicht aber die Verknüpfung des Weltlichen und des Ewigen gefunden ...»

26 Vgl. zu diesem anfänglichen Nicht-Erkennen in Visionserzählungen E. DREWERMANN: Tiefenpsychologie und Exegese, II 316 ff.; 410–411.

27 R. SCHNACKENBURG: Das Johannesevangelium, III 374, meint zu Joh 20,15 richtig, die Frage Jesu konzentriere «das Gespräch auf die Person dessen, der sich dann zu erkennen gibt». Doch statt diese «Konzentration» von dem «Warum» der Traurigkeit in Joh 20,13 weg zu dem «Wen suchst du» in 20,15 innerlich mitzuvollziehen, bleibt SCHNACKENBURG auch hier völlig im Äußeren stecken, wenn er fortfährt: «Darauf (sc. auf die Frage Jesu, d. V.) müßte Maria zunächst

ähnlich wie in V 13 b antworten. Das wird hier übergangen und sogleich das Verwechslungsmotiv eingeführt, das die Spannung erhöht.» Als ob es hier um dramaturgische Effekte in Richtung auf den Leser ginge, statt um die Darstellung der schrittweisen Existenzverwandlung von Tod und Verzweiflung zu Leben und Glauben!

28 Hier ist R. SCHNACKENBURG: A. a. O., III 375, sehr zuzustimmen, wenn er an dieser Stelle den Anschluß zu Joh 10,3 f. herstellt und meint: «Der Auferstandene erschließt sich einem suchenden und glaubenden Menschen. Jesus kennt die zu ihm Gehörigen und ruft sie mit Namen.»

29 Nur halb richtig meint J. KREMER: Die Osterevangelien – Geschichten um Geschichte, 171: «Welche Wirkung dieser Ruf (sc. Mirjam, d. V.) auslöst, beschreibt der Evangelist, indem er mit wenigen Worten die Reaktion Mariens erzählt: Maria wendet sich zu Jesus. Dies meint mehr ihre innere als ihre äußere Wende; denn äußerlich steht sie bereits Jesus zugekehrt (vgl. V. 14).» So weit, so wahr. Aber statt nun an V 14, an die Wendung «nach rückwärts», wirklich anzuknüpfen und in der neuerlichen «Wendung» eine Umkehr nach vorwärts zu sehen, muß für KREMER die christlich-asketische Allerweltserklärung herhalten: «Jesu Ruf befreit sie demnach (!) von ihrer Ichbezogenheit.» Es geht aber nicht um eine selbstlosere Moral, es geht um eine Veränderung der gesamten Existenzausrichtung von der Vergangenheit weg in die Zukunft, und es sind, wie oft in Träumen, die *räumlichen* Bewegungen als Umkehrungen der *zeitlichen* Ekstasen zu verstehen.

30 Wie extrem persönlich die Anrede Mariens ist, unterstreicht G. DALMAN: Die Worte Jesu, 280, wenn er hervorhebt, «daß die Urgemeinde den zum Throne Gottes erhöhten Jesus niemals ‹unseren Lehrer› zu nennen wagte. Die Bezeichnung..., welche das Verhältnis des Schülers zum Lehrer voraussetzte, verschwand aus dem Gebrauch, und nur die Bezeichnung *mari*, *marana*, worin der Knecht dem Herrn gegenübersteht, blieb übrig.» Es geht also nicht um eine Anrede, die «gleichsam persönlicher gehalten» wäre, wie R. SCHNACKENBURG: A. a. O., III 375, formuliert, sondern es geht um die Einsicht, daß allein die persönliche, individuelle Erfahrung der Person Jesu die Grundlage des späteren Bekenntnisses der Gemeinde zu dem «erhöhten Herrn» darstellt. E. LOHSE: *rabbi*, *rabbuni*, in: G. Friedrich (Hrsg.): Theologisches Wörterbuch zum Neuen Testament, VI 962–966, Stuttgart 1959, S. 965, weist zwar darauf hin, daß an sich «die Anrede *rabbuni*... gegenüber *rabbi* keinen Bedeutungsunterschied» aufweise (vgl. Mk 10,51 und Joh 20,16), doch kommt es gerade an dieser Stelle darauf an, nicht nur mit den Ohren der Philologie zu hören, sondern entsprechend dem Kontext die persönliche Innigkeit dieses ganzen Gespräches insbesondere aus dieser Anrede Jesu durch *Maria von Magdala* in absoluter Steigerung sogar herauszuhören. An dieser Stelle *muß* stehen: *rabbuni*, und hier *muß* es heißen: «*Mein* Meister!»

31 Recht hat R. SCHNACKENBURG: A. a. O., III 375, wenn er von dieser Stelle meint: «In der einfachen ‹narrativen› Struktur dieser Erkennungsszene ist eine ganze Theologie eingebettet, was Glauben an die Auferstehung Jesu, gläubige Be-

gegnung mit dem Auferstandenen bedeutet.» Um so mehr sollte man erwarten, daß in der Exegese der Stelle die entsprechenden «Bewegungen» des Glaubens innerlich mitvollzogen würden, was in den Grenzen der historisch-kritischen Methode allerdings Stelle für Stelle nicht möglich ist.

32 E. Mörike: Werke, hrsg. von G. Geiger, Wiesbaden o. J., S. 111.

33 F. M. Dostojewski: Die Dämonen, 3. Teil, 7. Kap., 3. Abschn., S. 691. Der Satz geht weiter: «Meine Unsterblichkeit ist schon deshalb etwas durchaus Notwendiges, weil Gott kein Unrecht begehen und das einmal in meinem Herzen entbrannte Feuer der Liebe zu Ihm nicht wird ganz auslöschen wollen ... Wenn es einen Gott gibt, dann bin ich auch unsterblich.»

34 Es ist ins Existentielle übersetzt die korrekte Wiedergabe der ontologischen Definition von Gott als dem *ens necessarium*, dem allernotwendigsten Wesen. Vgl. P. Wust: Ungewißheit und Wagnis, 198–216: der «homo religiosus» im Halbdunkel der religiösen Gottesgewißheit.

35 Eine solche Auffassung klingt an, wenn R. Bultmann: Kerygma und Mythos, hrsg. von H. W. Bartsch, 6 Bde., Hamburg 1948–1963, Bd. 1, S. 46, von der Auferstehung in das Kerygma der urchristlichen Gemeinde spricht; eine solche Theologie, ernsthaft vertreten, müßte auf die Lehre Hegels von der Wahrheit des «Volksgeistes» gegenüber dem Leben des einzelnen in der menschlichen Geschichte hinauslaufen, ohne freilich über die systematische Gewißheit hinsichtlich der Ziele und Zwecke der Weltgeschichte zu verfügen. Zur Diskussion um das Verständnis der Interpretation des Ostergeschehens durch R. Bultmann vgl. die sorgfältige Darstellung bei K. Hollmann: Existenz und Glaube, 146–172, der S. 172–182 zugleich den Nachweis erbringt, wie stark Bultmanns Auffassung trotz aller verbalen Beteuerungen in Wahrheit auch die katholische Exegese heute prägt. B. Jaspert: Sackgassen im Streit um Rudolf Bultmann, 21–32, hat sehr treffend gesagt, worum es bei dem Begriff des «Kerygma» bei Bultmann wirklich geht: «Theologische Erkenntnis ist Glaubenserkenntnis als Selbsterkenntnis.» (32) Wer diesen Satz in der Auslegung der Geschichte vom «leeren Grab» beherzigt, der muß den Ort der «Auferstehung» durch die Botschaft Jesu in sich selber suchen, d. h. er muß *symbolisch* lesen, was, als äußerliches Faktum verstanden, von der Eigentlichkeit des Glaubens nur ablenken kann und – den Verdacht muß man haben – offenbar von der Beunruhigung des Osterglaubens wie mutwillig ablenken *soll.*

36 Dieser Ansatz stimmt mit dem Grundanliegen R. Bultmanns vollkommen überein, so, wenn dieser: Kerygma und Mythos, I 47, sagt: «Der christliche Osterglauben ist an der historischen Frage nicht interessiert; für ihn bedeutet das historische Ereignis der Entstehung des Osterglaubens wie für die ersten Jünger die Selbstbekundung des Auferstandenen, die Tat Gottes, in der sich das Heilsgeschehen des Kreuzes vollendet.» Und a. a. O., I 42: «An das Kreuz Christi glauben heißt nicht, auf einen mythischen Vorgang blicken, der sich außerhalb unser und unserer Welt vollzogen hat, auf ein objektiv anschaubares Ereignis, das Gott als uns zugute anrechnet; sondern an das Kreuz glauben heißt, das Kreuz Christi als das eigene übernehmen, heißt, sich mit Christus kreuzigen lassen.» Man kann

über diesen Standpunkt nicht hinauskommen, indem man die berechtigte Kritik an einem historischen Verständnis der Ostergeschichten durch dogmatische Setzungen des «objektiven» Gehaltes der Osterbotschaft zu relativieren sucht; die Osterbotschaft *besitzt* objektive Strukturen; doch diese liegen in den Bildern der menschlichen Psyche begründet, nicht in gewissen historischen Tatsachen, die wir, ähnlich dem «Ding an sich» in der Erkenntniskritik I. KANTS, zwar nicht erkennen, aber doch voraussetzen müßten: historische Tatsachen *sind* kein Ding an sich; was wir erkennen können, sind die Mittel unseres Verstandes, etwas als objektiv zu setzen: die Kategorien des Denkens und die Formen der Anschauung. Aus ihnen ergibt sich die Objektivität des Gedachten. Analog ist der Begriff der Objektivität des Psychischen in der Tiefenpsychologie zu verstehen.

37 L. TOLSTOI: Anna Karenina, 1. Teil, 1. Kap., S. 5: «Alle glücklichen Familien gleichen einander, jede unglückliche Familie dagegen ist unglücklich auf ihre besondere Art.»

38 Vgl. E. DREWERMANN: An ihren Früchten sollt ihr sie erkennen, 119–172.

39 Zur Symbolik des Gartens vgl. W. TEICHERT: Gärten. Paradiesische Kulturen, 15–65: Die Gärten der Liebe; S. 72–76, der (S. 74) sehr zu Recht darauf hinweist, daß der «Gärtner», für den *Maria Magdalena* die Gestalt Jesu zunächst hält, nicht eigentlich eine «Verwechslung» darstellt. «Maria muß sich vom Grab wegwenden, um den Gärtner zu sehen. Erst danach kann sie im Hüter des Gartens den göttlichen Menschen Jesu erkennen in seiner lebenszugewandten, dem Grabe fernen Tätigkeit.» W. TEICHERTS Deutung stellt die erste Interpretation der johanneischen Ostergeschichte dar, die den symbolischen Aufbau der Erzählung konsequent ernst nimmt.

40 Das *«Anrühren»* ist gewiß als «Festhalten» zu verstehen; vgl. R. SCHNACKENBURG: Das Johannesevangelium, III 376: «Ein Bedenken, den Leib des Auferstandenen zu betasten, gibt es für Joh nicht (vgl. 20,25.27).» Ähnlich J. Kremer: Die Osterevangelien – Geschichten um Geschichte, 172: «Der Evangelist setzt voraus, daß Maria Jesus umfaßt hat (sc. durch die Umfassung der Füße, d. V.) ... Sie möchte ihn festhalten und nicht mehr verlieren.» Der Sinn dieser Stelle aber ist nicht philologisch zu ermitteln. Recht hat W. TEICHERT: Gärten, 74, wenn er die Szene als ein sakramentales Bild der Heiligen Hochzeit deutet und meint, *Maria Magdalena* dürfe nicht länger in diesem Zwischenbereich zwischen Diesseits und Jenseits verbleiben. Schwieriger wird es, ihm zuzustimmen, wenn er fortfährt: «Die erfahrbare Wirklichkeit hinter diesem dunklen Wort (sc. «rühr mich nicht an», d. V.) hat erst die neuere Todesforschung wieder ans Licht gebracht. Tote nämlich verlieren mit ihrem Tod das, was man menschliche Wärme nennt: ihre Affekte, Emotionen, Begierden ... Vielleicht sollen die Welt der Lebenden und die der Toten einander nicht zu nahe kommen ... Es wäre für Maria Magdalena zu gefährlich gewesen, wenn die Hochzeit und Umarmung mit ihrem Meister wirklich im Garten stattgefunden hätte.» Mit solchen Erwägungen wird die symbolische Deutung der Geschichte doch wieder ein Stück weit «objektivistisch» verstanden, so als erscheine Jesus hier als ein blutleeres Gespenst. Zudem ist das Abstreifen aller vergänglichen Äußerlichkeit in der Liebe doch nicht als Entlee-

rung der Emotionen zu verstehen, sondern gerade umgekehrt als Intensivierung der Liebe; vgl. zu Mk 16,1–8 E. DREWERMANN: Das Markusevangelium, II 718–721. Das Ende der Äußerlichkeit des Osterglaubens betont treffend R. BULTMANN: Das Evangelium des Johannes, 532–533.

41 Vgl. THOMAS VON AQUIN: Summa theologica, I a, q 5 a 4 ad 2.

42 Die Worte vom «Aufstieg» Jesu in Joh 20,17 a. c. scheinen vom Evangelisten als Erfüllung von 14,1–3 seiner Quelle hinzugefügt worden zu sein. R. SCHNAKKENBURG: Das Johannesevangelium, III 377. Es ist die Zusammenfassung der gesamten Theologie des Johannes, wenn Jesus am Beginn der «Abschiedsreden» den Jüngern sagt: «Glaubt an Gott und glaubt an mich. In meines Vaters Hause sind viele Wohnungen.» Es ist die Erfahrung, die von Jesus, wenn man ihm Glauben schenkt, ausgeht: daß es möglich ist, in Gott sich endgültig heimisch zu fühlen, gerade angesichts des Todes. Es ist dabei wichtig zu sehen, daß für *Johannes* Tod, «Auferstehung» und «Himmelfahrt» Jesu eine unauflösliche Einheit bilden, wie wir sie bereits in der ägyptischen Symbolsprache kennengelernt haben. Darüber hinaus deutet *Johannes* den Begriff der «Auferstehung» an dieser Stelle noch in besonderer Weise. «Johannes spricht... noch an anderen Stellen vom Aufsteigen des Menschensohns (3,13; 6,62) und oft vom ‹Gehen zum Vater› (7,33; 13,1–3; 14,1–4.28; 16,17.28; 17,13). Wenn der Auferstandene diese Worte verwendet, so gibt der Evangelist zu verstehen, daß dieses ‹Gehen› zum Vater Ostern noch nicht vollendet... Der vierte Evangelist gibt... mit diesen Worten die urkirchliche Botschaft ‹er wurde auferweckt› aus seiner theologischen Schau und in seiner Sprache wieder. Von dort fällt auch Licht auf die rätselhafte Abwehr ‹halte mich nicht fest...› Das Ziel des Werkes Jesu ist noch nicht ganz erreicht; er ist noch unterwegs, um den Seinen eine Wohnstätte zu bereiten (14,1–4); erst wenn sie dort sind, wo er ist, ist sein Gehen zum Vater vollendet (14,3).» J. KREMER: Die Osterevangelien, 173–174. Man darf aber auch diese Diktion vom «dortsein» nicht außerhalb ihrer eigenen Symbolik verstehen; man muß vielmehr sagen: Man kann in Gott sich nur «heimisch» fühlen in der Gemeinsamkeit aller anderen Menschen; die Geschwisterlichkeit der Menschen untereinander ist Ziel wie Ergebnis der «Väterlichkeit» Gottes, die Jesus uns lehren wollte. R. BULTMANN: Das Evangelium des Johannes, 534, meint sehr richtig: «Der Vater Jesu ist Gott! Und Gott ist durch ihn zum Vater der Seinen geworden!»

43 Vgl. zur Stelle E. SCHWEIZER: Das Evangelium nach Lukas, 78–79; H. SCHÜRMANN: Das Lukasevangelium, I 331–332. Vgl. die Auslegung bei E. DREWERMANN: Tiefenpsychologie und Exegese, I 450–4566; 473–481.

44 S. o. Anm. 1; vgl. J. DE VORAGINE: Die Legenda aurea, 470–482.

45 B. PASTERNAK: Doktor Schiwago, 1. Buch, Ein Mädchen aus anderen Kreisen, 17. Kap., S. 62 f.

46 A. a. O., 63.

47 E. DREWERMANN, Das Markusevangelium II, 721–722.

Eugen Drewermann
Schneewittchen

Grimms Märchen tiefenpsychologisch gedeutet
104 Seiten mit 4 Farbtafeln, Pappband

Eine Märchendeutung über Selbstentfremdung durch eine narzisstisch extrem bedürftige (Stief-)Mutter sowie über den Weg ihrer Erlösung durch die unerschütterliche Liebe eines Mannes, der den Mut hat, zunächst ein Stück Hilfeleistung zu übernehmen – immer im Bewußtsein, daß er dieser Aufgabe nicht verfallen darf.

Eugen Drewermann
Hänsel und Gretel

Grimms Märchen tiefenpsychologisch gedeutet
72 Seiten mit 4 Farbtafeln, Pappband

Viele Geschichten der Brüder Grimm erzählen von der Verzauberung durch die Liebe: die Geschichte von Hänsel und Gretel hingegen erzählt allein von den Schrecken und Chancen der Entwicklung eines Kindes, das nach und nach aufhört, ein Kind zu sein.

Walter Verlag
Zürich und Düsseldorf

Eugen Drewermann im dtv

Kleriker
Die schonungslose Analyse des inneren Zustandes der katholischen Kirche deckt deren psychische Strukturen und unbewußte Hintergründe auf.
dtv 30010

Tiefenpsychologie und Exegese 1
Die Wahrheit der Formen
Traum, Mythos, Märchen, Sage und Legende
dtv 30376
Tiefenpsychologie und Exegese 2
Die Wahrheit der Werke und der Worte
Wunder, Vision, Weissagung, Apokalypse, Geschichte, Gleichnis
dtv 30377

Worum es eigentlich geht
Briefe, Dokumente, Gespräche
Ein unverzichtbares Protokoll zum »Fall Drewermann«
dtv 30404

»Ich steige hinab in die Barke der Sonne«
Meditationen zu Tod und Auferstehung
Ein Querschnitt durch die abendländische Literatur-, Geistes- und Religionsgeschichte.
dtv 30437

Foto: Klaus Bäulke

Giordano Bruno oder Der Spiegel des Unendlichen
Die letzten Tage des großen italienischen Denkers und Dichters, der im Jahre 1600 in Rom als »Ketzer« verbrannt wurde.
dtv 30465

Was uns die Zukunft gibt
Meditationen über biblische Texte vermitteln tiefe Einsichten in unser Dasein und geben Anregungen zu einem erfüllten Leben.
dtv 30502

Lieb Schwesterlein, laß mich herein
dtv 35050
Rapunzel, Rapunzel, laß dein Haar herunter
dtv 35056
Grimms Märchen tiefenpsychologisch gedeutet

Régine Pernoud im dtv

Foto: Irmeli Jung

Königin der Troubadoure
Eleonore von Aquitanien.
Ein lebendiges Bild aus dem Frankreich des Mittelalters: Leben und Zeit der schönen und klugen Königin von Frankreich.
dtv 30042

Herrscherin in bewegter Zeit
Blanca von Kastilien, Königin von Frankreich, Königin Blanche, die Enkelin der Eleonore von Aquitanien, lenkte die Geschicke ihres Landes mit sicherer Hand durch die Turbulenzen der ersten Hälfte des 13. Jahrhunderts.
dtv 30359

Heloise und Abaelard
Ein Frauenschicksal im Mittelalter. Die Liebes- und Lebensgeschichte des mittelalterlichen Philosophen, der Entscheidendes der Frau in seinem Schatten verdankte.
dtv 30394

Christine de Pizan
Das Leben einer außergewöhnlichen Frau und Schriftstellerin. Vor dem Hintergrund des ausgehenden Mittelalters erzählt Régine Pernoud das Leben der französischen Schriftstellerin, die als erste Feministin in die Geschichte eingegangen ist.
dtv 30086

Die Heiligen im Mittelalter
Frauen und Männer, die ein Jahrtausend prägten.
Mit einem Kapitel über die deutschen Heiligen im Mittelalter von Klaus Herbers.
Leben, Wirken und Leiden jener Frauen und Männer des Mittelalters, die als Heilige bis heute verehrt werden.
dtv 30441

Who's who
Von Abraham, Kassandra, Hamlet und Schneewittchen

Who's who in der antiken Mythologie

An die 800 Figuren aus der griechischen und römischen Antike - ihre Geschichten sowie ihr Fortleben in bildender Kunst und Literatur.
dtv 30362

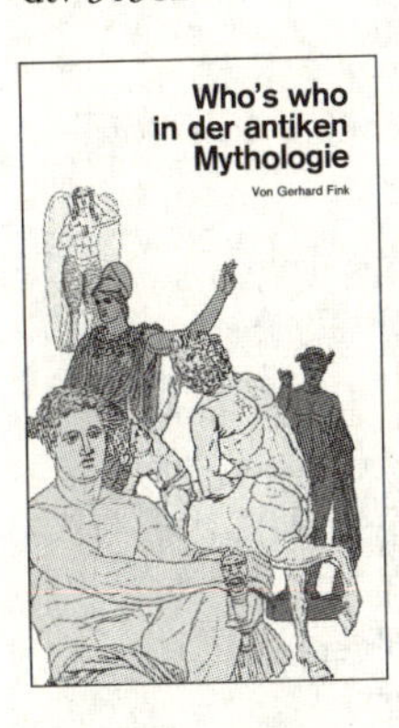

Who's who in der Bibel

Die Geschichten von mehr als 450 biblischen Gestalten und ihr Nachleben in Kunst und Literatur.
dtv 30012

Who's who bei Shakespeare

Alles was man über Hamlet & Co. wissen muß. Informatives und Unterhaltsames zu über 300 Figuren: Frauen und Männern, Königen und Schurken, Göttern und Geistern.
dtv 30463

Who's who im Märchen

Über 330 Gestalten - ihre Geschichten und Deutungen sowie Parallelen zu Figuren anderer Märchentraditionen.
dtv 30503

C.G. Jung – Taschenbuchausgabe

Herausgegeben von Lorenz Jung auf der Grundlage
der Ausgabe 'Gesammelte Werke' dtv 59016
Auch einzeln erhältlich

Die Beziehungen zwischen dem Ich und dem Unbewußten
dtv 35120
Ein Überblick über die Grundlagen der Analytischen Psychologie

Antwort auf Hiob
dtv 35121
In diesem Spätwerk wirft Jung Grundfragen der religiösen Befindlichkeit des Menschen auf.

Typologie
dtv 35122
Die vier "Funktionen" der Jungschen Typenlehre – Denken, Fühlen, Empfinden und Intuition – werden hier dem extravertierten und dem introvertierten Typus zugeordnet.

Traum und Traumdeutung
dtv 35123

Synchronizität, Akausalität und Okkultismus
dtv 35124
Jungs Beschäftigung mit dem Okkulten, auf der Suche nach den Tiefendimensionen des Unbewußten

Archetypen
dtv 35125

Wirklichkeit der Seele
dtv 35126
Eine Aufsatzsammlung zu Themenbereichen, die von der Analytischen Psychologie beeinflußt werden

Psychologie und Religion
dtv 35127
C.G. Jung beschreibt Religion als eine der ursprünglichsten Äußerungen der Seele gegenüber dem Göttlichen.

Psychologie der Übertragung
dtv 35128
Die Übertragung, einer der Zentralbegriffe der Analytischen Psychologie, wird hier umfassend erklärt.

Seelenprobleme der Gegenwart
dtv 35129
In dieser Aufsatzsammlung stellt Jung die Grundfragen der modernen praktischen Psychologie dar.

Wandlungen und Symbole der Libido
dtv 35130
Das zentrale Werk, mit dem sich C.G. Jung von Sigmund Freud löste

Verena Kast im dtv

Verena Kast verbindet auf einfühlsame und auch für Laien verständliche Weise die Psychoanalyse C. G. Jungs mit konkreten Anregungen für ein ganzheitliches, erfülltes Leben.

Der schöpferische Sprung
Vom therapeutischen Umgang mit Krisen
dtv 35009

Imagination als Raum der Freiheit
Dialog zwischen Ich und Unbewußtem
dtv 35088

Die beste Freundin
Was Frauen aneinander haben
dtv 35091

Die Dynamik der Symbole
Grundlagen der Jungschen Psychotherapie
dtv 35106

Freude, Inspiration, Hoffnung
dtv 35116

Märcheninterpretationen

Mann und Frau im Märchen
Eine psychologische Deutung · dtv 35001
Fünf Märcheninterpretationen, ergänzt um vergleichbare Fälle aus der psychotherapeutischen Praxis

Wege zur Autonomie
dtv 35014
Fünf Märchen, die uns Entwicklungswege aus Autonomiekrisen weisen

Wege aus Angst und Symbiose
Märchen psychologisch gedeutet · dtv 35020
Innere Freiheit und Selbstentfaltung in der Beziehung zwischen Mann und Frau

Märchen als Therapie
dtv 35021
Über die heilende Funktion von Märchen in der therapeutischen Praxis

Familienkonflikte im Märchen
Eine psychologische Deutung · dtv 35034
Fünf Märchen, die verborgene Lösungsansätze enthalten, verknüpft mit Beispielen aus der Praxis

Peter Schellenbaum im dtv

Das Nein in der Liebe
Abgrenzung und Hingabe in der erotischen Beziehung.
Warum der Wunsch nach Abgrenzung für eine beständige Liebesbeziehung notwendig ist.
dtv 35023

Gottesbilder
Religion, Psychoanalyse, Tiefenpsychologie
dtv 35025

Abschied von der Selbstzerstörung
Befreiung der Lebensenergie.
Heilung für Menschen, die das Leben ein Leben lang vermeiden, die sich verschließen und anderen gegenüber abblocken.
dtv 35016

Die Wunde der Ungeliebten
Blockierung und Verlebendigung der Liebe
dtv 35015

Tanz der Freundschaft
Faszinierend, zu entdecken, was in unserem Leben Freundschaft ist und was sie sein könnte.
dtv 35067

Homosexualität im Mann
Eine tiefenpsychologische Studie.
»Ein Buch, das aufräumt mit dümmlichen, aus der Angst geborenen Vorurteilen, das jeden Mann einlädt, seiner geschlechtlichen Identität nachzuspüren.«
dtv. 35079

Nimm deine Couch und geh!
Heilung mit Spontanritualen.
Wer sich verändern will, muß sich bewegen! Die Therapiemethode der Psychoenergetik in der Praxis.
dtv 35081